国家社会科学基金项目(06BJY084)最终成果
教育部哲学社会科学研究重大课题攻关项目(10JZD0025)阶段性成果

中国房地产

周期波动与宏观调控

高　波　赵奉军等　著

商務印書館
2012年·北京

图书在版编目(CIP)数据

中国房地产周期波动与宏观调控/高波著. —北京：商务印书馆，2012

ISBN 978-7-100-09405-4

Ⅰ.①中… Ⅱ.①高… Ⅲ.①房地产业—经济周期波动—中国②房地产业—宏观经济调控—中国 Ⅳ.①F299.233

中国版本图书馆CIP数据核字(2012)第213562号

中国房地产周期波动与宏观调控

高 波 赵奉军等 著

商 务 印 书 馆 出 版

（北京王府井大街36号 邮政编码100710）

商 务 印 书 馆 发 行

三河市尚艺印装有限公司印刷

ISBN 978-7-100-09405-4

2012年12月第1版　　开本 890×1240 1/32

2012年12月北京第1次印刷　　印张 10.75

定价：38.00元

目　录

前言 ······ 1

第一章　经济周期与房地产周期：理论和现实 ······ 1
一、问题的提出 ······ 1
二、经济周期理论 ······ 4
三、房地产周期的内涵和事实 ······ 12
四、经济周期与房地产周期的关联性 ······ 24
五、中国经济周期与房地产周期的特征 ······ 31
六、本书的逻辑结构 ······ 37

第二章　房地产周期波动：理论模型与计量方法 ······ 40
一、引言与文献回顾 ······ 40
二、房地产周期波动的理论模型 ······ 42
三、房地产周期波动的计量方法 ······ 51
四、房地产周期波动测度的其他问题 ······ 66
五、结论 ······ 69

第三章　房地产投资周期：总体水平和区域差异分析 ······ 70
一、引言与文献回顾 ······ 70
二、中国房地产开发投资周期分析 ······ 76
三、中国住宅投资周期分析 ······ 85

四、房地产投资周期的区域差异分析 …… 94
五、结论 …… 99

第四章 房地产需求周期的实证分析 …… 101
一、引言与文献回顾 …… 101
二、房地产需求：概念界定与决定因素 …… 103
三、房地产需求周期波动的测度 …… 112
四、结论 …… 117

第五章 房地产价格周期：动态变化和区域差异分析 …… 119
一、引言 …… 119
二、中国房地产价格周期分析 …… 121
三、20个城市房地产价格周期的区域差异分析 …… 137
四、结论 …… 150

第六章 房地产市场宏观调控：目标、工具与效果 …… 152
一、引言 …… 152
二、房地产市场宏观调控的必要性分析 …… 157
三、房地产市场宏观调控：目标与工具 …… 162
四、中国房地产市场宏观调控：历程、效果及问题 …… 170
五、结论 …… 183

第七章 土地政策：传导机制与区域效应 …… 185
一、引言与文献回顾 …… 185
二、土地政策的传导机制与效应分析 …… 187
三、土地政策区域效应的实证分析 …… 191
四、对实证结果的进一步分析 …… 202
五、结论与政策建议 …… 211

第八章　货币政策：行业效应与区域效应 ………………………… 213
一、问题的提出 …………………………………………………… 213
二、文献回顾 ……………………………………………………… 216
三、行业效应：理论模型与实证分析 ……………………………… 219
四、区域效应：模型设立与实证分析 ……………………………… 229
五、结论与政策建议 ……………………………………………… 236

第九章　财政政策：税负水平与房价效应 ………………………… 238
一、引言与文献回顾 ……………………………………………… 238
二、财政政策房价效应的理论分析 ………………………………… 243
三、房地产业税负水平比较分析 …………………………………… 249
四、财政支出政策房价效应的实证分析 …………………………… 254
五、结论 …………………………………………………………… 258

第十章　房地产周期波动与住房保障 ……………………………… 260
一、引言与文献回顾 ……………………………………………… 260
二、部分发达国家的住房保障政策评述 …………………………… 262
三、中国住房保障的实践 ………………………………………… 267
四、住房保障的功能 ……………………………………………… 277
五、住房保障对房地产周期波动的影响机理 ……………………… 280
六、住房保障效应的实证分析 …………………………………… 287
七、结论与政策建议 ……………………………………………… 295

参考文献 ………………………………………………………… 299
附录 ……………………………………………………………… 323
后记 ……………………………………………………………… 326

前　　言

在现实世界中,经济周期波动总是周而复始地发生,美国次贷危机所引发的全球金融危机,再一次给人们敲响了警钟。世界上一些大规模的经济周期事件,通常都与房地产市场有着直接的关系。而且,任何一种经济周期或房地产周期现象,几乎都与不同程度的金融危机或经济危机相关。特别是 20 世纪 90 年代以来的三次大危机(1990 年日本泡沫经济破灭、1997 年亚洲金融危机和 2007 年美国次贷危机),房地产泡沫的破灭无一例外地成为这三次经济周期转入萧条的关键事件,每一次房地产泡沫的破灭都与整体经济的恶化是一致的。房地产泡沫崩溃,除了直接带来金融危机,还将造成实体经济的衰退,并对社会财富分配和社会稳定产生严重伤害。这表明经济周期与房地产周期存在一定的关联性,且经济周期和房地产周期的剧烈波动具有巨大的危害性。

因此,必须深入研究经济周期和房地产周期理论,深刻把握经济周期和房地产周期规律,探求应对周期之策,实现金融安全和经济安全。经济周期理论是房地产周期研究的理论基础,经济周期理论为房地产周期的研究提供理论指导。房地产周期理论的研究,能够为经济周期理论的研究提供更为翔实和独特的案例与理论素材及观点,并进一步深化经济周期理论的研究。通过对经济周期和房地产周期理论的深入研究,准确把握经济周期和房地产周期波动的趋势,及时做出预警,并制定和实施经济运行和房地产市场宏观调控的政策措施,采取相应的反周期策略,防止衰退和萧条,治理通货紧缩,防范经济泡沫和房地产泡沫过度膨胀以至破灭。

房地产周期波动是房地产经济运行的基本规律,人们如何科学描述和全面把握房地产市场的运行规律是一个难题。改革开放以来,特别是2000年以来,中国房地产业(本文特指中国大陆地区的房地产业)高速增长,房地产市场不断发育和完善,房地产周期波动呈现出显著的增长型周期特征。同时,尽管中国还没有出现全局性的房地产泡沫问题,但区域性的房地产泡沫问题已十分突出。20世纪90年代的房地产市场调整,导致海南的房地产泡沫破灭;2008年出现的房地产市场调整,使深圳的房地产泡沫破灭,并有效地挤压了全国的房地产泡沫,房地产市场一度陷入困境。所以,深入剖析中国房地产周期波动现象,科学揭示中国房地产周期波动特征,谋求防止房地产市场过度繁荣和极度低迷之策,是本课题研究的宗旨。作为一种尝试,本书尽力在以下几个方面进行理论创新和实践探索。

1. 构造房地产周期波动的理论分析框架,梳理相关理论模型和计量分析方法

在理论模型方面,微观的蛛网模型构成了早期及当代研究房地产周期波动的基础,宏观的乘数—加速数理论模型描述的房地产周期是一个具有二阶自回归特征的内部传导过程。存量—流量模型进一步考虑了房地产具有使用耐久性的特征。在考虑到不确定性的楔子模型中,不确定性的存在给价格变化与房地产开发投资调整之间打入一个楔子,使得从房地产价格变化到房地产供给调整变成一个需要延续多期的过程。

在对房地产周期波动的具体测度方面,各种滤波方法适合对单一变量分解出其周期波动序列,而景气指数方法采用多个或多组变量的综合变动来反映房地产周期波动。在对周期成分的具体建模方面,主要有自回归移动平均模型、调和模型、谱分析模型和体制转变模型四种。

房地产周期波动的对称性是一个比较前沿的领域，可以通过游程检验、Fisher's Kapper 统计量以及 Kolmogorov-Smirnov 统计量来验证序列的周期性，在此基础上，采用赛赫（Sichel）技术对周期性成分进行非对称性检验。

2. 测度中国房地产开发投资周期、房地产需求周期和房地产价格周期，揭示房地产周期波动特征，分析经济周期与房地产周期的关联性

从供给角度研究房地产开发投资周期。中国房地产开发投资和住宅投资无论是从投资总额还是从占 GDP 的比例来看，都波动剧烈，变异系数远高于 OECD 国家，人均收入和房价的变动显著地影响中国房地产开发投资。中国房地产开发投资存在周期长度为 12 年和 3 年的中周期和短周期。中国的住宅投资，在古典型周期阶段，存在一个年限为 3 年左右的主周期；在增长型周期阶段，存在一个年限为 10 年左右的主周期和 3 年左右的次周期。20 个大中城市的房地产开发投资周期存在较为明显的地域差异，在周期波动的年限上也不大相同，这证实了房地产市场作为区域市场的根本特征。

对房地产需求周期的研究表明，中国存在 6 年左右的房地产需求周期。高速的收入增长、人口增长和人口结构的变化以及金融支持促使中国房地产需求快速增长，收入和房价预期显著地推动房地产需求增加，而房价对房地产需求产生负的影响，符合需求定律。

房地产价格周期波动，受到人们的普遍关注。中国房价的走向由建筑成本和收入的变动决定，中国房地产价格周期波动存在 12 年左右的中周期和 2—4 年的短周期。中国 35 个大中城市的房价存在显著的空间自相关。18 个大中城市，房价波动都具有显著的周期性，并不存在完全同步的房价周期，不同城市之间房价周期的关联性强度存在显著差异，在具有较强相关性的城市之间，房价波动也不完全同步，而是存在丰富的领先—滞后关系。

中国总产出与住宅投资在 10 年的周期上具有较强的相关性，

总产出周期的变动领先于房地产需求周期，总产出周期与房地产价格周期不存在领先—滞后特征，而房地产价格波动领先于固定资产投资及CPI。房地产开发投资周期与房地产需求周期的联动紧密，具有一致性；房地产价格周期与房地产开发投资周期之间并不存在显著的领先—滞后关系，而房地产需求的波动显著领先于房地产价格的波动。

3. 阐述政府针对房地产周期波动实行房地产市场宏观调控的必要性，探讨中国房地产市场宏观调控的目标和工具，分析中国房地产市场宏观调控的效果

由于房地产业在国民经济中的支柱产业地位和住房商品的复杂性，且房地产市场普遍存在市场失灵和“羊群效应”以及由此引发社会问题，政府有必要加强对房地产市场的宏观调控。对于政府来说，实行房地产市场宏观调控和政府干预是极具挑战性的。

中国房地产市场宏观调控的总体目标是实现房地产业的持续、稳定、健康发展。这个目标具体细化为房地产市场供求总量基本平衡，房地产供应结构合理，房地产交易平稳增长，房地产价格稳定，住房资源合理配置和房地产业可持续发展。政府运用土地政策、金融政策和财政政策等经济手段，价格指导、价格管制和规划引导等行政手段以及法律手段等对房地产市场实行宏观调控，熨平房地产周期波动，以实现房地产市场宏观调控目标。

20世纪90年代以来，中国政府根据经济运行态势和房地产市场的表现，直接针对房地产市场实行了五轮宏观调控，包括两次扩张型宏观调控和三次紧缩型宏观调控，都取得了较好的效果。要不断总结房地产市场宏观调控的经验，进一步提高宏观调控的科学水平，适时预调、微调，把握最佳的调控时机和调控力度。

4. 分析土地政策、货币政策和财政政策等对房地产市场宏观调控的政策效应，提出政策建议

土地政策是房地产市场宏观调控的重要手段。在市场经济条

件下土地作为房地产业的重要生产要素，从“质”和“量”两个方面表现出对房地产开发投资的影响。从“质”的方面来看，土地价值的波动对房地产开发商的投资行为产生影响；而从“量”的方面来看，土地供应量的变化对房地产开发投资水平具有调节功能，借此政府可以调控房地产市场。从长期来看，调整土地投放量具有调节房地产开发投资水平的政策效应。

货币政策对房地产市场的宏观调控，具有显著的行业效应和区域效应。从货币政策的行业效应来看，利率对房地产行业冲击存在价格难题，货币供给量对房地产业的冲击表现出正向冲击主导和瞬时性强的特征。从货币政策的区域效应来看，中西部地区房地产需求对信贷扩张较东部地区敏感，而东部地区房地产需求对利率更敏感。房地产信贷和利率对房地产供给的影响，东部地区不明显，中西部地区较明显。房地产信贷扩张促使房地产价格呈现快速上涨趋势，且东部地区最为显著。而利率对房地产价格的冲击，全国和中西部地区房地产价格和利率之间存在负向关系，但系数相当小，作用力不强，东部地区不明显。

财政政策的变化将对房价产生影响，扩张性财政政策导致房价上涨，紧缩性财政政策对房价产生负面影响。财政收入政策和财政支出政策都对房价产生影响，但影响的方向和程度是有差异的。财政支出政策对房价的影响显著为正，财政支出的增加将促使房价上升。现实中，房地产业税负水平偏高，房地产业税负水平区域差异显著。

土地政策必须具有前瞻性、长远性和区域差异性，要破除地方政府对土地财政的依赖，从中央政府层面限制土地储备量，防止地方政府通过土地储备控制土地市场。实行土地政策的分类指导，制定和实施不同主体功能区的土地政策，改变土地政策一刀切的状况，在土地利用总体规划指导下，优化建设用地供应结构，促进工业化和城市化协调发展。货币政策的制定和实施必须有一定的超前性、灵活性和区域性，尽可能提高货币政策的效率。由于货币政策冲击存在明显的行业特征和区域差异，中央银行应根据不同行业和不同区域对货币政策的反应程度，区别不同行业和不同区域制定和实施差别性的货币政策。推进中国的财政体制改革，降低房地产业的税负水平。在财政收入政策方面，按照“宽税基、简税种、低税率”的原则，实现房地产开发流转环节税收为主向房地产保有环节税收为主的房地产税制转型。在财政支出政策方面，确保保障性住房或公共住房的投入，促进公共服务设施投入的均等化。

5. 揭示住房保障对房地产周期波动的影响机理，分析住房保障政策效应，提供完善住房保障制度的建议

住房保障为中低收入居民提供物质保障、安全保障、精神保障、尊重保障和发展保障，住房保障对于提高社会财富水平、稳定社会秩序、增进低收入群体的社会归属感、体现社会关爱及实现社会公正与和谐，以及平抑房地产周期波动，具有不可替代的功能。地方政府给开发商提供便宜的土地和减免税收进行保障房建设，并核定购买资格，实际上分流了对商品房的需求，同时增加了有效供给，在商品房需求减少和有效供给增加的同时，降低了商品房价格。对中国住房保障效应的实证分析表明，适当加大经济适用房等保障房供应，将有效抑制住房价格上涨。

从保障对象来看，保障房除了保障城市中低收入群体外，必须把城市外来务工人员纳入住房保障对象。住房保障的职责主体是地方政府，但基于公共部门在营运管理过程中的效率往往低于私人部门的事实，可以引进企业参与保障房的建设和管理。住房保障的资金以财政预算安排为主，多渠道筹措。从保障房的分配机制来说，地方政府可以设立非营利组织充当审核的第三方机构，对辖区内居民住房情况进行摸底调查，建立网上监督平台，并进一步加强社会信用体系的建立。保障房的定价以保本微利为基本原则。根据保障房的不同类型，合理确定保障房的产权归属。

第一章　经济周期与房地产周期：理论和现实

一、问题的提出

现代经济增长史表明，任何一种经济周期或房地产周期现象，几乎都与不同程度的金融危机或经济危机相关。爆发于美国次贷危机的全球金融危机是一个活生生的例证。2006 年第四季度美国房地产市场投机泡沫开始破灭。2007 年 5 月，美国经济开始显现次贷危机。2008 年 9 月，占美国房贷市场半壁江山的美国五大银行之二的"房利美"及"房地美"被美国政府接管，美国第四大投资银行"雷曼兄弟银行"申请破产保护，第三大投资银行"美林投资银行"被美国银行收购。以华尔街为中心的美国金融危机暴露在世人面前。美国次贷危机的起因是美国房地产市场人为制造的过度需求，引致房地产市场泡沫破灭，造成次级住房抵押证券急剧贬值，进而引发金融危机。

受美国次贷危机引发的全球金融危机的影响，欧美等西方发达国家、新兴市场经济国家乃至全球，先是虚拟经济后是实体经济经历了急剧衰退、止跌徘徊、缓慢回升的痛苦历程。在全球金融危机不断蔓延的过程中，已与世界经济融为一体的中国经济，同样面临外贸需求萎缩、出口急剧下降、股票市场大幅下跌、房地产市场深度调整、国内投资和消费需求低迷、经济增长乏力的困境。

其实，经济危机现象早已有之。至少从 1702 年开始，英格兰就出现了经济危机的现象。观察家发现，在过了几年相对繁荣的好日子之后，就会不可避免地经历一场恐慌。在危机之后每一次都是经济自我复苏，而且多数时候经济在复苏后都会上升到更高水平的稳定状态。但是，每一次复苏都只有几年时间，随后又会发生新的危机，并再次摧毁经济。从1702年到1791年间，银行家亨利·桑顿就看到英格兰共发生了18次经济危机。此后，世界上严重的经济周期事件不断上演。在1837年，美国发生了一次经济危机，随着泡沫的破灭，芝加哥的一块曾经在1836年卖到1.1万美元的土地，到1840年只要花100美元就能够买到。1872年，围绕着铁路行业的投机又导致了一场全球性的危机。20世纪以来，影响重大的经济周期和危机出现了多次，特别是1929年的大萧条、20世纪90年代初期日本的泡沫经济危机、1997年的亚洲金融危机和由2007年美国次贷危机引发的全球金融危机。事实上，发展中国家的危机已经有规律地频繁发生，相关统计表明，1970—2007年间共发生了124次经济危机(Luc Laeven and Fabian Valencis, 2008)。

古典经济学家萨伊、李嘉图、穆勒、马克思等都曾经观察到并分析过经济周期的现象。朱格拉率先认识到经常性的经济危机并不是一些简单的相互独立的事件，而是经济组织内在不稳定性、周期性重复发作的体现。他写道："萧条的唯一原因就是繁荣。"美国经济学家韦斯利·米切尔在1913年出版的著作《经济周期》中，对经济周期做了如下的定义：经济周期是一个由工商业企业占主体的国家的整体经济活动出现波动的现象(拉斯·特维德，2008，第65页)。这就意味着，只要是工商企业成为经济活动的主体，无论政府的主观愿望如何，都不能避免经济周期波动或经济危机的来临。

值得关注的是，在这些大规模的经济周期事件中，通常都与房地产市场有着直接的关系，特别是20世纪90年代以来的三次大危机，房地产泡沫的破灭无一例外地成为这三次经济周期转入萧条的关键事件，每一次房地产泡沫的破灭都与整体经济的恶化是一致的。正是因为如此，房地产周期波动现象又被人们称之为“周期之母”。

在中华人民共和国成立后的相当长时期内，中国房地产市场几乎不存在，也就谈不上研究房地产周期问题。改革开放以来，特别是近10年来，中国房地产业的发展为经济增长提供了强有力的保障和支撑，对于扩大内需、拉动相关产业发展、增加就业和促进国民经济发展作出了重要贡献，并已成长为国民经济的支柱产业。但是，在有数据可查的短短20多年的房地产业发展历程中，中国房地产市场大起大落、波动剧烈的问题比较突出，而且其波动具有明显的周期性。

因此，研究中国的房地产周期波动现象和规律，不仅有着重大的理论价值，而且具有十分显著的实践意义。主要表现为：(1) 对房地产周期规律的研究，有利于科学描述和把握房地产市场的运行规律。房地产周期波动是房地产经济运行的基本规律，通过对房地产周期波动的深入研究，可以更为全面地把握房地产市场的运行规律。(2) 对房地产周期规律的研究，将进一步深化经济周期理论的研究。一方面房地产周期波动的研究需要借助经济周期理论的指导；另一方面对中国房地产周期理论的研究，能够为经济周期理论的研究提供更为翔实和独特的案例与理论素材及观点。(3) 深化房地产周期规律的研究，并据此制定和实施房地产市场宏观调控的政策措施，可以防止因房地产价格波动而加剧金融风险，以至引发房地产泡沫破灭和产生金融危机。尽管中国还没有出现全局性的房地产泡沫问题，但20世纪90年代的房地产市场调整，导致了海南的房地产泡沫破灭；2008年出现的房地产市场调整，使深圳的房地产泡沫破灭，并有效地挤压了全国的房地产泡沫，房地产市场发生了短暂的严重衰退和萧条。现实表明，在房地产周期上升阶段，存在房地产泡沫是常态；在房地产周期下降阶段,房地产泡沫破灭的风险较大,而房地产泡沫破灭的危害是极大的。在后金融危机时代,无论是全球金融危机的发生,还是海南、深圳的房地产泡沫破灭,都给我们敲响了警钟。为了防范房地产泡沫过度膨胀以至破灭,必须准确把握房地产周期波动的趋势,及时做出预警,并采取相应的反周期策略。

研究中国的房地产周期波动,需要对以下问题做出科学回答:(1)是什么因素导致了中国房地产市场的波动?(2)中国房地产周期波动的基本特征是什么?(3)如何对中国房地产周期波动现象进行理论解释?(4)中国房地产周期波动与经济周期的关系如何,它们是怎样产生相互影响的?(5)中国房地产市场宏观调控的效果如何?(6)如何防止房地产市场的极度低迷和过度繁荣,避免房地产市场的大起大落,适度熨平房地产周期波动?对上述问题的解答,研究者需要具备扎实的理论功底,以建构一般的理论分析框架和模型,并深入实际,根据对现实的科学认知和理性判断,做出客观准确的统计描述和逻辑严密的计量分析来进行实证检验,从而提供理论价值高和应用价值大的研究成果。

二、经济周期理论

(一)经济周期的类别

在近300年人类经济发展史上,经济周期现象已经引起了许多研究者和实践者的关注,人们对于经济周期的认识越来越深入,已经积累了丰富的理论成果。卢卡斯将经济周期定义为与某种类型的价格和其他变量协同运动相关联的就业、产出及产出组合的反复波动(卢卡斯,2000[1977])。学术界关注的经济周期主要有存货周期、产能周期、建筑周期和技术社会变迁周期等。

1. 短周期:存货周期

美国经济学家约瑟夫·基钦(Kitchin, Joseph,1923)在《经济因素中的周期与趋势》一书中,研究了美国和英国1890—1922年的利率、物价、生产和就业等统计资料，从中发现厂商生产过多时就会形成存货，从而减少生产，进而形成3—5年的经济周期波动。基钦把这种短期调整称为存货周期，后人把3—5年的存货波动周期称为基钦周期。伴随着物流业的发展，短周期的时间长度越来越短。二战以后的经验研究表明，短周期的平均长度为40个月，其上升阶段比较明显，而顶部及下降阶段则不明显，往往受到所处经济发展大背景的影响。过去对短周期的观察可能受到了中周期的干扰，实际的短周期可能更短。

2. 中周期：产能周期

法国经济学家朱格拉(Juglar, C., 1862)在《法国、英国、美国的商业恐慌与其周期的再现》一书中，基于银行贷款的数字、利率、物价的统计资料，研究了英、法、美等国家工业设备投资的变动情况，发现了9—10年的周期波动，这就是中周期，也即朱格拉周期。例如，美国从1795年至1937年的142年中，共经历了17个中周期，其平均持续时间约为8.35年。西方世界对朱格拉周期进行了丰富的研究，一致认为，朱格拉周期的产生是由于失业和物价随设备投资的波动而产生变化，从而导致10年左右的周期波动。这种说法是当前的主流观点。中周期也被称为设备投资循环，是一种产能周期。马克思在《资本论》里详细地论述了设备周期。熊彼特认为中周期反映了经济在特定技术和制度环境下的“自然兴衰”。

3. 中长周期：建筑周期

中长周期是在1930年由俄裔美籍经济学家西蒙·库兹涅茨(Simon Kuznets, 1930)在《生产和价格的长期运行》一书中提出。库兹涅茨根据美、英、德、法和比利时等国60种工农业主要产品产量和35种工农业主要产品价格变动的时间序列资料，剔除了期间短周期和中周期的变动，发现存在15—25年的中长周期。这种中长周期，也被定义为库兹涅茨周期。这种周期与建筑业的兴衰有密切联系，而且这种波动在美国的建筑业中表现得特别明显，所以中长周期也称为建筑周期。这种周期是两大因素相互作用的结果：一是居民购建房地产；二是城市化带来的人口转移。美国大移民时代就产生了这种周期。

4. 长周期：技术社会变迁周期

前苏联经济学家尼古拉·康德拉季耶夫（1986，第1页）通过实证研究发现，产业革命以来，全球经济周期非常有规律，基本上每过50—60年就有一个长周期：前面30—40年经济增长速度较快，后面20—30年经济增长速度放缓。康德拉季耶夫认为这一长周期可能与重大技术发现相联系，他采用资本过度投入来解释经济的波动，过度投资会导致市场供给过多，然后便是衰退，直到有新的技术发明最终带来新一轮投资的井喷。这一周期运行，表现为一种技术社会变迁周期。从早期经验来看，长周期的长度为30—50年。如果技术革命有加速趋势，制度灵活性越来越大的话，长周期则有变短的趋势。

（二）经济周期波动的理论解释

长期以来，经济波动问题一直是经济学家关注的焦点。经济周期理论也成为当代西方宏观经济学中著述最丰、发展最快的理论。自从康德拉季耶夫提出长周期说之后，许多经济学家都试图用各种理论来解释这种现象。其中有一种观点值得关注，即少数经济学家用政策的周期性变化或两代人的心理变化等因素解释长周期现象，代际生活模式的差异可能是康德拉季耶夫周期和库兹涅茨周期的重要原因。虽然对于经济周期的理论解释多种多样，但总体而言，大多数学者认为，由于经济体系内外因素的变化或冲击，如投资、消费、创新、技术进步等，而这些因素的变化具有一定的规律性或随机性，导致经济增长的波动，并表现出一定的周期性，使经济运行也具有了周期的性质。基于这些因素，研究者提出了以下多种有代表性的理论解释。

1. 创新理论

创新理论的代表人物德国经济学家熊彼特在《经济发展理论》(Joseph A. Schumpeter，1990[1912])和《经济周期》(1939)著作中认为，经济周期是企业创新的结果。创新是提供新产品、新劳务，引进新方法，采用新原料，开辟新市场和建立新企业组织形式等行为。创新可以提高生产率、增加利润、引起投资增长，从而刺激经济增长。少数企业的成功创新会使企业获得垄断利润，并为其他投资者开辟道路。之后，许多企业群起而效仿，形成投资扩张倾向。创新浪潮的出现引起经济繁荣，而大量企业的模仿则导致垄断利润消失，进而导致信用紧缩，产生萧条。由于创新活动不可能经常出现，所以经济增长也就不可避免出现周期波动。

2. 有效需求理论

凯恩斯(1963)认为不稳定的自发消费和投资支出是经济周期出现的主要原因。凯恩斯的有效需求理论是其经济周期理论的基础。有效需求包括消费需求和投资需求，它主要由三大基本心理因素即消费倾向、收益预期、流动偏好和货币供应量决定，这些因素相互作用造成有效需求不足，从而引起失业和萧条。在经济周期的扩张阶段，人们受盲目乐观情绪支配，往往过高地估计了产品的需求、价格和利润。企业经营者因对未来的乐观预期而增加与他有关联的货物和服务的需求，带动其他企业经营者也相应增加需求，从而导致过多的投资。然而，扩张导致资本品需求增加，资本品价格上升，从而资本边际效率下降。而随着收入增加，货币交易需求增加，利率上涨，导致投资需求下降，经济出现下滑，悲观情绪蔓延，股票价格和房地产价格也将下降，人们的财富缩水又导致了自发消费的下降，厂商因积压了过多的存货而缩减生产。在乘数机制的作用下，萧条不可避免地出现了。

3. 乘数—加速数理论

保罗·萨缪尔森(Samuelson，P. A.，1939)的乘数—加速数理论，使用投资的乘数—加速数来解释由投资引致的经济周期波动。自发投资的增长是诱导经济体系重新扩张的重要外在刺激因素。一旦有某一种自发投资出现，不论其来自人口增加、技术进步或其他原因，由此引起收入增加；收入的增加通过加速原理，引致投资发散性扩张。投资的扩张通过乘数原理，使收入进一步增长，并逐步达到上限。当收入增长受到资源能力的限制，生产达到社会生产可能性边界时，根据加速原理，会引致投资逐渐回落。收入的绝对水平下降，生产能力过剩，乘数和加速数从相反方向起到放大作用，使社会生产急剧衰退，进入萧条阶段。经过一段萧条期后，存货耗尽，资本品无法再行缩减，投资支出再次增加，乘数与加速数重新发挥作用，导致经济复苏，并最终形成新一轮的经济周期。

4. 货币主义理论

以弗里德曼（Friedman, M. and Schwartz, A. J., 1963）为代表的货币主义学派，把经济周期波动看做是总需求的不稳定，而总需求不稳定是货币供给的不稳定造成的，将经济周期波动完全或主要归结为货币供应量不规则变化所致。经济扩张源于货币供应量持续增加；经济衰退则是货币供应量持续减少所致。如果实际货币供应量超过了家庭和企业的意愿持有量，家庭和企业为了减少过多的货币金额，可能通过增加货物和服务支出，也可能通过购买金融资产寻求平衡。这些超额货币供给将流向耐用消费品和证券市场。实际货物和服务价格将会上升，货物和服务生产将会增加，形成经济繁荣。反之，则形成经济衰退。货币学派认为，在长期中，经济系统是内在稳定、趋向充分就业的，价格的调整最终会使产出重返自然率水平；然而，在短期中，由于人们具有货币幻觉，货币当局政策的不稳定导致了总需求波动，从而引起了经济的不稳定，实际产出与充分就业产出水平出现偏离。

5. 理性预期理论

理性预期，是指根据这种理论当人们预期未来时，可以最好地利用他们拥有的所有信息，包括有关政府政策的信息（曼昆，1999）。在对经济周期的本质认识上，卢卡斯（Lucas，R. F.，1977）提出了不完全信息的货币幻觉理论，将随机的货币因素的冲击看作外生需求冲击的源泉，认为预期不到的货币供给的变化是价格和产量波动的驱动力。他假定厂商收集经济中其他产品价格的信息有困难，存在暂时的信息障碍，以至于厂商不能清楚地了解其他市场正在发生什么。如果货币供给增加导致一般价格水平上涨，但是由于信息不完全，生产者无法区分是一般性价格水平还是他所生产的产品的相对价格上涨，可能误认为是市场对他所生产的产品的需求上升导致的相对价格水平的上升，于是会扩大生产、增加投资以增加供给。然而，当发现经济系统中其他商品价格都在上涨、生产成本等幅度上升时，厂商将减少投资到正常水平，恢复原来的生产规模，这样就产生了经济的波动。

在以理性预期为基础的经济周期模型中，周期的传导机制可以分为三类。第一类理性预期模型假设经济结构中存在组织个体获得整体经济中关于潜在的周期性力量信息的机制，大多数的理性预期模型包括卢卡斯的周期理论都属于此类。第二类理性预期模型引入了学习过程，即理性预期并不能够自动立即形成，需要通过一个学习的过程才能达到，在这个学习过程中，预期模式接近于适应性预期。第三类理性预期模型不仅假设信息是完全的，预期也是完全理性的，但经济结构本身仍然存在发生周期性波动的机制（加比希、洛伦兹，2003）。

6. 真实经济周期理论

基德兰德和普雷斯科特（Kyaland and Prescott，1982）、朗和普劳什（Long and Plosser，1983）等学者，是真实经济周期理论的开创者。真实经济周期理论遵循了新古典经济学的主要原理。该理论假设，经济行为主体追求效用最大化，价格具有黏性，存在自愿失业的情况下市场是出清的。同时对古典理论的假设又做了修正,认为价格和工资在短期也具有黏性,但对于工资的持续变化是不敏感的,这样闲暇的跨期替代意味着工资率的较小变化会引起工作量(就业)的较大变化,从而引起产出的较大变化。该理论的核心思想是:导致经济周期的根源主要是以技术冲击为代表的真实因素,真实的技术冲击导致了技术进步率大幅度的随机波动,从而引起了总量生产函数的移动,改变了全要素生产率工资和利率等经济变量的相对价格。经济主体具备理性预期,他们从效用期望值最大化目标出发来选择消费和劳动供给。当真实的技术冲击引起全要素生产率波动时,理性经济主体会针对这种波动最优地调整其劳动供给和消费。这种最优调整会导致产量和就业的波动,从而产生经济周期。

7. 非线性经济周期模型

西方经济学家使用了大量的非线性模型来分析经济周期波动问题,卡尔多1940年的经济周期模型是动态经济学中非线性效应分析的最早尝试之一。在线性周期模型中,经济运行或一直沿着均衡路径,或单调增减,或呈收敛式及爆炸式摆动,这些结果均与现实经济情况相冲突。非线性经济周期模型则避免了依赖外部冲击和特定参数值的缺陷,产生了真正的内生经济周期。然而,20世纪50年代形成的非线性模型大多较为粗糙,难以令人满意。20世纪60年代以后,一些经济学家将数学的一些代表性定理应用于大规模宏观经济波动的分析,形成了经济周期理论的另一分支。这一分支理论的一部分将物理学中古典的振动理论应用于经济周期分析,形成了非均衡分析和增长波动理论等;另一部分利用现代动态系统论来解释现实经济中更常见的、随机的、非规律性波动现象,形成了分岔理论、突变理论和混沌经济周期理论。

8. 外生冲击理论

最早将宏观经济波动与随机冲击相联系的是前苏联经济学家斯勒斯基(Slutzky,1937),他利用统计方法得到的随机序列与英国 1855—1877 年间的经济周期指数十分相似。使宏观经济产生波动的外生冲击大致可以分为三类：一是来自生产方面的供给冲击，这类冲击包括技术进步、气候变化、自然灾害、资源发现和国际市场投入生产要素价格的波动等。二是来自管理当局的宏观政策冲击，如货币供应量、汇率和财政政策的变动等。典型的如在政治周期理论中，执政党和政府利用扩张性或紧缩性的政策为自己再次当选和当政服务；在货币主义经济周期理论中，强调货币供给数量变动对经济波动的影响。三是来自私人需求方面的冲击，例如，由预期和偏好变动引起的投资和消费支出变动等。凯恩斯认为，由“动物精神”变化引起的投资波动，将引起总需求变化，进而对总产出产生影响。

在这些外生的特殊事件中，有的持续时间较长，呈序列相关；有的属于与经济结构不相关的各种随机干扰（白噪声）。与这些不同外生冲击影响相对应的周期理论包括随机经济周期理论、政治周期理论、货币主义经济周期理论和新古典经济周期理论等。

有些经济学家在模型中引入随机变量，将该随机变量看作所有外生因素的综合，利用这一方法来说明经济的不规则波动。将外生冲击看作随机因素有两个理由：一是有些外生事件本身就是随机的；二是这些事件在其他学科可能不是随机因素，但它们在经济学家看来是随机的，这类事件包括农作物的收成、创造发明和政治行为等。随机经济周期模型除了可以使问题简化外，还由于它包含了实践不能观察到的不规则现象，从而使周期理论更加丰富。

9. 新凯恩斯主义模型

在费希尔（Fischer，1977）、费尔普斯和泰勒（Phelps and Talor，1977）研究的基础上，20 世纪 70 年代，经济学家发展了建立在工资和物价刚性基础之上的新凯恩斯主义模型，包含了理性预期的非市场出清理论重新受到青睐，形成取代新古典宏观经济学之势。

新凯恩斯主义根据不完全竞争、不完善市场、异质劳动和信息不对称等市场不完善产生的合作失败和宏观经济外部性，重新得到实际产量经常波动、波动具有非均衡性质、名义总需求冲击可以造成非均衡实际产量波动和政府应对经济进行一定程度干预的结论。

新凯恩斯主义认为，只要存在不完全竞争和市场不完善，经济将不能实现帕累托最优。通过将消费者、生产者、劳动市场参与者不完全信息决策的现代市场理论纳入模型，新凯恩斯主义就可以在很大程度上克服传统凯恩斯主义的微观缺陷。新凯恩斯主义尚未形成与经济规律性地发生的经济波动相一致的经济周期理论。大体而言，新凯恩斯主义研究可以分为两部分：一部分将物价和工资刚性看作偏离瓦尔拉斯一般均衡的重要原因，如不存在刚性，经济在受到冲击之后很快会回到充分就业的效率均衡；另一部分新凯恩斯主义者认为，物价和工资刚性并非经济偏离均衡的唯一原因，甚至不是主要原因，即使价格具有充分收缩性，如果存在市场不完善和合作问题，名义冲击仍然可能造成就业和产量的较大波动(胡永刚，2001)。

三、房地产周期的内涵和事实

(一) 房地产周期波动的内涵和特征描述

房地产周期的概念最早由霍伊特(Hoyt, 1933)在对芝加哥土地市场的分析中提出。由于房地产周期是一种复杂多样的经济现象，对于房地产周期的表述和度量理论，也十分丰富。英国皇家测量师协会(RICS)在1994年的《理解房地产周期》著作中指出，房地产周期是指所有类型房地产的总收益率的重复但不规则的波动；这种波动在其他许多房地产经济活动指标中也很明显，但它们的变动落后或领先于上述房地产总收益率周期。在现实中，表示房地产经济活动的各种经济变量，例如房地产价格、租金、吸纳率、空置率和建筑活动等，都在不同层面上可以用于度量房地产周期。不少学者认为，空置率是划分房地产周期最合适的指标。

穆勒(Mueller, 1995)提出了房地产实际周期(physical cycle)与房地产金融周期(financial cycle)两个不同层次的房地产周期概念，使早期笼统的包含多种复杂内涵的房地产周期概念更加明确具体。穆勒认为，由于房地产兼具实际生产要素(或生活资料)与投资品的双重属性，所以与之对应存在房地产实际市场与房地产金融市场两个层次的房地产市场，这两个层次市场具有各自的周期波动。所谓房地产实际周期，指的是房地产市场对房地产真实空间的需求、供给与使用的周期波动，它决定房地产租金；房地产金融周期，则是指房地产金融市场资本(债权或股权)向房地产流动的周期性变化，它决定房地产价格。两个层次的周期存在相互影响与联系：没有资本的流动，房地产实际市场也将不会发生；有时两种周期的走势会相互背离，如当房地产市场收益率高于其他资本市场收益率时，即使房地产实际周期正处于下降阶段，大量资本流向房地产市场也促使房地产价格上升，反过来的情况也同样存在。

综合多种研究成果，我们认为可以将房地产周期定义为：房地产周期，是指房地产市场曲线围绕着市场均衡水平上下波动，而呈现出相似性、重复性、循环性特征的一种规律。而房地产价格、租金、房地产开发投资增长率、房地产销售增长率、建筑开工量、建筑竣工量、吸纳率、空置率等房地产经济指标的波动，是房地产周期现象的具体表现(高波，2010)。在房地产周期波动过程中，可以清晰地观察到房地产业扩张与收缩相交替的两大阶段和复苏、繁荣、衰退、萧条循环往复的四个环节。尽管每一轮房地产周期波动也可能存在一定的差别，但其本质特征是不变的。

从房地产周期波动的外在表现来看，房地产市场活动围绕着市场均衡水平上下起伏，波浪式演变，房地产周期波动是一个上升与下降、扩张与收缩不断往复运动的过程。如图 1-1 所示，从波谷到波峰，是上升阶段；从波峰到波谷，是下降阶段。从波谷到波谷，或者从波峰到波峰，房地产市场经历了一个完整的上升和下降阶段，成为一个房地产周期。在一个完整的房地产周期中（A→E），A→C 为上升阶段，C→E 为下降阶段。这两个阶段又可分为复苏（A→B）、繁荣（B→C）、衰退（C→D）、萧条（D→E）等四个时期。

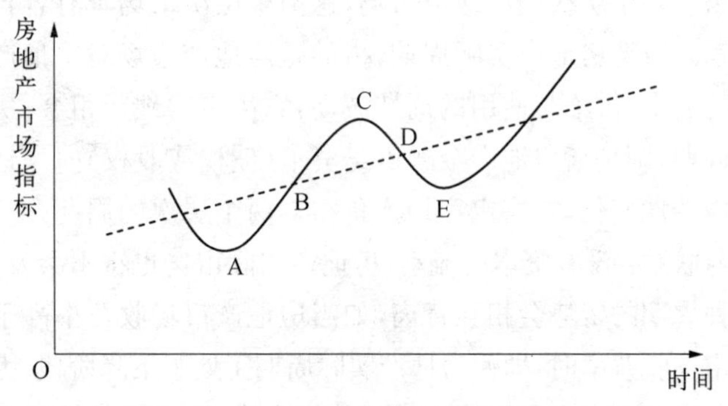

图 1-1　房地产周期波动过程

1. 复苏期房地产市场运行的特征和过程

这一时期房地产市场运行的特征和过程是：

（1）这一阶段始于前一次周期循环的波谷，此时房地产供给大于需求，房地产供求处于非均衡状态。在这一阶段初期，期房价格仍然低于现房价格，购房者大部分因为自用而进入市场，炒家很少，房地产交易量较低，但楼价止跌趋稳。

（2）经过房地产市场复苏的初期，市场信心开始逐步恢复，房地产开发投资渐增，购房者开始增多，少数炒家开始入市。随着需求增加，存量房地产被市场吸纳，房地产交易量逐步回升，推动市场逐渐走出低谷。房地产价格和租金从稳定状态过渡到增长状态，市场预期开始好转。

(3) 随着房地产市场回升，人们对市场走势预期充满乐观情绪，购房者特别是炒家进一步涌入，不但出现现房价格上涨，期房价格也回暖，房地产市场交易尤其是存量房交易日趋活跃，房地产开发投资逐步加速增长。

2. 繁荣期房地产市场运行的特征和过程

这一时期房地产市场运行的特征和过程是：

(1) 房地产需求继续以一定速度增长，房地产供给逐渐吃紧。房地产价格和租金开始快速上涨。由于房地产开发商对未来收益的预期大大提高，开发商的开发与建设规模进一步扩大。其他行业的企业也因对市场极度乐观和高额利润而进入房地产市场，房地产投资量剧增，存量房和新开发建设项目大量推出，各级市场的成交量激增。

(2) 在房地产市场预期乐观的刺激下，个人和机构的房地产消费、投资都迅速增长。

(3) 房地产市场新开发建设项目和存量房价格快速上涨，房地产投机增加，交易量急剧上升，房地产泡沫出现膨胀。限制或打击房地产投机的呼声日益成为社会的共识，政府运用土地政策、货币政策和财政政策等对房地产市场进行调控。

3. 衰退期房地产市场运行的特征和过程

当过高的楼价把自用型购房者挤出市场，主要依靠投机资金支撑时，房地产市场也就开始进入衰退期。这一时期房地产市场运行的特征和过程是：

(1) 房地产市场在经过繁荣阶段之后，过高的新开发建设房地产和存量房地产的价格使一般居民无力承担。房地产需求逐渐减少，而新竣工项目陆续进入市场，房地产市场供求状况开始发生逆转。房地产供给逐渐超过需求，房地产的空置率开始上升。

(2) 由于房地产市场存在羊群行为，市场上的利空消息会导致人们跟风抛售，房地产价格开始下跌，房地产市场交易量也逐渐减少，市场预期悲观，房地产投机者纷纷抛售，买家观望，房地产价格继续下跌。

(3) 房地产交易量锐减，市场推出楼盘减少，一些实力较差、抗风险能力较弱的房地产开发商可能会因为资金债务等问题而宣告破产，房地产从业人员减少，失业率上升。

4. 萧条期房地产市场运行的特征和过程

这一时期房地产市场运行的特征和过程是：

(1) 由于供求矛盾日益尖锐，房地产市场销售竞争加剧，房地产价格继续下跌。新开发建设房地产价格加速下降而大大低于存量房地产价格。

(2) 伴随房地产价格大幅下跌，房地产交易量锐减。市场逐渐萎缩，物业的市场流动性在这个阶段降到很低，甚至处于"有价无市"状态。大多数房地产企业将不能正常运作，市场的停滞标志着整个房地产周期已进入波谷，并将在波谷持续一段时间。

(3) 房地产企业破产现象比较普遍，甚至一些实力雄厚的大型公司也在所难免。房地产市场在经过较长时间的消化吸纳空置的存量房地产过程后，将迎来下一轮房地产周期循环的复苏阶段。

(二) 部分国家和地区的房地产周期波动

1. 美国的房地产周期

对美国房地产周期研究的成果十分丰富。霍伊特(1933)在对芝加哥长达100年的土地价格分析中，首先发现了长度为18年的地价周期。此后，温茨利克(Wenzlick, 1972,1973)等人对18年房地产周期作了更多的研究与分析。图1-2是1830—1936年以建筑支出指数度量的建筑周期，周期平均长度为18.3年。

除了长度为18年的房地产周期外，凯瑟(Kaiser, 1997)分析了1919—1995年房地产总体回报率，发现1920—1934年的房地产大波动与1980—1993年的大波动非常相似，美国历史上的两次房地产负回报率期(20世纪30年代初和20世纪90年代初)也分

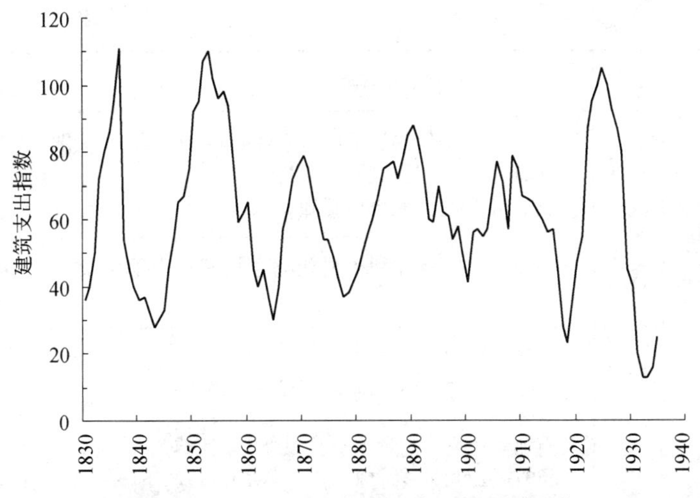

图 1－2　1830—1936 年美国的 18 年建筑周期

注：纵轴为以不变价格计算的、经趋势调整的建筑支出指数。
资料来源：Brown，G. T.，1984，"Real Estate Cycles Alter the Valuation Perspective"，*Appraisal Journal*，54(4)，539－549.

别处于这两个时期。

而凯瑟通过对更早时期的房地产周期的分析，认为存在着 50—60 年的长周期。表 1－1 是根据 18 年房地产周期划分的美国 18 世纪以来的房地产波谷和波峰。表中每三个波峰包含着一个大波峰（在表中将其年份用**粗**体标出），大波峰与大波峰之间，构成了 50—60 年的长周期。也即一个 50—60 年的长周期可分解为三个长度约为 18 年的房地产周期。

表 1－1　美国的 18 年房地产周期

谷	峰	
1795		1760—1795 年拓荒热（俄亥俄、纽约、佐治亚、亚祖河流域） 1795—1805 年康涅狄格 Gore 土地公司倒闭 1791—1795 年华盛顿特区土地繁荣，1796 年回落
1805	**1814**	

续 表

谷	峰	
1825	1835	1832—1837 年芝加哥房地产繁荣和 1837 年的恐慌 1834 年从缅因到红河的投机 1837 年公共土地出售高峰
1845	1851	1848—1854 年加利福尼亚淘金热潮与土地繁荣，1854 年回落
1861	**1872**	1869—1872 年芝加哥土地价格的大波峰及其回落 1862—1873 年西部铁路沿线土地繁荣
1878	1888	南加利福尼亚房地产繁荣，1887 年回落 1891—1892 年芝加哥土地价格的波峰与下降
1897	1904	
1918	**1925**	1925 年芝加哥土地价格的大波峰 佛罗里达土地繁荣，1926 年回落 1927 年帝国大厦开工，1931 年落成并被称为"空国大厦"
1933	1946	1933—1935 年联邦置业贷款公司接管了超过 200 000 起抵押贷款，1951 年恢复了初始资本的 92%
1962	1973	1969—1971 年房地产信托投资基金增长(成立了 130 家)，随后债权房地产信托投资基金贷款违约剧增，1973—1974 年 NAREIT 指数(美国房地产投资信托协会编制)下降了 83%
1975	**1989**	20 世纪 80 年代写字楼繁荣、独户住宅投机(特别是加利福尼亚州)

资料来源：Kaiser，R.，1997，"The Long Cycle in Real Estate"，*Journal of Real Estate Research*，14(3)，233 - 257.

再以住宅价格指数作为衡量房地产周期波动的指标，考察美国 1890—2011 年的房地产周期波动规律。美国住宅价格指数波动状况，如图 1 - 3 所示。

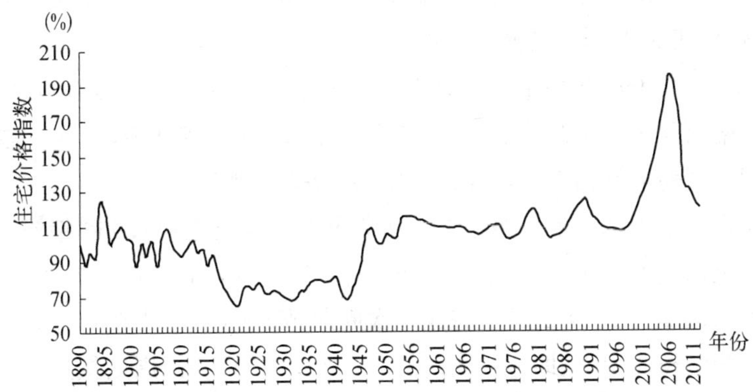

图 1-3 1890—2011 年美国住宅价格指数

资料来源：Robert J. Shiller，2005，Irrational Exuberance，2nd. Edition，Princeton University Press，Broadway Books 2006，as updated by author. http://www. irrationalexuberance. com/

注：取 1890 年为基数 100。

根据图 1-3，按照波峰到波峰，美国 1890—2011 年的住宅市场波动已经完成了以下 7 个住宅周期。

(1) 美国住宅价格 1890 年以来，第一个波峰出现在 1894 年，然后下探，在 1901 年到达谷底，1907 年再次到达波峰，历时 13 年，完成一个周期，住宅价格出现了巨幅波动。

(2) 从 1908 年住宅市场开始回调，1921 年真正见底，调整时间长达 14 年，1925 年到达波峰，历时 18 年。

(3) 1926 年住宅市场继续调整，1932 年见底，之后住宅价格缓慢回升，1940 年到达波峰，历时 15 年。

(4) 1942 年住宅价格再次见底，1947 年阶段性高点出现后，住宅价格震荡上行，1955 年到达波峰，历时 15 年，经历了一个住宅价格周期。

(5) 1956 年以后住宅价格小幅波动，缓慢下跌，1976 年见底，1979 年进入波峰，历时 24 年，完成一个周期。

(6) 1980 年住宅价格下跌,1984 年滑入谷底,1989 年又进入波峰,历时 10 年,完成一个周期。

(7) 1990 年住宅市场调整,1997 年住宅价格见底,随后住宅价格出现了历史最大幅度的快速上涨,2006 年到达波峰,第四季度出现住宅价格下跌,历时 17 年,完成一个周期。

由于美国住宅价格下跌,2007 年引发次贷危机,2008 年演变为全球金融危机。上述美国的住宅价格周期,从 1890—2011 年,大约按 10—24 年的频率完成一次周期循环波动,基本属于库兹涅茨的中长周期,也即建筑周期。7 个周期中,有 4 个周期接近或符合 18 年周期。

2. 日本的房地产周期

对日本房地产周期的研究文献也较多,特别是日本 20 世纪 90 年代初期房地产泡沫破灭,使人们对日本房地产周期波动研究的兴趣更浓。在日本,地价的变动趋势,能确切地反映房地产周期波动的规律。这是因为日本各主要城市地价在房价中的比例都比较高。据日本通产省与日本银行 1998 年的调查,地价约占房价的 60%—75%,日本商业楼宇的地价占房地产总价格的比例甚至达到 80%—90%。在日本首都东京,地价在房价中的比例高达 65%—85%(张文新、蒋立红,2004)。

在此,根据日本的地价指数,分析日本的房地产周期。图 1-4 是 1964—2009 年 3 月末的城市地价指数曲线图。由图 1-4 可以看出,1991 年以前基本上属于上升阶段,其中,1974 年出现了一个小波峰,1975 年见底,1991 年出现大波峰,间隔 17 年,是一个完整周期;1992 年开始进入下降阶段,长达 18 年,至今仍未出现明显的见底信号。

由于日本的房地产泡沫极其典型,关于日本房地产泡沫的研究,可谓汗牛充栋,见仁见智。在此,从房地产周期波动角度做一些探讨。

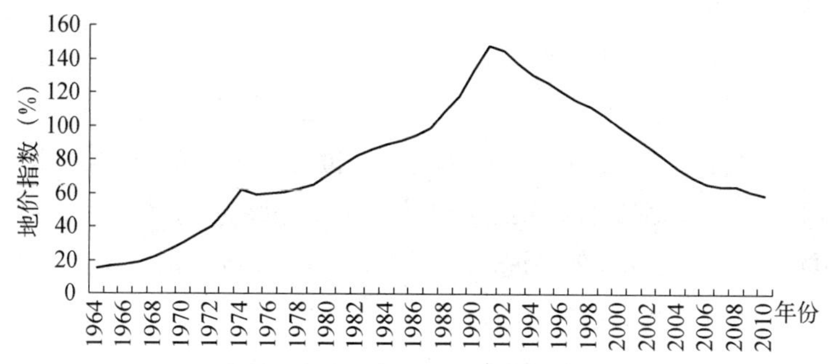

图 1－4　1964—2010 年日本城市地价指数

资料来源：日本不动产研究所研究部（Japan Real Estate Institute），《市街地价格指数（1964—2009）》。

注：取 2000 年 3 月末为指数 100。

1985 年"广场协议"①后，日元迅速升值，由 1 美元兑换 240 日元升到 1 美元兑 200 日元，1986 年继续升到 1 美元兑 160 日元，1987 年最高达到 1 美元兑 120 日元，升值近 100%。日元急剧升值对日本经济增长带来了巨大的冲击，1986 年日本工业出现了负增长。同时，日元升值导致企业生产成本上升，促使日本企业纷纷投资海外，结果是日本出现产业空心化趋势。面对这种情况，为了缓解日元升值对经济增长的影响以及避免通货紧缩，日本实行了扩张性的货币政策，官方贴现率不断调低，从 1985 年的 5%调至 1986 年 11 月的 3%。在 1987 年 2 月"卢浮宫协议"②后，为了制止美元急剧下跌，配合美国稳定美元的要求，日本又将官方贴现率下调到 2.5%，并一直维持到 1989 年 5 月。与此同时，日本货币供应

① 1985 年 9 月 22 日，美国、日本、前联邦德国、法国以及英国的财政部长和中央银行行长在纽约广场饭店举行会议，达成五国政府联合干预外汇市场，诱导美元对主要货币的汇率有秩序地贬值，以解决美国巨额贸易赤字问题的协议。因协议在广场饭店签署，故该协议又被称为"广场协议"。

② 1987 年 2 月，G7 国家财长和中央银行行长在巴黎的卢浮宫达成协议，一致同意 G7 国家要在国内宏观政策和外汇市场干预两方面加强"紧密协调合作"，保持美元汇率在当时水平上的基本稳定。此次会议协议史称"卢浮宫协议"。

量呈不断扩张的趋势。

在这种经济环境下，日本出现了严重的房地产泡沫。如表1－2所示，20世纪80年代中期，东京都土地资产额仅仅只有GDP的一半左右。但是，由于地价暴涨，20世纪80年代后期其比率迅速升高。东京都的住宅用地市价总额，到1988年末迅速增加到了GDP的1.4倍。也就是说，仅在1986年到1988年的三年中，就增加了接近一个GDP的量（野口悠纪雄，2005）。

表1－2　1981—1991年日本国内总产值（GDP）与土地资产额的变动趋势

单位：万亿日元

年份	1981	1982	1983	1984	1985	1986	1987	1988	1989	1990	1991
GDP	261	273	286	305	324	338	354	377	403	434	457
土地	128	135	139	149	176	280	449	529	521	517	504
土地/GDP	0.490	0.495	0.486	0.489	0.543	0.828	1.268	1.403	1.293	1.191	1.103

说明：1. 土地资产额是指东京都住宅用地的市价总额。1981—1990年为止的数据是根据各年度年末值的单纯平均计算的；1991年的数据是根据1990年数据和都道府县地价调查东京都的数值计算的。

2. GDP是各年度国内总产值的名义值。

资料来源：经济企划厅《国民经济计算》与国土厅《都道府县地价调查》。转引自［日］野口悠纪雄：《泡沫经济学》，生活·读书·新知三联书店，2005年。

针对日趋严重的泡沫经济，日本政府采取了从金融到土地双管齐下的政策调控。1989—1990年日本央行连续几次升息，为燥热的房地产市场下了一剂猛药，同时出台的《土地基本法》也成为抑制土地市场投机的重要措施。这种猛烈的政策调控，导致泡沫经济破灭。1991年，日本股价和房地产价格同时开始暴跌，致使日本经济20世纪90年代出现了“迷失的10年”。

日本不动产研究所（Japan Real Estate Institute）发表的《市街地价格指数（1964—2009）》表明，尽管东京等一些大城市部分地段的地价出现了上涨，但全国的平均地价依然在继续下跌，连续18年下跌。与1991年相比，2009年地价已经下跌了58%，基本回到了房地产泡沫产生前的1974年的水平。房地产价格的暴跌导致一些涉足房地产业较深的大、中、小企业纷纷倒闭。据统计，在日本的破产企业中，房地产商和建筑公司的比例最大，仅2000年，包括房地产商在内的建筑行业就有6 000多家公司破产，占当年破产企业总数的33.6%。2002年，日本有28家上市公司倒闭，其中有三分之一以上是房地产公司，创二战后上市企业倒闭的最高纪录[①]。

根据经验分析，导致资产泡沫的真正原因，是日本央行为了缓解本币升值对出口的冲击，大幅放松了银根，试图以货币对内贬值代替对外升值，使得货币政策失去了独立性。在此政策下，货币供应量在一个相当长的时期里持续快速增长。这使得商业银行流动性普遍过剩，而消费又难以在短期内快速增加。在以银行间接融资为主的金融环境下，这些货币的最好去处，就是股票和房地产市场。巨额的资本涌进股票和房地产市场，使资产价格的暴涨完全脱离了实体经济的支持，形成了举世闻名的日本泡沫经济（高波、毛中根，2006）。

3. 英国的房地产周期

根据英国的房地产价格指数，分析英国的房地产周期。图1-5是1953—2010年三季度的房地产价格指数曲线图。由图1-5可以看出，1954年英国的房地产价格位于波谷，到1992年再出现波谷，长达38年，完成一个房地产周期。随后房价先是缓慢回升，后是加速上涨，2007年到达波峰，2008年房价下跌15%，2009年三季度触底回升，间隔17年左右。按照从波峰到波峰来看，1989年位于波峰，1989年到2007年，间隔18年，完成一个房地产周期。

---

① 《房地产泡沫重创日本经济10年后负面影响依然在》，http://finance.sina.com.cn/j/20050417/10311524501.shtml.

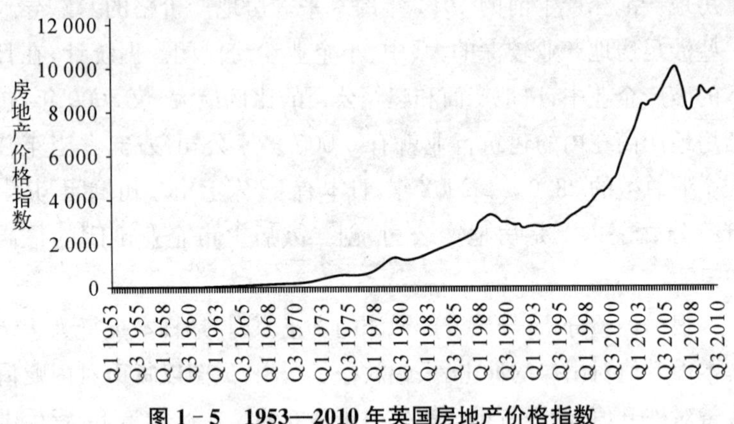

图 1－5　1953—2010 年英国房地产价格指数

资料来源：http://www.nationwide.co.uk/hpi/historical.htm.

注：取 1952 年第四季度的房地产价格指数为基数 100，该指数以房价名义值编制而成的。

四、经济周期与房地产周期的关联性

(一) 经济周期与房地产周期的关系

房地产是一个国家或地区国民财富的重要载体，房地产价格的变动将通过托宾 q 渠道、资产负债表渠道以及财富效应渠道等对房地产投资、居民消费以及宏观经济产生直接影响。而宏观经济的一些关键变量如人均收入、人口数量和结构、利率和货币供应量等因素的变动同样会对房地产业的发展产生影响。

房地产市场的周期波动对宏观经济波动的影响表现在多个方面。

首先，房价的波动通过改变托宾 q 值进而影响到房地产投资。托宾 q 值是指公司的市场价值与公司的重置成本之比。在房地产市场上，当存量房地产的价格超过增量房地产的价格(成本)时，消费者将增加对增量房地产的需求，开发商则会增加土地购置从而促进房地产投资的增加。由于公司对包括房价在内的资产价格做出反应，更加强化了经济周期。当经济高涨、资产市场繁荣时，托宾 q 值上升，公司会扩大投资；当经济不景气、资产价格下跌时，托宾 q 值下降，公司又会缩减投资。托普尔、罗森（Topel, Rosen, 1988）和巴洛特、杨（Barot, Yang, 2002）通过实证研究，都证实了在房地产市场上房地产投资存在显著的托宾 q 效应。

其次，房地产价格的波动，将通过资产负债表渠道影响企业的融资，进而影响房地产投资。在信贷市场上，由于市场信息的不完全和不对称，借款人能够获得的银行信用供给额度主要取决于借款人的资产负债表状况，这又包括企业流动资产与可售抵押品之和。房地产在大多数时候是最好的抵押品。而一旦房价下降，意味着抵押资产价值的下降。此时银行从信贷资产的安全性考虑会减少对企业投资的借款并要求借款方增加抵押。资产价格的下降将导致贷款的减少和投资的下降，甚至恶性循环。这就是费雪在分析 20 世纪大萧条时所指的大萧条元凶之一——"债务性通货紧缩"。近期的经验研究表明，确实存在着这种信贷收缩机制（Bernanke, Lown, 1991; Higgins, Osler, 1997）。同样，如果市场繁荣，企业可以得到更多融资，将进一步刺激房地产投资。

再次，房地产价格的波动，将通过财富效应渠道影响居民的消费，进而影响经济增长。在全球可变价格资产中，据估计住宅和商业房地产总计约为 90—130 万亿美元，占全部可变价格资产的一半。在正常情况下房地产市场可以容纳大约占劳动力总量 5%—6%的人就业，并间接涉及其他更多的就业人员，包括那些从事相关产业（水泥、钢铁、木料、铜等）的人员。大约 1/5 的房地产建造活动经常是比较稳定的，但其余的部分则具有高度的周期性。如果房屋建造市场总值下降 1/3，那么 GDP 将会减少超过 3%，这个比例听起来似乎还不算太高，但事实上房地产价格的下跌在财富效应的作用下还将使 GDP 另外削减一大块（拉斯·特维德，

2008)。大量的实证研究表明,相对于股票等金融资产,住宅的财富效应要大得多并且非常显著(Kim, 2003; Case 等, 2005; Kishor, 2007)。

与此同时,宏观经济变量的变动,如收入、人口数量和结构、利率和货币供应量、汇率和国际资本流动以及宏观经济政策等因素,都将对房地产市场产生冲击,从而导致房地产市场的波动。

1. 人口数量和结构变动对房地产周期的影响

人口的周期性变化与房地产周期波动直接相关。人口是房地产市场的主体,在其他条件不变的情况下,一个国家或者地区的人口总量决定了住宅等房地产需求的大小。一般来说,这种需求随着人口的增长而增长。一些国家在特定的历史条件下出现的生育高峰,形成了"婴儿潮"现象,随着年龄的推移会对房地产产生较大的需求。从人口的城乡结构看,城市化过程中所导致的城市人口增多,将会改变城市人口总量和城市人口结构,相应的也会改变房地产需求总量和结构。另外,家庭人口规模的变动也会导致房地产市场的波动,即使总人口数量不再增加,但家庭规模的小型化也会影响房地产需求的总量和结构。而有的国家出现了人口老龄化及人口负增长,将会减少房地产需求。

2. 总产出和收入波动对房地产周期的影响

总产出或人均收入的波动是直接反映经济周期波动的指标。总产出或者收入的波动会直接影响到房地产投资、房价、空置率等房地产市场的一系列指标。包括中国在内的经验研究表明,代表房地产周期的房地产投资增长率与代表宏观经济的总产出增长率的波动高度一致。一般而言,当人均收入呈现快速增长、宏观经济处于高度景气时,人们对未来收入和经济增长的前景乐观,会倾向于从银行过度融资,从而增加杠杆效应推高房价进而推动房地产投资。而一旦宏观经济景气不再,收入下滑,此时人们一方面将减少房地产需求,另一方面在过去景气状态下积累的债务仍在,极易造成费雪所说的债务性通货紧缩，从而导致房地产市场和宏观经济的恶性循环。

3. 货币供应量对房地产周期的影响

货币供应量的松紧，对房地产市场具有直接影响。货币供应量的增加和宽松的信贷条件将促进房地产投资的增加和房价的上涨。尤其是当货币供应量超常规的增加引发通胀预期时，通常将导致资产价格的快速上涨。充足的流动性不仅可能导致商品和服务的价格上涨，由于更多的货币将进入到资产市场，因而会带来资产价格的上涨。而一旦央行迫于通胀压力开始收紧银根，改变宽松的信贷条件时，房地产投资和房地产消费需求将受到抑制，房地产市场会从繁荣走向衰退。

4. 利率对房地产周期的影响

利率对房地产周期的影响一般表现在两个方面：一是对房地产开发投资的影响，银行贷款是房地产开发资金的重要来源，利率的高低会直接影响开发成本和利润；二是对房地产消费需求的影响，利率高低影响到消费者的贷款信心、还款压力和支付能力等。利率的"价格比较"作用也一定程度上体现出利率在房地产周期波动中的引导作用。利率本质上是资金的价格表现，房地产投资的利润率和内部收益率与利率具有可比性，只有当房地产投资的收益率高于利率时，房地产开发商才借贷资金，反之就会退出信贷市场。当中央银行开始降低利率，债券利率也随之降低，消费者将利用当前更为便宜的融资来建造或购买房地产，住宅和商业房地产的价格开始上涨，租金收入上涨超过了成本增加。在利率下降的情况下，房地产业开始扩张，对房地产开发用地需求的增长，推动土地价格上涨。当消费能力和工业产能达到顶峰后，租金开始下降，房地产空置率上升，房地产价格出现下滑。可见，在一轮房地产周期波动中，利率具有极其重要的影响作用。

5. 汇率和国际资本流动对房地产周期的影响

汇率虽然不是房地产周期波动的直接影响因素，但在经济全球化的背景下，汇率通过改变外资对东道国房地产市场的投资发挥作用。在开放经济条件下，资产价格不仅受自身供求因素的影响，也越来越多地受到汇率变动的影响。从经验来看，一国（地区）货币升值或贬值，都有可能对本国（地区）的房地产价格变化产生影响。例如，20 世纪 90 年代，大量资本流入美国，使美元持续坚挺，与之相伴随的是美国利率的下降以及股票价格与房地产价格的上涨；再如 1997 年亚洲金融危机发生后，大多数发生危机的经济体伴随着本国货币急剧贬值而出现了股票价格下跌与房地产价格下跌的"三重危机"（Trinity Crisis）现象。在中国，人民币升值预期下的大量外资流入，对中国 2000 年以来的房地产价格上涨起到了推波助澜的作用。汇率的变动和大量国际资本的流入或流出，将对东道国资产市场产生冲击，导致资产价格的暴涨暴跌。

6. 政策调整对房地产市场的影响

影响房地产周期波动的政策因素很多，主要包括与房地产业密切相关、敏感程度高的土地政策、财政政策、货币政策、投资政策、产业政策、经济体制改革等，这些具有反周期性质的宏观政策因素，在短期内对房地产市场运行状况的影响是较为显著的。在经济扩张政策与经济紧缩政策的相互交替作用下，政府政策的"相机抉择"能够在一定程度上削减房地产周期波动的幅度。政策调整或体制改革，也可能导致一轮房地产周期的出现。

（二）经济周期与房地产周期关联性的实证研究

从 20 世纪 30 年代以来，大量的实证研究都证实了经济周期与房地产周期之间存在强关联性（Grebler and Burns, 1982; Downs, 1993; Clayton, 1996; Leamer, 2007）。库兹涅茨认为，一国宏观经济的状况与房地产业存在十分紧密的联系（表 1-3）。

表 1－3　宏观经济状况与房地产业发展

经济增长率	房地产业发展状况
小于 4%	萎　　缩
4%—5%	停滞甚至倒退
5%—8%	稳定发展
8%—10%	高速发展
10%—15%	飞速发展

资料来源：库兹涅茨，1990：《各国的经济增长》，商务印书馆。

更多的对两者关系的实证研究集中在房地产周期与经济周期的领先—滞后关系上。主要的研究结论是房地产投资周期一般是领先于经济周期，而房价在不同的实证研究中结论不一致。格林(Green，1997)通过对美国房地产市场上住宅投资、非住宅房地产投资与 GDP 之间的因果关系进行格兰杰检验，研究房地产投资与经济周期之间的关系。他得出结论：住宅投资是 GDP 的格兰杰因，反之不成立；而 GDP 是非住宅房地产投资的格兰杰因，反之不成立。美国加州大学洛杉矶分校的里默(Leamer，2007)以其翔实的实证研究证明，房地产投资的周期性可以十分有力地预测 10 次衰退中的 8 次。另外两次经济衰退，一次发生在朝鲜战争后期，另一次发生在 2000 年 IT 泡沫破灭后。如表 1－4 所示，房地产投资周期的高点总是出现在经济周期的高点之前 3—4 个季度左右，而房地产投资周期的低点总是出现在经济周期的低点之前 1 个季度左右。根据国际货币基金组织对 OECD 国家的研究，实际房价的变动与经济周期紧密相关，在经济周期到达波峰和波谷时，实际房价呈现出某种滞后性，通常滞后一两个季度，某些情况甚至更长(Aaberto Cardarelli，Deniz Igana and Alessandro Rebucci，2008)。就房地产投资而言，平均来说，经济衰退前，房地产投资能够解释 GDP 增长率减慢的 10%，解释力度最大的是美国，比例是 25%。

表 1-4　美国二战后 10 次经济周期与房地产投资周期关联性

经济周期高点	经济周期低点	房地产投资高点	房地产投资低点
1948 年 11 月	1949 年 10 月	1948 年 4 月	1949 年 4 月
1953 年 7 月	1954 年 5 月	——	——
1957 年 8 月	1958 年 5 月	1955 年 4 月	1958 年 1 月
1960 年 4 月	1961 年 2 月	1959 年 4 月	1960 年 10 月
1969 年 12 月	1970 年 11 月	1969 年 1 月	1970 年 4 月
1973 年 11 月	1975 年 3 月	1973 年 1 月	1975 年 1 月
1980 年 1 月	1980 年 7 月	1978 年 7 月	1980 年 4 月
1981 年 7 月	1982 年 11 月	1980 年 10 月	1982 年 7 月
1990 年 7 月	1991 年 3 月	1987 年 10 月	1990 年 10 月
2001 年 3 月	2001 年 11 月	——	——

资料来源：Leamer(2007)。

大量实证研究表明，一国房地产市场波动及其与宏观经济的联系在很大程度上取决于影响房地产供求的本国因素。如果一个国家有更灵活的劳动力市场和更多的劳动密集型建筑业，则需求的改变会更强烈地影响住房供给和建筑部门的就业，并最终对宏观经济产生较大的影响。在针对 OECD 国家的比较研究中，美国劳动力市场弹性指数和建筑行业劳动密集指数都是最高的，这可以很好地解释美国住宅投资的放缓是周期性衰退的重要先行指标。相反，在住房供给限制较多的国家，房地产周期更多的是影响房价而不是建筑水平，从而影响居民的财富状况和消费支出(Aaberto Cardarelli, Deniz Igana and Alessandro Rebucci, 2008)。

实证研究还表明，房地产周期的波动程度要远高于经济周期的波动程度。以美国房地产投资为例，从 1948 年到 2008 年，美国住宅投资增长率的标准差为 13.31%，而经济增长率的标准差为

2.32%。如图 1-6 所示，虽然投资的波动性通常比总产出的波动性大，但是房地产投资的波动性又高于非房地产投资的波动性。

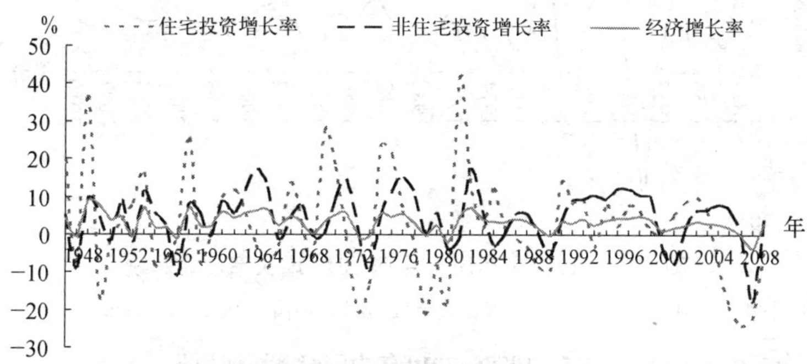

图 1-6 1948—2010 年美国经济增长率与房地产投资增长率的波动

资料来源：美国商务部，http://www.bea.gov/National/index.htm.

五、中国经济周期与房地产周期的特征

（一）经济周期波动的阶段与特征

新中国成立以来，从 1953 年开始大规模工业化到 2009 年，按照从波谷到波谷考察，经济增长率的波动已完成了 10 个周期（见图 1-7 和表 1-5），正进入第 11 个周期。从 1953 年到 1976 年，经历了 5 个周期，这是经济波动比较剧烈的时期，峰谷落差在 10.3—48.6 个百分点之间，1958 年最高达 21.3%，1961 年最低为 -27.3%。从 1977 年到 2009 年，又经历了 5 个周期，经济增长率的波峰降到 15.2%，波谷最低为 1990 年增长 3.8%，峰谷落差在 6.4—7.8 个百分点之间。可见，中国经济周期波动在改革开放前后呈现出不同的特点。改革开放前，其突出特点是大起大落，且表现为古典型周期，即在经济周期的下降阶段，GDP 绝对下降，出现负增长。改革开放后，中国经济周期波动的主要特点为波幅减缓，并由古典型周期转变为增长型周期，即在经济周期的下降阶段，GDP 并不绝对下降，而是增长率下降（刘树成等，2005）。

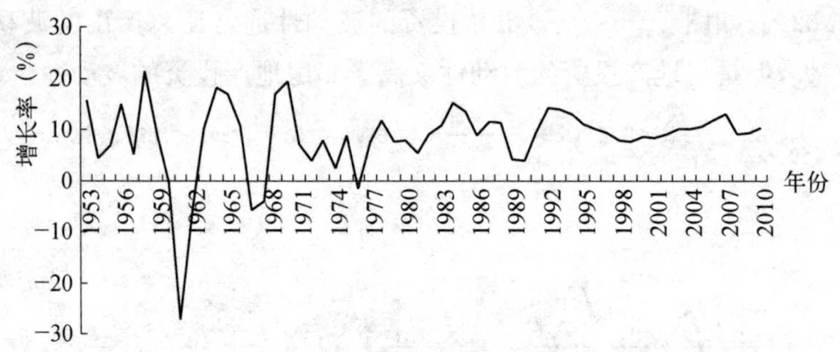

图 1-7　1953—2010 年中国 GDP 增长率波动曲线

数据来源：中国经济信息网，中国经济统计数据库。http://db.cei.gov.cn.

表 1-5　1953—2010 年中国经济周期划分

周期序号	起止年份	波谷增长率(%)	峰谷落差（百分点）	上升阶段的年数	下降阶段的年数
1	1954—1957	5.1	14.9	2	1
2	1958—1961	−27.3	48.6	1	3
3	1962—1968	−4.1	22.4	3	4
4	1969—1972	3.8	15.6	2	2
5	1973—1976	−1.6	10.3	2	2
6	1977—1981	5.2	6.5	3	2
7	1982—1986	8.8	6.4	3	2
8	1987—1990	3.8	7.8	1	3
9	1991—1999	7.6	6.6	2	7
10	2000—2009	9.2	5.0	8	2
11	2010—				

改革开放以来，中国的经济周期波动呈现一种新态势：峰位降低、谷位上升、波幅缩小。也就是说，中国宏观经济克服了大幅起落，实现经济周期波动在适度高位的平滑化，过去那种起伏剧烈、峰谷落差极大的波动轨迹，转变为起伏平缓、峰谷落差较小的波动轨

迹，在提高增长质量的同时，保持了经济平稳增长。特别是 1991 年以来，周期持续时间明显拉长，由基钦周期演变为朱格拉周期。

（二）房地产周期波动特征

对于中国房地产周期的研究，由于缺乏房地产市场的长期统计数据，尽管具备了研究房地产市场短、中周期的条件，但还不能对房地产市场长周期进行研究。对于房地产周期的划分，有多种方法和多种标准。本章首先采用传统的房地产周期研究方法，使用搜集到的 1987 年以来比较完整的相关房地产数据资料，作为房地产周期变量，直观地判断和确定中国房地产周期的峰谷及阶段，从而对中国的房地产周期波动特征有一个初步的认识。对于中国房地产周期波动的基本特征，主要从房地产开发投资（供给）、房地产需求、房地产价格三个方面进行分析。

1. 房地产开发投资（供给）周期波动

房地产开发投资，在一定程度上反映了房地产供给的状况。从房地产开发投资来看，中国房地产市场存在显著的周期波动。1986 年以来房地产开发投资出现了两次波谷：第一次是 1990 年，房地产开发投资下降 7.1%；第二次是 1997 年，房地产开发投资下降 1.2%。2008 年，房地产开发投资增速不断下降，全年增长 20.9%，扣除价格因素，实际增长 12%。2009 年一季度房地产开发投资增长 4.1%，成为短期底部，而 2009 年房地产开发投资增长达到 16.1%（图 1-8）。按照从波谷到波谷来看，1991 年到 1997 年是一轮周期，1998 年以来是新一轮周期，底部的确认还要等待时间来检验。

对于房地产供给周期波动，除了从房地产开发投资方面进行研究，还可以选用商品房竣工面积指标进行分析。这一指标最早的统计数据是 1994 年。20 世纪 90 年代以来，中国的房地产供给呈现出稳步上升的趋势。根据统计资料，商品房竣工面积从 1994 年到 2010 年一直增加，并未出现明显的下降趋势，但是商品房竣工面积的增速有较大幅度的波动，分别在 1997 年、2004 年和 2010

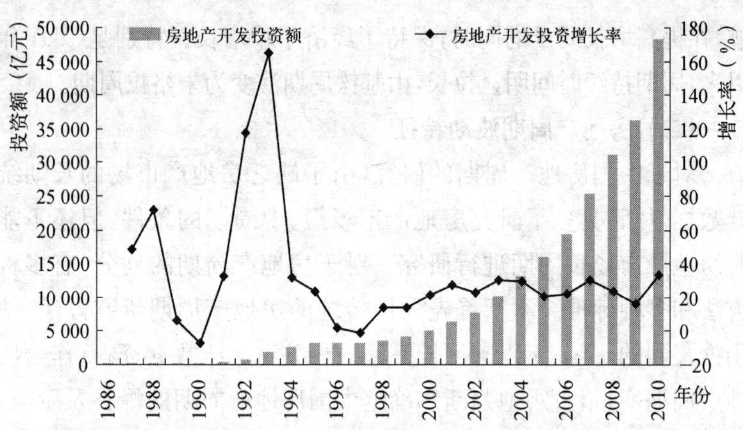

图 1-8 1986—2010 年中国房地产开发投资额及其增长率

资料来源：国家统计局，2010：《中国统计年鉴（2010）》，中国统计出版社；国家统计局，《中华人民共和国 2010 年国民经济和社会发展统计公报》，www.stats.gov.cn。

年出现波谷（见图 1-9）。

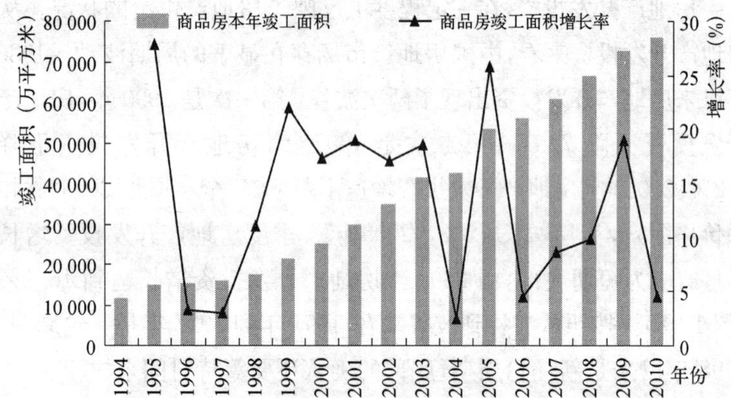

图 1-9 1994—2010 年中国房地产开发企业房屋竣工面积及其增长率

资料来源：国家统计局，2010：《中国统计年鉴（2010）》，中国统计出版社；国家统计局，《中华人民共和国 2010 年国民经济和社会发展统计公报》，www.stats.gov.cn。

2. 房地产需求周期波动

从房地产销售来看，房地产需求表现出了较为明显的周期波动特征。根据统计，20 多年来，房地产销售出现了 3 次波谷：第一次是

1989 年，房地产销售面积下降 2.5%；第二次是 1996 年，房地产销售面积下降 0.1%；第三次是 2008 年，在上一年房地产市场火爆和美国次贷危机负面影响日趋加剧的背景下，房地产销售面积和销售额大幅萎缩，分别下降了 19.7%和 19.5%。2009 年一季度，房地产销售止跌回升，2009 年房地产销售大幅增长，房地产销售面积和销售额分别增长 42.1%和 75.5%（见图 1-10 和图 1-11）。

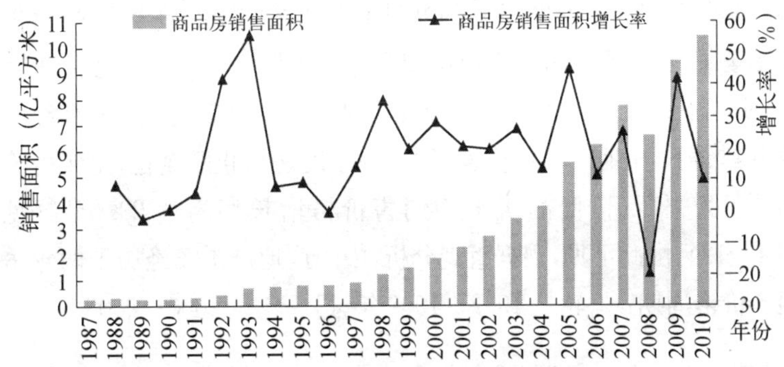

图 1-10　1987—2010 年中国商品房销售面积及增长率

资料来源：国家统计局，2010：《中国统计年鉴（2010）》，中国统计出版社；国家统计局，《中华人民共和国 2010 年国民经济和社会发展统计公报》，www.stats.gov.cn。

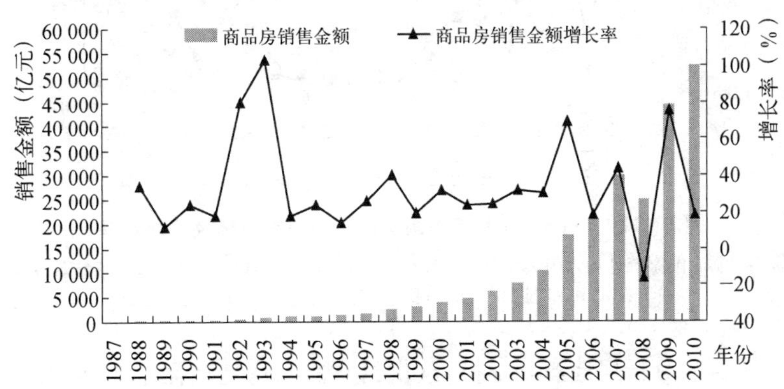

图 1-11　1987—2010 年中国商品房销售金额及增长率

资料来源：国家统计局，2010：《中国统计年鉴（2010）》，中国统计出版社；国家统计局，《中华人民共和国 2010 年国民经济和社会发展统计公报》，www.stats.gov.cn。

3. 房地产价格周期波动

房地产周期波动最为突出和引人关注的是房地产价格波动，这里选用房地产平均销售价格来讨论房地产价格周期。从房地产价格增长率来看，房地产价格分别在1991年和1999年出现波谷。房地产价格经历了2000—2003年2%—5%的缓慢上涨后，出现了2004年、2005年、2007年和2009年房价分别上涨17.6%、14.04%、14.76%和23.5%的暴涨行情。2008年，在房地产销售大幅萎缩的条件下，房价剧烈波动，房价下跌1.66%，考虑价格因素，实际下跌幅度更大。2009年在应对全球金融危机的一系列经济政策刺激下，房地产市场快速复苏，一季度房价止跌企稳，全年房价出现了大幅飙升，商品房平均销售价格增长率高达23.55%（见图1-12）。由此可见，根据直观分析，中国房地产市场经历了两轮房地产价格周期：一轮是1992—1999年；另一轮是2000—2008年。

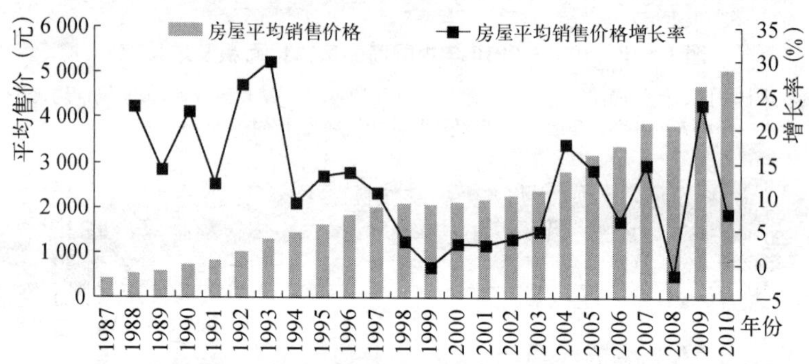

图1-12　1987—2010年中国房屋平均销售价格及其增长率

资料来源：国家统计局，2010：《中国统计年鉴（2010）》，中国统计出版社；国家统计局，《中华人民共和国2010年国民经济和社会发展统计公报》，www.stats.gov.cn。

深入分析房地产开发投资（供给）周期、房地产需求周期和房地产价格周期的波动特征，不难发现，三者之间存在内在的关联性。在房地产周期波动过程中，先是房地产销售出现下滑，继而房地产开发投资下降，然后房地产价格出现下跌。而房地产市场的复苏，通常是房地产销售率先回升，继而房地产开发投资开始增长，然后房地产价格出现上涨。由此可见，房地产开发投资(供给)周期、房地产需求周期和房地产价格周期，存在明显的领先滞后关系。

(三) 经济周期与房地产周期波动的关联性分析

根据中国经济周期与房地产周期波动的特征，考察经济周期与房地产周期的关联性，两者在波动方向、波动领先滞后关系和波动幅度等方面存在内在联系。

从波动方向来看，两者基本上是同向变化的。当经济周期处于上升阶段时，房地产市场通常也处于上升阶段；在经济周期步入下降阶段时，房地产市场也呈现出下行趋势。具体来看，宏观经济周期分别在 1987 年、1991 年、2000 年出现复苏，而房地产开发投资周期、房地产需求周期及房地产价格周期则处于上升阶段。宏观经济周期分别在 1988 年、1993 年、2008 年出现下降，房地产开发投资周期、房地产需求周期及房地产价格周期也进入下降阶段。

从波动领先滞后关系来看，房地产周期波动略领先于经济周期；从房地产开发投资来看，出现了二次波谷，分别是 1990 年和 1997 年；从房地产销售面积来看，出现了三次波谷，分别是 1989 年、1996 年和 2008 年；从房地产价格来看，出现了三次波谷，分别是 1991 年、1999 年和 2008 年。而同一时期经济周期出现波谷的时间分别为 1990 年、1999 年和 2009 年。

从波动幅度来看，在相同时期内，房地产周期的波动幅度大于经济周期波动幅度，房地产周期波动的峰谷落差远远大于经济周期波动的峰谷落差，且经济周期的波动幅度出现逐渐缩小的趋势。房地产周期的波动幅度大，与房地产业作为一个成长性产业有一定的关系。

六、本书的逻辑结构

本书试图通过理论解释和实证分析对中国房地产周期波动的

特征和规律进行全面、系统、科学地研究。一是在理论体系上构建一个系统、科学地解释中国房地产周期波动的分析框架；二是在实证检验方面，充分利用能够搜集到的有关中国房地产经济数据，深入分析中国房地产周期波动的特征和规律；三是注重房地产经济政策研究，考察宏观调控政策对房地产周期波动的影响，分析宏观调控的政策效应，并提出政策建议。根据上述研究目标，全书由十章组成，各章之间的逻辑联系如图 1－13 所示。

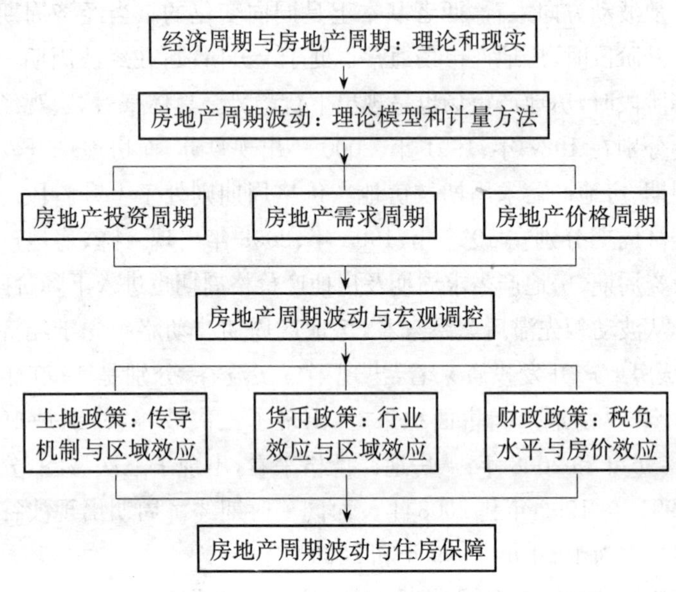

图 1－13　本书的逻辑结构

第一章是本书的导论，简要地介绍了经济周期理论和房地产经济周期的内涵及表现，分析了经济周期与房地产周期的关联性，初步探讨了中国经济周期与房地产周期的波动特征。

第二章集中论述了蛛网模型、乘数—加速数模型、存量—流量模型和考虑不确定性的楔子模型 4 个房地产周期波动的理论模型，重点介绍了自回归移动平均模型、谱分析、调和模型以及状态转变模型等房地产周期波动的计量与测度方法，探讨了序列周期性波动的存在性检验与周期对称性检验方法。这些理论模型和计量方法，构成了研究中国房地产周期波动的理论框架。

第三章到第五章，深入分析了中国房地产投资周期、房地产需求周期、房地产价格周期的总体状况、区域特征及相互关联，揭示了房地产周期波动的基本趋势和内在规律。在此基础上，对房地产周期与经济增长周期的关联性做了分析。

第六章到第九章，首先对房地产周期波动与宏观调控的一般关系做了分析，接下来分别研究了土地政策的传导机制与区域效应、货币政策的房地产行业效应与区域效应、财政政策的税负水平与房价效应。

第十章，探讨了房地产周期波动与住房保障的内在关系。住房保障作为房地产市场的一个补充，对于提高社会福利和平抑房地产周期波动，具有不可替代的功能。

第二章 房地产周期波动：理论模型与计量方法

一、引言与文献回顾

房地产既是一种消费品或生产要素，又是一种投资品，房地产周期波动在经济周期波动中具有重要地位。这是因为与其他资产市场相比，房地产市场有其自身的特点：房地产市场的区域性、产品供给的滞后性、价格缺乏透明性和交易成本高，以及房地产抵押贷款的金融外部性等。正是房地产市场的这些特点，导致房地产周期波动的独特性，并对经济周期波动产生较大影响。

房地产周期研究起源于 20 世纪 30 年代大萧条前后，研究先驱者包括库兹涅茨（Kuznets，1930）、霍伊特（Hoyt，1933）、伯恩斯（Burns，1935）等人。由于房地产业与建筑业密切相关，因而房地产周期波动与建筑业周期波动自然密不可分。早期的房地产周期研究与建筑周期研究是融为一体的，主要集中讨论了房地产周期的影响因素。米切尔（1962）在其 1927 年的著作《商业循环问题及其调整》中，详尽地讨论了自 20 世纪初以来经济周期波动测定与景气指数建立等方面的进展和成果，指出由于建筑活动受人口增长、房屋拆迁、维修及投资利润率等因素的影响，使建筑业的供求不仅像工业那样无限地扩大或缩减，而且庞大的建筑投资对经济的影响更为明显和巨大，由此形成一定的波动，将其称为建筑周期。美国经济学家库兹涅茨在 1930 年出版的《生产和价格的长期运动》一书中对米切尔描述的周期给出了更为详细的论述，库兹涅茨发现存在 15—25 年的中长期循环，即库兹涅茨周期，通常认为这是由于建筑活动的循环变动引起的，有时也称为建筑周期。

将房地产周期当做一个相对独立的研究领域，始于 20 世纪 80 年代左右，由于美国经济出现“滞胀”，引发了对经济周期波动研究的重视，房地产周期的研究开始进入一个蓬勃发展的阶段。由哥特莱伯(Gottlieb, 1976)撰写的专著较早地且系统地分析了不动产周期，他利用伯恩斯和米切尔的景气指数方法发现房地产周期的平均长度大约是19.7年。温茨利克(Wenzlick, 1972, 1973)以美国房地产市场交易量为依据，通过分析 1795—1973 年共 179 年间美国房地产周期波动的循环变化，指出美国房地产长周期波动约为 18 年。派尔、罗莱克和伯恩(Pyhrr, Roulac and Born, 1999)指出在进行理智的、准确的市场预测时，需要综合考虑 15 种不同形式的周期(如通货膨胀、建筑、商业、社会变更、技术革新等)，而在他们搜集的有关美国“宏观房地产周期”中，包含了 18.3 年的温茨利克周期，他们认为这些长周期比起短周期来说更能解释 1980 年以来房地产市场的变化。罗纳德(Ronald, 1997)讨论了房地产长周期发生的原因，认为房地产市场出现繁荣之前，一般意义上的通货膨胀会引起实际收入的增长，收入增长和价格的上涨会吸引大量的资金，从而引发房地产市场灾难性的繁荣，当收入回落到上涨前的水平时，引起市场上的空置率上升。因此，他认为房地产过度供给是由于通货膨胀引起的。

随着房地产周期研究的深化，很多学者开始就某一地区或某些地区商业用房、办公用房或者住宅的周期波动进行研究，也有学者对它们之间的关系进行对比。由于它们的不同用途——住宅为购买者提供内在的保值增值功能、办公用房的价值更多地取决于未来的租金因而主要受经济环境的影响、商业用房取决于较长的租约以及不同的基金方式，使得其周期波动之间存在差别。特索拉克丝(Tsolacos, 1999)指出商业用房的周期在不同地区不同部门的时间并不一致。惠顿(Wheaton, 1999)研究表明不同类型的房地产周期波动是动态的,这种动态的变化依赖于房地产的供给弹性、建设的滞后性以及房地产的耐久性。

鲍、莫瑞森和伍德(Ball, Morrison and Wood, 1996)、鲍和伍德(Ball and Wood, 1999)使用卡尔曼滤波对不同国家100多年的数据进行了实证分析,结果表明在非住宅和住宅市场存在长度为20—30年的显著的中长周期。温茨利克(1972,1973)基于研究增长型周期的HP滤波趋势循环分解方法,构建了描述房地产周期的指标,并对不同参数的结果进行了比较。

计量经济方法的飞速发展,丰富了房地产周期的定量研究。自回归移动平均模型(Auto Regressive Moving Average, ARMA)、向量自回归模型(Vector Auto Regressive, VAR)、谱分析(Spectral Analysis)、协整(Cointegration)理论、误差修正模型(Error Correction Model, ECM)、自回归条件异方差模型(Auto Regressive Conditional Heteroskedasticity Model, ARCH)、马尔可夫机制转换模型(Markov Switching)、门槛模型等被广泛地用于房地产周期波动的测定、解释和预测。

本章首先介绍房地产周期波动的四个理论模型,包括蛛网模型、宏观经济学中的乘数—加速数模型以及存量—流量模型和考虑不确定性的楔子模型。在房地产周期波动的计量与测度方面,重点介绍自回归移动平均模型、谱分析、调和模型以及状态转变模型。同时,本章还将探讨序列周期性波动的存在性检验与周期对称性检验方法。

二、房地产周期波动的理论模型

房地产周期研究最早是宏观经济周期研究的一个从属部分,许多经济周期理论和模型都可以直接用于房地产周期的分析中。

绝大多数的经济周期理论都是基于冲击—传导假说，即周期的发生依赖于外生变量的冲击，这些冲击因素包括供给冲击、政府政策冲击和私人需求冲击等。我们所熟知的凯恩斯主义周期理论、货币主义周期理论以及实际经济周期理论都是依赖于外部冲击的周期理论。在周期的传导机制中，一部分理论周期的传导是依赖于非理性预期和非完全竞争的市场条件的，如凯恩斯主义周期理论依赖于价格刚性。而另一部分理论周期也可能在理性预期条件下发生，如信息不完全理论、实际经济周期理论。

房地产周期理论之所以从早期宏观经济的从属部分发展到相对独立的研究领域，在于房地产市场具有其他市场所不具备的一些特性，包括建筑物开发时间长、单位价值高、投资风险大以及供给一旦形成将在较长时间内可以持续交易等。基于房地产建筑开发周期长的特性，蛛网模型可以为房地产周期提供一定的理论解释，特别是在私人交易者占主导的房地产市场上如住宅市场等。基于房地产建筑开发周期长和作为耐用消费品的特性，可以运用存量—流量模型来解释房地产市场的动态波动特征。此外，由于大多数房地产周期理论模型中周期的持续性都依赖于较高的房地产供给弹性，并且房地产周期一般要长于建筑开发滞后期，考虑不确定性的楔子模型对此做出了简单的理论解释。

1. 蛛网模型

在房地产周期波动的研究上，蛛网理论和模型是早期分析及当代分析研究的基础。1934 年，卡尔多(N. Kaldor)发表了《蛛网理论》一文。在一般的蛛网模型中，当期产量是 Q_1，当期价格就是 P_1。但是当期价格 P_1 会在后面的时期中导致产出 Q_2。价格提高导致产出增加，而这又会反过来造成价格降低。紧跟着较低的价格将导致产出的缩减，而这又将导致一个较高的价格。这就形成周而复始的运动。其后，奥夫(Waugh, 1964)指出了蛛网模型适用的三个条件：(1) 生产完全决定于生产者对价格的反应；(2) 生产时间至少需要一个完整的时期;(3) 价格是由有效供给决定的。很明显,当价格或生产是由行政决策来决定或者生产能几乎马上对需求的变化作出反应时,商品市场不可能显示出蛛网反应。

可以用三个联立方程来表示房地产周期波动的简单蛛网模型。

$$\ln D_t = n - a\ln P_{h,t} \tag{2.1}$$

$$\ln S_t = -c + b\ln P_h^e \tag{2.2}$$

$$\ln D_t = \ln S_t \tag{2.3}$$

其中,P_h 为房价;D 为房地产需求量;S 为房地产供给量;n、a、c、b 为常数且均大于 0;t 为时间。模型采用简单预期假设,即 $P_h^e = P_{h,t-n}$,其中 n 为建筑开发滞后期。解此联立方程得到模型的均衡价格为:

$$\ln P_{h,t} = (n + c - b\ln P_{h,t-n})/a \tag{2.4}$$

上式实际上为价格的 n 阶滞后自回归形式,自回归系数为 $-b/a$。当自回归系数绝对值大于 1 时,模型发散,反之则收敛。根据需求弹性 a 与供给弹性 b 的相对大小不同,蛛网模型中房地产供求和房地产价格的波动存在三种情况:

当 $a > b$ 时,均衡价格的自回归系数的绝对值小于 1,模型为收敛蛛网。当市场受到冲击偏离初始的稳态路径以后,价格和供求会围绕稳态水平上下波动,但波动的幅度越来越小,最后会收敛到原来的稳态路径。

当 $a < b$ 时,均衡价格的自回归系数绝对值大于 1,模型为发散性蛛网。当市场受到冲击偏离初始的稳态路径以后,价格和供求上下波动的幅度会越来越大,偏离稳态路径越来越远。

当 $a = b$ 时,均衡价格的自回归系数绝对值等于 1,模型为封闭性蛛网。当市场受到冲击偏离初始的稳态路径以后,价格和供求始终按照同一振幅围绕稳态路径上下波动，既不进一步偏离稳态路径，也不逐步收敛于稳态路径。

蛛网周期模型由于过于简化参数，对房地产周期波动特征的现实解释力比较弱。正如惠顿所言，现实中的房地产市场问题远远比蛛网周期要来得复杂和深刻。蛛网周期的产生依赖于开发商的静态预期，而现代房地产市场特别是写字楼市场中，市场参与者一般为机构投资者，并且还存在众多的房地产研究咨询机构为机构投资者和开发商提供各种咨询服务，一些大的机构投资者和开发商还有自己的专门的研究队伍。此外，机构投资者和开发商还可以通过学习和经验总结而使其预期向理性预期逼近。因而，简单预期在某些特定类型的房地产市场中可能难以占据主导地位。

写字楼市场的蛛网周期机制也没有得到实证研究的支持，赫克曼（Heckman, 1985）分析了 1979—1983 年 14 个城市写字楼开发市场的租金调整机制与投资开发反应，认为租金对当期空置率有强烈的反应，而以许可数衡量的写字楼开发在两阶段回归模型中与租金和写字楼使用行业就业的长期增长率高度相关，期间并不存在投资开发对市场条件的过度反应与滞后反应，从而否定了美国写字楼开发市场存在蛛网周期机制。

相比较而言，住宅市场参与者多为居民个人而非专业性机构投资者，由于信息问题，更有可能存在蛛网式的周期发生机制。

2. 存量—流量模型

房地产市场的蛛网周期理论只包含了房地产生产滞后期较长的特性，而没有充分考虑到房地产使用耐久的特性，因而它可以说明房地产周期与生猪等农产品周期的共性，却难以解释其差别。

与蛛网模型不同，存量—流量模型进一步考虑了房地产使用耐久的特性。即房地产供给一旦形成，短期内将难以被消灭，作为存量房可以继续在市场流通。由于存量—流量模型包含了房地产市场存量对房地产周期的影响以及存量与流量之间的相互联系，从而更符合房地产市场的现实特征。

存量—流量模型的主要思想是：由于房地产的建筑滞后期较长以及使用耐久等特征，在短期内，房地产市场只能通过价格的调整使得房地产需求量等于存量。而在长期内，房地产供给会对市场短期均衡决定的价格作出反应并进行调整，房地产供给的调整是一个相对缓慢的过程，并且经常是滞后的。

惠顿（Wheaton, 1999）、迪斯帕奎尔和惠顿（2002）都曾使用存量—流量模型来解释与分析房地产市场的周期波动。根据迪斯帕奎尔和惠顿（2002）的设定，房地产市场的存量—流量模型可以用一个方程组表示：

$$D_t = a_t(b_1 - b_2 E_t) \tag{2.5}$$

其中，a_t 为外生的影响需求的变量，如与写字楼市场需求相关的就业率水平，与住宅市场需求相关的城镇人口数目；b_1 和 b_2 为参数；E_t 为房地产持有成本函数，并且具有如下形式：

$$E_t = P_{h,t}(R_t - \rho_t) \tag{2.6}$$

其中，P_h 为房地产价格；R_t 为按揭贷款利率；ρ_t 为预期的房价上涨率。

设 S 为房地产存量，并令房地产存量供给等于需求，可求得均衡房地产价格为：

$$P_{h,t} = (b_1 a_t - S)/[(R_t - \rho_t) b_2 a_t] \tag{2.7}$$

在式(2.7)中，房价受到当期存量供给的影响。

设存量供给动态演变方程为：

$$S_t = S_{t-1} + C_{t-1} - \delta S_{t-1} \tag{2.8}$$

其中，C 为新开发面积（流量供给）；δ 为折旧率。当期存量取决于上期新开发面积和拆毁面积。式(2.8)反映了房地产市场存量与流量之间的关系。设 ES 为反映长期均衡的存量，它为当期房价的函数：

$$ES_t = -\eta + \gamma_1 P_{h,t} \tag{2.9}$$

除了弥补折旧拆毁外，由房价决定的长期均衡存量与实际存量之差额，构成了房地产新开发建设的需要：

$$C_t = \lambda(ES_t - S_t) \tag{2.10}$$

其中 λ 为开发建设速度。将长期均衡存量函数代入到上式中，有：

$$C_t = \lambda(-\eta + \gamma_1 P_{h,t} - S_t) \tag{2.11}$$

将上式代入到存量—流量方程，有：

$$S_t = S_{t-1} + \lambda(-\eta + \gamma_1 P_{h,t-1} - S_{t-1}) - \delta S_{t-1} \tag{2.12}$$

如果外生的影响需求的变量保持不变，即 $a_t = a$，则在稳态条件下，拆毁量等于新开发数量，房地产存量保持不变，从而房价也保持不变。即：

$$C_{t-1}/S_t = \delta,\ P_{h,t} = P_h \tag{2.13}$$

令 $S_t = S_{t-1}$，求得稳态条件下的存量水平为：

$$S^* = -\lambda(\eta - P_{h,t-1}\gamma_1)/(\lambda + \delta) \tag{2.14}$$

由此可知，上期房价决定上期新开发数量从而影响当期存量，当期存量影响当期房价，而当期房价又对下期存量产生作用，从而形成一种交互的动态关系。

将(2.12)和(2.7)联立，加上(2.5)和(2.6)，即构成了房地产市场上的一个动态系统。与蛛网模型类似，在近视预期条件和一些特定的参数组合下，系统在经受外部需求冲击后，模型将产生持续的周期波动。此外，在理性预期条件和一些极端的参数组合下，模型也能产生反复的波动(Wheaton, 1999)。

3. 基于宏观的乘数—加速数描述的房地产周期模型

在萨缪尔森的乘数—加速数模型中,乘数(k)告诉人们投资的一个变化可以导致产出的一个更大变化。而加速数因子则表明需求的一个小的变化,可能会导致投资一个较大的变化。假定在一个封闭的经济体中,房地产市场的总收入从需求角度主要取决于三方面:(1) 政府对房地产的购买 G_{RE};(2) 私人部门对房地产的购买 CS_{RE};(3) 社会对房地产投资形成的新的资本存量 I_{RE}。可以表示为:

$$Y_{RE} = CS_{RE} + G_{RE} + I_{RE} \tag{2.15}$$

假定私人部门对房地产的消费性支出取决于上期的房地产市场的总收入,可以表示为:

$$CS_{RE} = aY_{RE,\ t-1} \tag{2.16}$$

其中,a 为大于 0 的系数,则乘数可以表示为 $k = 1/(1-a)$。而新增房地产资本形成额由房地产的消费增量决定,即:

$$I_{RE,\ t} = \beta(CS_{RE,\ t} - CS_{RE,\ t-1}) = \beta(\alpha Y_{RE,\ t-1} - \alpha Y_{RE,\ t-2}) \tag{2.17}$$

其中,β 为大于 0 的系数;加速数因子为 $1/\beta$。在实际经济中,消费需求可以连续变化而不断增长,但房地产的供给由于规模经济等原因只能以间断的方式增长,因此投资会出现比消费更大的变化。如果将政府购买性支出作为常数,则房地产总收入的方程可以表示为:

$$\begin{aligned} Y_{RE} &= CS_{RE} + G_{RE} + I_{RE} \\ &= CS_{RE} + G_{RE} + \beta(aY_{RE,\ t-1} - aY_{RE,\ t-2}) \\ &= G_{RE} + \alpha(1+\beta)Y_{RE,\ t-1} - \alpha\beta Y_{RE,\ t-2} \end{aligned} \tag{2.18}$$

(2.18)式表明房地产收入为一个具有二阶自回归特征的内部传导过程，可以看出房地产收入的变动具有下面的特征：

(1) 当乘数和加速数不变时，第 t 期的房地产收入是由 $t-1$ 期和 $t-2$ 期的房地产收入共同决定的。此时由于 $\alpha>0$，$\beta>0$，$t-1$ 和 $t-2$ 期的房地产收入分别以加速和减速的方式对 t 期的房地产收入发生影响，从而反映了房地产的收入是在前两期收入波动过程中实现的，即房地产经济系统在自回归条件下以内部传导方式形成波动。

(2) 在前两期收入水平既定的情况下，则 t 期的房地产收入由系数 α 和 β 决定。而 α 和 β 实际反映了乘数和加速数的大小和作用。从而决定房地产收入的周期波动呈现下面几种可能的波动形式：第一，房地产收入逐渐扩大到预期数值；第二，房地产收入上下波动，最后逐渐稳定于乘数所预期的数值；第三，房地产收入以爆发式扩散运动直至无穷；第四，房地产收入持续增长，最后按固定的比例上升。

4. 楔子模型

无论是蛛网模型还是存量—流量模型，其周期长度都与建筑滞后期高度相关。但现实中，房地产的平均建筑开发时间约为两年，而周期波动长度要远大于建筑开发时间。如格莱伯勒、伯恩斯(Grebler, Burns, 1982)以 GNP 周期为基准循环，以经趋势调整后的实际建筑支出数据为周期的衡量指标，研究了 1950—1978 年美国的建筑周期，发现建筑周期约长为 4.5 年，非住宅建筑周期、公共建筑周期以及 GNP 周期约长为 7 年。对于这个难题，维特凯威茨(Witkiewicz, 2002)提出的一种解决办法是，在价格调整与开发商做出房地产开发投资决策之间插入一个观望期。他指出，不确定性的存在给价格变化与房地产投资开发调整之间打入一个楔子，使得从房地产价格变化到房地产调整变成一个需要延续多期的过程。

当价格受外部需求冲击而上涨时，开发商并不一定会做出投资开发决策，只有当房地产价格持续上涨到超过开发商所设的盈利门槛价格时，开发商才有做出投资决策的可能。但由于房地产开发需要较长的时间和大量的资金，为了规避投资风险，如果开发商不能确定价格的上涨是暂时性的还是永久性的，那么即使价格上涨到超过开发商的门槛价格，他仍然将选择继续观望，直到有足够的信息确认价格的上涨为永久性的为止。包含不确定性楔子的单个开发商开发函数如图 2-1 所示。

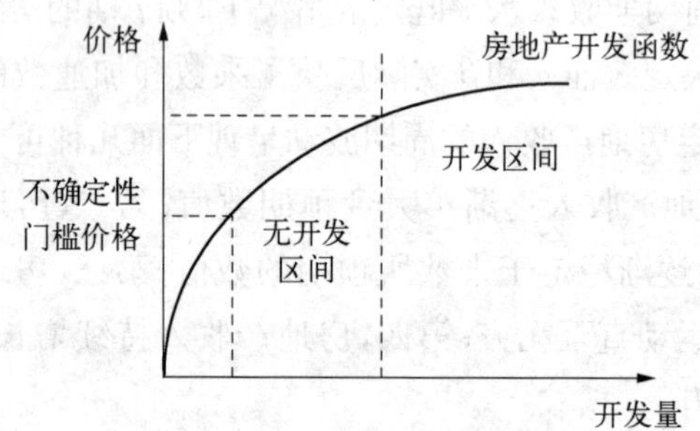

图2-1　包含不确定性楔子的房地产开发函数

因为开发商的观望时间不一致，使得投资开发调整过程成为一个持续的过程。在这个过程中，价格将持续上涨。随着价格上涨，越来越多的开发商结束观望做出投资开发决策，最终只需要很少的价格上涨就会有大量的新增供给集中进入市场。

考虑不确定性的楔子模型可以解释两个与房地产周期相关的重要问题：一是可观察到的远长于建筑开发期的房地产周期，可以部分地由观望所拉长的建筑开发调整速度来解释；二是可以解释房地产开发虽然在短期内缺乏弹性，但在长期内却富有弹性，即所谓的房地产供给过度反应问题。因为在大多数的房地产周期理论模型中，较大的房地产供给弹性和较小的房地产需求弹性是产生持续周期的必要条件。

三、房地产周期波动的计量方法

对房地产周期波动的计量研究，根据所用指标的多少可细分为单一指标法和景气指数法。单一指标法必须解决的问题就是如何获得序列的周期成分，尤其是当序列体现出某种增长型周期特征时。在获得周期成分后，我们可以通过诸多方法来测定周期的特征。

（一）如何获得序列的周期成分

假设 y_t 表示经济变量序列的对数形式，可分解为 $y_t = x_t + c_t$，其中 x_t 表示长期趋势项；c_t 表示周期波动项。对长期趋势、周期波动性质的不同假设形成了不同的剔除时间趋势项的方法。

一是差分法。该方法假定时间序列在进行一阶差分后为不含趋势项的平稳序列，即假定有分解形式：$y_t = y_{t-1} + \varepsilon_t$。假设趋势项 $x_t = y_{t-1}$，循环波动项 c_t 可由 $\hat{c}_t = y_t - y_{t-1}$ 获得。显然，单位根过程可通过差分处理剔除趋势项。差分法的缺点在于它改变了原序列的时间次序，同时该方法对高频信息赋予了更大的权重（刘金全、刘志刚，2004）。

二是 HP 滤波方法。它最早由亨德里克和普雷斯科特（Hordrick, Prescott, 1981）在分析战后美国经济景气情况的一篇报告中提出，该方法通过假设长期趋势具有平滑性，通过计算 $\text{Min}\left|\sum_{t=1}^{T} c_t^2 + \lambda \sum_{t=2}^{t-1} ((x_{t+1} - x_t) - (x_t - x_{t-1}))^2\right|$，估计出长期趋势项。其中，$T$ 为样本个数。λ 越大，趋势项 x_t 越平滑。当 $\lambda \to \infty$ 时，x_t 趋近于线性趋势。HP 滤波法能剔除序列的随机趋势项，但 HP 滤波法同样存在放大高频信息的现象，在样本期间的末端，过滤后数据可能出现异常值。目前对于 HP 滤波法存在的最大争议就是 λ 的取值。当使用季度数据时，学者们一般都认同亨德里克和普雷斯科特的意见，$\lambda = 1\,600$；但是当使用年度数据时，学术界对 λ 的取值存在着不同观点，巴克斯和科霍伊（Backus, Kehoe,

1992)认为应当取 100,而 OECD 则提出应当取 25。

三是 BP 滤波方法。拜克斯特和金(Baxter, King, 1999)认为 HP 滤波法存在着两个问题:一是在所取的数据时间序列的末尾,周期波动成分的表现会出现误差;二是当使用年度或者月度数据时,λ 的取值不明确。所以,他们提出 Band - Pass 滤波法,认为可改进 HP 滤波法的这两个问题。Band - Pass 滤波法采用了三年移动平均法,通过权重的选取以实现最佳滤波和大致最佳滤波之间的平方差最小,并且满足当频率为 0 时,滤子的取值为 0 这个约束条件,从而尽量使所得到的结果和所取样本时期无关,即所构建的移动平均是不会随着样本点时期不同而发生变化。

其具体做法是,先设计出一个 Low - Pass 滤波,假设其最佳形式为:$b(L)=\sum_{h=-\infty}^{\infty}b_hL^H$,其中,$b_h=\frac{1}{2\pi}\int_{-\pi}^{\pi}\beta(\tilde{\omega})e^{i\tilde{\omega}h}\mathrm{d}\tilde{\omega}$。为了求出滤波的最佳形式,我们可以通过对滤波权重 a_h 的选择,以达到:

$$\min\frac{1}{2\pi}\int_{-\pi}^{\pi}|\beta(\tilde{\omega})-\alpha_k(\tilde{\omega})|^2\mathrm{d}\tilde{\omega} \tag{2.19}$$

其中,$\beta(\tilde{\omega})=\begin{cases}1, & \text{for } |\tilde{\omega}|\leqslant\bar{\omega}\\ 0, & \text{for } |\tilde{\omega}|>\bar{\omega}\end{cases}$,$\alpha_k(\tilde{\omega})=\sum_{h=-k}^{k}a_h e^{-i\tilde{\omega}h}$

由此得到大致最佳的 Low - Pass 滤波 $LPK(p)$。

然后,同理构建 High - Pass 滤波 $HPK(p)$。Low - Pass 滤波是为了过滤掉高频率波动成分,而 High - Pass 滤波是为了过滤掉低频率波动成分,所以,$HPK(p)=1-LPK(p)$。最后,在此基础之上,构建 Band - Pass 滤波 $BPK(p, q)$,即在截断点为 K 的条件下,Band - Pass 滤波能够通过持续时期为 p 到 q 的经济波动周期影响。美国国民经济研究局(NBER)的研究人员发现在成熟的美国经济体中,经济波动周期的持续期间在 18 个月到 8 年之间,因而,拜克斯特和金(1999)提出,在使用季度数据时,p 为 6,q 为 32。但实证表明,为了避免损失过多的样本观察值,K 取 12 为最佳。BP 滤波方法通过事先设定高频、低频信息的过滤范围，它能够较好地剔除时间序列中随机扰动项和长期趋势项，并且不会改变序列的时间次序，同时也不会对信息频率重新加权（Baxter and King，1999；Stock and Watson，1998）。

景气指数方法是一种实证的景气观测方法。它的基本出发点是，经济或房地产周期波动是通过一系列经济活动来传递和扩散的，任何一个经济变量本身的波动过程都不足以代表房地产市场整体的波动过程。因此，为了正确地测定经济周期或房地产周期，必须综合地考虑生产、消费、投资、贸易、财政、金融、企业经营、就业等各领域的景气变动及相互影响。各领域的周期波动并不是同时发生的，而是一个从某些领域向其他领域、从某些产业向其他产业、从某些地区向其他地区波及、渗透的极其复杂的过程。基于这种认识，从各领域中选择一批对景气变动敏感、有代表性的经济指标，用数学方法合成为一组景气指数（先行、一致、滞后），以此来作为观测宏观经济波动的综合尺度。

目前国际上通用的景气指数方法有扩散指数法和合成指数法，也有利用主成分分析方法合成景气指数的。

扩散指数法是根据一批领先经济指标的升降变化，计算出上升指标的扩散指数，以扩散指数为依据来判断未来的经济景气情况的预测方法。其优点在于利用一组经济指标进行综合考察，避免仅依靠个别领先指标做出判断预测的弊端。其首要条件是选择建立一套能够全面、及时、准确地反映监测预警对象发展变化整体状态的指标体系。其核心内容是对指标体系中各类指标进行三大类（先行、一致、滞后）指标的划分，计算各类指标的扩散指数。

扩散指数法的计算公式为：DI＝扩张的指标数目/选用的指标数目×100％。

因为 DI 是用百分比来表示扩张指标数占总采用系列数的比例，因此，当比值上升到 50％以上时，则意味着过半数的指标呈上升状态，经济活动也在总体上呈上升趋势。相反，DI 值下降到 50%以下时，则意味着过半数的指标处于收缩或下降状态，经济活动总体上呈下降趋势。可见对 DI 来说，其结果大于还是小于 50%是极其重要的，据此可以判断景气状态处于扩张还是收缩。

扩散指数法虽然能有效地预测经济周期波动的转折点，但却不能表示经济周期波动变化的强弱，即不能反映波动的振幅。为了弥补这一不足，美国国民经济研究局的穆尔和美国商务部的希斯金(Moore and Shiskin, 1967)编制了合成指数，并于 1968 年将其实用化。合成指数法除了能预测经济周期波动的转折点外，还能在某种意义上反映经济周期波动的振幅。合成指数法和扩散指数法一样，也是从表示各种经济活动的主要经济指标中选取一些对景气敏感的指标，用合成各指标变化率的方法，把握景气变动的大小。合成指数法的构成也分为先行、一致、滞后指标组，各指标组的功能与扩散指数法相似，所以扩散指数法和合成指数法常常使用同一套指标。其计算方法为：

首先，计算指标 $Y_{ij,t}$ 的对称变化率并将其标准化。设指标 $Y_{ij,t}$ 为第 j 指标组的第 i 个指标，$j=1, 2, 3$，分别代表先行指标、一致指标和滞后指标组，每个指标的数据长度为 n。

$Y_{ij,t}$ 的对称变化率 $C_{ij,t}$ 的计算公式如下：

$$C_{ij,t}=200\times\frac{Y_{ij,t}-Y_{ij,t-1}}{Y_{ij,t}+Y_{ij,t-1}},\ t=2, 3, \cdots, n \quad (2.20)$$

当 $Y_{ij,t}$ 中有零或负值，或是某种比率序列时，$C_{ij,t}$ 的计算公式如下：

$$C_{ij,t}=Y_{ij,t}-Y_{ij,t-1},\ t=2, 3, \cdots, n \quad (2.21)$$

为防止变动幅度大的指标在合成指数中的影响占主导地位，需要把对称变化率序列标准化，从而得到标准化对称变化率序列 $S_{ij,t}$。

$$S_{ij,t}=C_{ij,t}\Big/\left[\sum_{t=2}^{n}|C_{ij}|/(n-1)\right] \tag{2.22}$$

其次，分别计算各指标组的标准化平均变化率 $R_{j,t}$。

$$R_{j,t}=\sum_{i=1}^{k_j}S_{ij,t}\times w_{ij}\Big/\sum_{i=1}^{k_j}w_{ij}\text{, } j=1,2,3;\ t=2,3,\cdots,n \tag{2.23}$$

其中，w_{ij} 是第 j 组的第 i 个指标的权值，权值的选取与该指标在指标组中的重要性等因素有关，也可以采取等权值的方法。

再以一致指标组为准计算组间标准化因子 F_j。

$$F_j=\frac{\sum_{t=2}^{n}|R_{j,t}|/(n-1)}{\sum_{t=2}^{n}|R_{2,t}|/(n-1)}\text{, } j=1,2,3 \tag{2.24}$$

$F_2=1$。由此可得各组标准化平均变化率 $V_{j,t}$。

$$V_{j,t}=R_{j,t}/F_j\text{, } j=1,2,3;\ t=2,3,\cdots,n \tag{2.25}$$

再次，计算初始合成指数 $I_{j,t}$。

令 $I_{j,1}=100$，

$$I_{j,t}=I_{j,t-1}\times\frac{200+V_{j,t}}{200-V_{j,t}}\text{, } t=2,3,\cdots,n \tag{2.26}$$

最后，计算合成指数。

$$CI_{j,t}=[I_{j,t}/\bar{I}]\times 100 \tag{2.27}$$

$\bar{I}$ 为基准年份的平均值。

(二) 周期成分的建模方法

1. 自回归移动平均模型(ARMA 模型)

ARMA 模型是一种常用的随机时序模型，由伯克斯和詹金斯

(Box and Jenkins, 1994)创立,亦称 B-J 方法。ARMA 模型有三种基本类型：自回归模型(AR：Auto Regressive)、移动平均模型(MA：Moving Average)以及自回归移动平均模型(ARMA：Auto Regressive Moving Average)。

如果时间序列 y_t 是它的前期值和随机项的线性函数,即可表示为：

$$y_t = \phi_1 y_{t-1} + \phi_2 y_{t-2} + \cdots + \phi_p y_{t-p} + e_t \tag{2.28}$$

则称该时间序列 y_t 是自回归序列,(2.28)式为自回归模型,记为 $AR(p)$。实参数 ϕ_1, ϕ_2, …, ϕ_p 称为自回归系数,是模型的待估参数。随机项 e_t 是相互独立的白噪声序列,且服从均值为 0、方差为 σ_e^2 的正态分布。随机项 e_t 与滞后变量 y_{t-1}, y_{t-2}, …, y_{t-p} 不相关。记 B^k 为 k 步滞后算子,即 $B^k y_t = y_{t-k}$,则模型(2.28)可表示为：

$$y_t = \phi_1 B y_t + \phi_2 B^2 y_t + \cdots + \phi_p B^p y_t + e_t \tag{2.29}$$

令 $$\phi(B) = 1 - \phi_1 B - \phi_2 B^2 - \cdots - \phi_p B^p$$

模型可简写为：

$$\phi(B) y_t = e_t \tag{2.30}$$

$AR(p)$过程平稳的条件是滞后多项式 $\phi(B)$的根均在单位圆外,即 $\phi(B) = 0$ 的根大于 1。

如果时间序列是它的当前和前期的随机误差项的线性函数,即可表示为：

$$y_t = e_t - \theta_1 e_{t-1} - \theta_2 e_{t-2} - \cdots - \theta_q e_{t-q} \tag{2.31}$$

则称该时间序列 y_t 是移动平均序列,(2.31)式为 q 阶移动平均模型,记为 $MA(q)$模型。(2.31)实参数 θ_1, θ_2, …, θ_q 为移动平均系数,是模型的待估系数。

引入滞后算子，并令 $\theta(B)=1-\theta_1 B-\theta_2 B^2-\cdots-\theta_q B^q$

则模型(2.31)可简写为：

$$y_t=\theta(B)e_t \tag{2.32}$$

移动平均过程无条件平稳。但希望 AR 过程与 MA 过程能相互表出，即过程可逆。因此要求滞后多项式 $\theta(B)$ 的根都在单位圆外，经推导可得

$$(1-\pi_1 B-\pi_2 B^2-\cdots)y_t-\left(-\sum_{j=0}^{\infty}\pi_j B^j\right)y_t=e_t \tag{2.33}$$

其中，$\pi_0=-1$，$B^0=1$，其他权重 π_j 可递推得到。称(2.33)为 $MA(q)$ 模型的逆转形式，它等价于无穷阶的 AR 过程。

如果时间序列 y_t 是它的当期和前期的随机误差项以及前期值的线性函数，即可表示为：

$$y_t=\phi_1 y_t+\phi_2 y_t+\cdots+\phi_p y_t+e_t-\theta_1 e_{t-1}-\theta_2 e_{t-2}-\cdots-\theta_q e_{t-q} \tag{2.34}$$

则称该时间序列 y_t 是自回归平均序列，(2.34)式为(p，q)阶的自回归移动平均模型，记为 ARMA(p，q)。ϕ_1，ϕ_2，…，ϕ_p 为自回归系数，θ_1，θ_2，…，θ_q 为移动平均系数，都是模型的待估参数。

引入滞后算子 B，模型(2.34)可简记为：

$$\phi(B)y_t=\theta(B)e_t \tag{2.35}$$

ARMA(p，q)过程的平稳条件是滞后多项式 $\phi(B)$ 的根均在单位圆外。可逆条件是 $\theta(B)$ 的根都在单位圆外。

运用 B－J 方法研究时间序列，最重要的工具是自相关和偏自相关。自相关程度由自相关系数 r_k 度量，表示时间序列相隔 k 期的观测值之间的相关程度。

$$r_k = \sum_{i=1}^{n-k}(y_i - \bar{y}) / \sum_{i=1}^{n}(y_i - \bar{y})^2$$

其中,n 是样本量;k 为滞后期;$\bar{y}$ 代表样本数据的算术平均值。偏自相关的含义是对于时间序列 y_t,在给定 y_{t-1}, y_{t-2}, …, y_{t-k+1} 的条件下,y_t 与 y_{t-k} 之间条件相关关系。其相关程度用偏自相关系数 ϕ_{kk} 度量,有 $-1 \leqslant \phi_{kk} \leqslant 1$。

$$\phi_{kk} = \begin{cases} r_1 & k = 1 \\ \dfrac{r_k - \sum\limits_{j=1}^{k-1}\phi_{k-1,\,j} \cdot r_{k-j}}{1 - \sum\limits_{j=1}^{k-1}\phi_{k-1,\,j} \cdot r_j} & k = 2,\ 3,\ \cdots \end{cases}$$

其中 r_k 是滞后 k 期的自相关系数,

$$\phi_{k,\,j} = \phi_{k-1,\,j} - \phi_{kk} \cdot \phi_{k-1,\,k-j},\ j = 1,\ 2,\ \cdots,\ k-1$$

对于 ARMA(p, q)模型,可以利用其样本的自相关函数和样本的偏自相关函数的截尾性判定模型的阶数。若平稳时间序列的偏相关函数是截尾的,而自相关函数是拖尾的,则可断定此序列适合 AR 模型;若平稳时间序列的偏相关函数是拖尾的,而自相关函数是截尾的,则可断定此序列适合 MA 模型;若平稳时间序列的偏相关函数和自相关函数均是拖尾的,则此序列适合 ARMA 模型。

2. 调和分析

描述和预测确定性周期的一种最简单的技术就是估计一种调和或正弦模型。调和模型的基本形式是 $y_t = \mathrm{f}(\cos wt,\ \sin wt)$。式中,$y$ 是正弦函数和余弦函数的函数;w 是定义为 $2\pi/P$ 的频率;P 为周期的固定长度;t 为时间指数。

调和模型用普通的最小二乘法就能估计出来,下面这个例子就是该类模型中的一个。尼米诺和克莱因(Niemira and Klein,

1998)曾用此模型估计过美国 1959—1991 年的新房开工量，这是一个没有特定逻辑基础的纯经验关系式。估计出的方程如下：

$$H = 1\,541 - 282.53\sin(2\pi T/7) \qquad (2.36)$$

$$R^2 = 0.380\,3\ (34.25)(-4.36)$$

利用最新的美国数据，我们将数据扩展到 2010 年，估计结果如表 2-1 所示。结果表明，尼米诺和克莱因的估计结果还是比较稳健的。美国 1959—2010 年的住房开工量周期仍然没有变化，保持在 7 年左右。从表中可以看出，如果周期是 6 年或者是 8 年，系数都是非常不显著的。

表 2-1 1959—2010 年美国住房开工量周期的调和分析

	周期=6	周期=7	周期=8
C	1 496.93*** (49.81)	1 504.43*** (44.666)	1 500.26*** (49.36)
Sin(2πT/周期)	1.602 1 (71.137)	−220.32*** (63.09)	−70.511 (69.814)
R^2	0.000 01	0.196	0.02

注：C 为截距项，*** 表示通过 1%的显著水平检验。

括号内的数值为标准差。T 为时间指数，它在第一年被置为 1，以后每年增加 1 个单位。在 1959—1991 年的模型中，其 R^2 统计量仅为 0.380 3，扩展到 2010 后，模型的拟合优度下降到0.196，这表明该模型的解释力并不怎么理想，但是我们可以将其作为周期测度的辅助工具。不过，即使该周期能较好地描述历史数据的总体趋势，使用固定长度周期法进行预测时仍然要多加小心，尤其是为了达到预测的目的。很重要的一点是，当出现固定长度周期时，我们应该问一下到底是什么基本因素在起作用？该因素是否已经或者即将改变？总体来说，该技术适用于对历史数据的概括总结，但是没有对该过程本身机制的理解，不能期望它提供一个可靠的预测结果。

3. 谱分析与交叉谱分析

谱分析的基本思想是把时间序列看作互不相关的不同频率分量的叠加，利用傅氏变换等手段将各频率分量加以分解，通过谱密度函数来衡量各分量的相对重要性以找出序列中存在的主要频率分量，从而把握序列的周期波动特征。因此在研究时间序列的周期波动方面，它具有时域方法无法企及的优势。比较而言，谱分析方法具有以下优点：一是谱分析方法将经济波动指标分解成具有不同周期长度的周期函数，有助于分别研究不同经济周期的特殊形态；二是谱分析方法的计算、判断过程都有具体的标准，在运用过程中可以避免分析者的主观性；三是除要求序列长度为偶数外，谱分析方法不损失样本点，所有数据都参与方程估计。

谱分析的基础是傅氏变换，利用傅氏变换可将时间序列 X_t 表示为一组波长和振幅不同的正弦波与余弦波之和。傅氏变换公式为：

$$X_t = \frac{a_0}{2} + \sum_{k=1}^{m}[a_k\cos(\omega_k t) + b_k\sin(\omega_k t)] \qquad (2.37)$$

其中常数项 $a_0 = 2\overline{X}$；傅氏频率 $\omega_k = 2\pi k/n$①；$m = floor(n/2)$；$t = 1, 2, \cdots, n$。a_k 为 X_t 的余弦变换：

$$a_k = \frac{2}{n}\sum_{t=1}^{n}X_t\cos[\omega_k(t-1)] \qquad (2.38)$$

b_k 为 X_t 的正弦变换：

---

① 频率 ω 与周期长度 P 的换算关系式为 $P=2\pi/\omega$。

$$b_k = \frac{2}{n}\sum_{t=1}^{n} X_t \sin[\omega_k (t-1)] \tag{2.39}$$

以频率或周期长度为横坐标，根据傅氏函数的系数 a_k 和 b_k 可以得到周期图。周期图函数计算公式为：

$$J_k = \frac{n}{2}[(a_k)^2 + (b_k)^2] \tag{2.40}$$

周期图波动较大，且是谱密度的不相容估计量。此处采用平滑周期图的方法作谱密度估计，它可以减少谱密度估计的波动，但同时会增加谱密度估计的偏差。周期图平滑过程表示为：

$$\hat{F}_k(h(q)) = \sum_{\psi=-h(q)}^{h(q)} w\left(\frac{\psi}{h(q)}\right)\tilde{J}_{k+\psi} \tag{2.41}$$

$w(x)$ 为核（权）函数或谱窗，$q = floor(n/2)+1$，移动平均项在终点作循环计算：

$$\tilde{J}_{k+\psi} = \begin{cases} J_{k+\psi} & 0 \leqslant k+\psi \leqslant q \\ J_{-(k+\psi)} & k+\psi < 0 \\ J_{q-(k+\psi)} & k+\psi > q \end{cases} \tag{2.42}$$

常用的核函数有 Bartlett、Parzen、Quadratic Spectral、Tukey - Hanning及 Truncated 核，通过对各种核函数的核能与旁瓣大小分析，核函数选用 Parzen 核、Parzen 核的带宽函数一般取为 $h(q) = q^{1/5}$。从功率谱密度函数峰值所对应的频率可以得到数据系列中主要周期分量的波长。

根据尼米诺和克莱因的观点，在时间序列研究中应用谱分析必须满足两个条件：一是理论的观察次数不能少于 200 次，否则会因样本过少而影响其可靠性。然而也存在这样一种争论：大多数经济时间序列中可利用的观察值的数量不应该阻止经济学家从事谱分析。在目前国内的相关研究中，除非使用月度数据，否则要达到200次的样本容量几乎是不可能的。二是整个时间序列的均值和方差在整个时间范围内须保持不变,也就是时间序列必须是平稳的。否则,会影响谱分析的可信度和有效性。

在谱分析技术中,单变量谱分析是根据估计出的谱密度函数来研究单个经济时间序列的周期波动特征;而多变量谱分析是利用交叉谱密度函数来分析多个变量中各相应频率分量所对应的周期波动间的相互关系,如相关程度、领先滞后关系和比例关系等。对单一变量进行谱分析,可以解决该变量是否具有周期特征及周期长度。其图谱具有明显的峰值,则可以判断该变量具有周期波动特征,峰值所对应的周期即为该变量的周期长度。谱密度曲线存在多个谱峰时,主谱峰(所有谱峰中谱密度值最大的点)对应的是主周期,次谱峰(所有谱峰中谱密度值第2大的点)对应的是次周期。对双变量交叉谱分析,则通过分析相干谱和相位谱的取值可以得到经济变量与参考序列的共变性和领先滞后关系。

平稳随机时间序列 X_n、Y_n 的交叉谱密度函数具有复数性质,交叉谱实部(同相谱)定义为 $C_k^{xy} = \sum_{j=-p}^{p} W_j real(J_{k+j}^{xy})$,交叉谱虚部(正交谱)定义为 $Q_k^{xy} = \sum_{j=-p}^{p} W_j imag(J_{k+j}^{xy})$,振幅为 $A_k^{xy} = \sqrt{(C_k^{xy})^2 - (Q_k^{xy})^2}$。

相干谱(Squared Coherency)与相位谱(Phase Spectrum)是交叉谱分析中最常用的周期比较指标,前者用来度量不同时间序列周期的关联性,后者则用来度量不同时间序列周期之间的领先滞后关系。

相干谱计算公式为 $K_k^{xy} = (A_k^{xy})^2/(F_k^x F_k^y)$,相干谱实际上为 X_n、Y_n 中频率为 k 的分量振幅乘积标准化均值的平方,它的取值区间为[0, 1],相干谱越接近于1,说明序列 X_n、Y_n 在频率 k 处的相关性越强。

相位谱计算公式为 $\phi_k^{xy} = \arctan(Q_k^{xy}/C_k^{xy})$，相位谱为 X_n、Y_n 中对应频率分量相位变化的均值，反映了序列间各频率分量的相位差即领先滞后关系，取值区间一般限定在$[-\pi, \pi]$内，单位用弧度表示。相位谱为正则表示 X_n 在频率 k 处领先于 Y_n；相位谱为负则表示 X_n 在频率 k 处滞后于 Y_n。

4. 体制转换模型

在对周期成分建模中，体制转换模型是当前一个较为流行的方法。体制转换模型主要有：马尔可夫机制转换模型（Markov Switching Regime Model，MSR）、门限自回归模型（Threshold Auto Regression Model，TAR）和平滑转换自回归模型（Smooth Transition Auto Regression model，STAR）。三个模型最主要的区别在于如何处理机制转换结构中的信息。典型的马尔可夫机制转换模型假定转换（switching）由外生的不可观测的马尔可夫链（Markov Chain）决定，这里没有对机制变化发生的原因以及这些变化的时间做出解释；门限自回归模型允许机制变化是内生的，其中，变量决定了机制转换是可观测的，但是引起机制转换的门限却是不可直接观测的，转换机制是离散的；而平滑转换自回归模型可以使在两个极端机制之间的变化成为平滑或逐渐的变化，因此，平滑转换自回归模型在经济研究中最易模拟经济现实和突发性经济政策，这也使其成为 2000 年以来国外计量经济学前沿领域追踪的热点。

马尔可夫机制转换模型能够将这种结构性的变化视作一种机制向另一种机制的转换，该模型在识别数据变化过程中有其独特的一面。汉密尔顿（Hamilton，1989）用两状态四阶滞后的马尔可夫机制转换模型研究了美国经济波动，很好地刻画了经济波动中的非线性动态和非对称性。

$$y_t - \mu_{s_t} = \varphi_1(y_{t-1} - \mu_{s_{t-1}}) + \varphi_2(y_{t-2} - \mu_{s_{t-2}}) + \varphi_3(y_{t-3} - \mu_{s_{t-3}}) + \varphi_4(y_{t-4} - \mu_{s_{t-4}}) + \varepsilon_t \quad (2.43)$$

(2.43)式中，y_t 表示 t 时期的实际产出增长率；S_t 表示不可观察的状态变量，其取值 0 或 1；μ_{s_t} 表示 t 时期当经济处于状态 S_t 时 y_t 的条件均值；ε_t 为模型的随机扰动项。模型对 S_t 的变动引入一阶的马尔可夫概率转换机制，经济所处的状态之间的转换只与其前一期经济所处状态有关，即 S_t 的取值只与 S_{t-1} 有关，并且由 S_{t-1} 到 S_t 的转变是依据一定概率变化，即：

$$pr[S_t = 0 \mid S_{t-1} = 0] = p,\ pr[S_t = 1 \mid S_{t-1} = 0] = 1 - p$$
$$pr[S_t = 0 \mid S_{t-1} = 1] = q,\ pr[S_t = 1 \mid S_{t-1} = 1] = 1 - q \quad (2.44)$$

上式中，pr 表示概率。如果状态 0 表示衰退，则 p 表示在衰退状态停留的概率，而从衰退转向扩张的概率就是 q。

平滑转换自回归模型是由特拉斯维特和安德森（Terasvirta，Anderson，1992）所发展的，其模型表达式如下：

$$y_t = x_t'\beta + (x_t'\theta)G(\gamma, c, s_t) + \mu_t \quad (2.45)$$

其中，y_t 表示被解释变量；x_t 表示解释变量组成的向量，包括目标变量 y_t 的直到 k 阶的滞后变量。机制转换函数 $G(\gamma, c, s)$ 是一个连续的过渡函数，取值范围[0, 1]；γ 是过渡参数，决定了两个制度之间的过渡的平滑性和过渡速度大小；s 是延迟变量，既可以是单个的随机变量，也可以是随机变量或者线性时间趋势等先决变量的一个线性组合。机制转换函数 $G(*)$ 具有两种形式：一种是 $G(\gamma, c, s_t) = \dfrac{1}{1 + \exp[-\gamma(s_t - c)]}$，$\gamma > 0$，称此类非线性 STAR 模型为 LSTAR 模型，即 Logistic 型 STAR 模型；另一种是 $G(\gamma, c, s_t) = 1 - \exp[-\gamma(s_t - c)^2]$，$\gamma > 0$，称此类非线性 STAR

模型为 ESTAR 模型，即指数型 STAR 模型。

在具体的经济模型研究中，函数 $G(*)$ 中的参数 $\gamma(>0)$ 反映了不同机制转换的速度。其中 LSTAR 模型是不对称的，也就是说因变量在转换变量超过或未超过门限值 c 时有不同的动态过程；而在 ESTAR 模型中，因变量具有针对门限值 c 的对称性质，即因变量在不同机制中有相同的动态过程，但在转换过程中有不同运动轨迹。

根据特拉斯维特的研究，估计平滑转换自回归模型包括下列三个步骤：

第一步，根据所研究课题定义一个恰当的 k 阶线性自回归模型，即确定最大滞后阶数，在误差项不存在自相关的情况下，根据自相关、偏自相关图和 AIC 统计量选择滞后阶数的值。

第二步，检验零假设（线性过程）和备择假设（STAR 形式的非线性过程），如果拒绝零假设，那么选择合适的转换变量 s_t 和转换函数的形式 $G(*)$ 的形式。同时对延迟参数进行选择。d 的取值范围是[1, D]之间的整数。针对 d 取不同的值，进行线性测试（$H0$：线性 AR 模型成立；$H1$：STAR 模型成立）。在对 STAR 模型进行检验时，首先需要确定的问题是时间序列是否是非线性的。但由于非线性模型的参数并不存在于线性模型中，因此不能直接对线性与非线性假设进行检验。为了解决此问题，采用在 $\gamma=0$ 处的泰勒展开式作为辅助回归进行线性测试，其式如下：

$$y_t = \beta_0 + \beta_1 y_{t-1} + \cdots + \beta_p y_{t-p} + \sum_{j=1}^{p} \beta_{2j} y_{t-j} y_{t-d} + \sum_{j=1}^{p} \beta_{3j} y_{t-j} y_{t-d}^2 + \sum_{j=1}^{p} \beta_{4j} y_{t-j} y_{t-d}^3 + \eta_t \tag{2.46}$$

这里面的 d 取某一值。参见特拉斯维特(1994)、特拉斯维特和安德森(1992)。检验加于线性 AR 回归上的回归变量显著性的 F 检验值就能够用于检验是否存在 STAR 非线性。此外，通过观

测 F 统计量的值，我们能够对 d 值的大小获得一个初步印象。在线性假设被拒绝的情况下，再在 LSTAR 模型与 ESTAR 模型之间做出选择。由以下的一系列嵌入测试完成：

$$H4: \beta_{4j} = 0$$

$$H3: \beta_{3j} = 0/\beta_{4j} = 0$$

$$H2: \beta_{2j} = 0/\beta_{3j} = \beta_{4j} = 0$$

如果拒绝 $H4$，应选择 LSTAR 模型；如果接受 $H4$ 而拒绝 $H3$，则应选择 ESTAR 模型；如果接受 $H4$ 和 $H3$ 而拒绝 $H2$，应选择 LSTAR 模型。通过 F 检验，选择具有最大 F 值所对应 STAR 模型。

第三步，估计模型中的参数。通常，采用最简单的 NLS 估计方法经过很少几步迭代后就能获得稳定的参数估计值。

四、房地产周期波动测度的其他问题

（一）周期波动的存在性问题

对房地产市场进行周期波动实证研究，要对它是否存在循环波动因素做出检验。检验结果如有随机性，则认为该序列不存在循环波动；反之，则认为该序列存在循环波动。检验序列随机性的方法很多。一种常见的方法是游程检验法。游程检验法是检验随机性的一种简便易行的有效方法，它将每一个观察值按照一定的标准（如序列均值）区别为两种符号，把序列中位于一种符号之前或之后的另一种符号持续的最大子序列，即序列中同类元素的一个持续的最大子集，称为一个游程。如果一个序列是随机的，则相应符号出现的程序也应该是随机的，而不会出现某种规律性。游程个数 r 近似正态分布，检验统计量 $Z = (r - u_r)/\sigma_r$，其中：$u_r = 2N_1N_2/(N+1)$，σ_r 为游程标准差。

其他的周期性检验统计量有 Fisher's Kapper 统计量和

Kolmogorov - Smirnov 统计量。其中 Fisher's Kapper 统计量 $= m^{*}\text{Max}(J_k)/\text{Sum}(J_k)$。其中 J_k 为平稳时间序列的周期图，它为傅氏频率 k 的函数，该统计量可以用来检验周期图 J_k 的最大值是否可以被认为显著异于 J_k 的均值。如果时间序列具有周期性，其在不同的傅氏频率 k 下应有不同的 J_k 期望值。Kolmogorov - Smirnov 统计量则为标准化的累积周期图与标准均匀分布随机变量(0, 1)累积分布函数的最大绝对差，标准化的累积周期图为：$s^2 = \sum_{k=1}^{j} J_k / \sum_{k=1}^{m} J_k$，$j = 1, 2, \cdots, m-1$，$m = n/2$（$n$ 为偶数）或者 $m = (n-1)/2$（n 为奇数），其中 n 为时期数目。Kolmogorov - Smirnov 统计量检验的临界值为 $a\sqrt{1/(m-1)}$，其中在 5%和 1%的显著水平下 a 分别为 1.36 和 1.63。这两个检验的原假设为被检验的序列是白噪声序列，如果原假设被接受，表明被检验的序列不具有显著的周期性。

(二) 周期波动的非对称性问题

正常的对称性周期如图 2 - 2(a)所示，这样的周期沿着均值线进行反折后是重合的。如果一个经济周期的扩张期和收缩期的深度基本相同，但是扩张期和收缩期的延续长度不同，这样的经济周期被称为陡峭型周期。如果一个周期的扩张期比收缩期过程更长，而且收缩期下降程度要比扩张期上升程度更为陡峭，这样的非对称性被称为缓升陡降型非对称性周期，如图 2 - 2(b)所示。如果一个周期的收缩期要比扩张期更长一些，即周期的上升期比较陡峭，则称之为陡升缓降型非对称周期，如图 2 - 2(c)所示。如果一个周期沿着平均水平线反折后的峰顶仍然低于周期的谷底水平，这样的周期被称为深度收缩型周期，如图 2 - 2(d)所示。如果反折后的峰顶普遍高于周期对应的谷底水平，则称其为深度扩张型周期。在西方国家的经济运行中，经常出现的非对称性类型是缓升陡降型和深度收缩型的非对称性周期。除了上述单纯的陡峭型和深度型的非对称性，如果在一个经济周期中，收缩期比扩张期具有更大的深度，同时收缩期比扩张期持久，这样就体现出一种陡升型和深度型混合的非对称性，如图 2-2(e)所示。

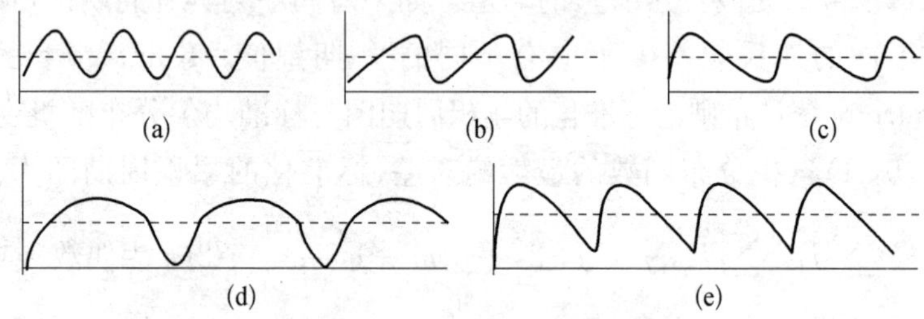

图 2-2 周期的对称性

迈克尔·克莱门茨和汉斯·马丁·克罗齐格(Michaei P. Clements, Hans Martin Krolzig, 2003)用周期性成分及其一阶差分的偏度来给经济周期的非对称性进行定义：如果$\{C_t\}$(周期成分：Cyclical Component)的偏度为0，则经济周期从深度上来说就是对称的；如果$\{C_t\}$的偏度不为0，则经济周期就具有深度型非对称。当其偏度大于0时，是深度扩张型经济周期；当其偏度小于0时，是深度紧缩型经济周期。如果$\{\Delta C_t\}$(周期性成分的一阶差分)的偏度为0，则经济周期从陡峭型上来说，就是对称的；如果$\{\Delta C_t\}$的偏度不为0，则经济周期就具有陡峭型非对称。$\{\Delta C_t\}$的偏度小于0，是缓升陡降型非对称；$\{\Delta C_t\}$的偏度大于0，是缓降陡升型非对称。

在对周期性成分进行非对称性检验时，可以采用赛赫(Sichel, 1993)的技术。赛赫的具体做法是：对深度型非对称，首先构造一个偏移样本：$Z_t = (C_t - C)^3/\sigma(C)^3$，其中$C_t$是序列的周期成分，$C$是其均值，$\sigma(C)$是其标准差。用此时间序列对常数进行回归，计算出 Newey-West 标准差。用 Newey-West 标准差去除周期成分的偏度作为检验统计量U。这一统计量渐进服从正态分布，从而可以完成显著性检验(Sichel, 1993)。对于陡峭型非对称,计算$\{C_t\}$的一阶差分$\{\Delta C_t\}$,对$\{\Delta C_t\}$进行深度型非对称的检验。

五、结论

本章旨在构建房地产周期波动的理论分析框架,梳理相关理论模型和计量分析方法。在理论模型方面,微观的蛛网模型构成了早期及当代研究房地产周期波动的基础,宏观的乘数—加速数理论模型描述的房地产周期是一个具有二阶自回归特征的内部传导过程。存量—流量模型进一步考虑了房地产具有使用耐久性的特征。在考虑到不确定性的楔子模型中,不确定性的存在给价格变化与房地产开发投资调整之间打入一个楔子,使得从房地产价格变化到房地产供给调整变成一个需要延续多期的过程。

在对房地产周期波动的具体测度方面,我们首先分析了如何获得房地产市场的周期波动成分,并详细叙述了使用多个指标的扩散指数和合成指数的编制方法。在对周期成分的具体建模方面,本章介绍了四种模型,分别是自回归移动平均模型、调和模型、谱分析模型和体制转换模型。

房地产市场的周期波动的对称性与否是一个比较前沿的领域,我们在介绍如何利用游程检验和 Fisher's Kapper 统计量以及 Kolmogorov - Smirnov 统计量来验证序列的周期性的基础上,介绍了如何对周期性成分进行非对称性检验。

在接下来的几章,我们将用上述周期分析的方法具体分析中国房地产投资、房地产需求和房地产价格周期。

第三章　房地产投资周期：总体水平和区域差异分析

一、引言与文献回顾

房地产周期波动关系到相关产业乃至国民经济的持续稳定健康发展。近年来，中国房地产开发投资高速增长，房地产开发投资占固定资产投资的比重接近20%，占国内生产总值的比重超过10%。因此，房地产投资周期波动直接关系到固定资产投资和总产出的稳定。与此同时，房地产投资关系国计民生和社会稳定。所以，无论是对经济政策制定者来说，还是对于普通消费者、发放房地产按揭贷款的金融机构和房地产开发企业而言，研究房地产投资周期波动和把握房地产投资周期规律，都具有重大的现实意义。

自从伯恩斯(Burns, 1935)的开创性研究以来，罗兰德(Renaud, 1980)、世界银行(World Bank, 1993)等利用世界各国的横截面数据，发现房地产投资占GDP的比重与经济发展水平有着显著的二次方程关系。世界银行的《中国城镇住房改革问题与可供的方案》(报告号922-CHA,1991年2月20日)，显示了50个国家过去20年间房地产投资占国内生产总值和固定资产投资总额的比重。当人均国内生产总值在2 500美元时，房地产投资约占GDP的3%—4%；在5 000美元时约占4%—5.5%；在7 500美元时约占4.6%—6.7%；在8 000美元时约占5%—6.8%；超过8 000美元时，所占比例逐步下降。据联合国对 70 多个国家的调查，各国房地产投资约占该国国内生产总值的 3%—8%。美国 1950—1973 年期间，房地产投资占国内生产总值的比重平均为 4.5%，以后该比重略有下降。日本房地产投资占国内生产总值的比重，在 20 世纪 70 年代高达 7%，90 年代上半期大体在 5%—6%之间。

随着对各国历史统计资料的不断挖掘，鲍(Ball, 1996)等人从国际比较的角度，对房地产周期波动进行了长期的跟踪研究。一些实证研究成果表明，房地产投资的标准差是非房地产投资的两倍多。在这些研究的基础上，本章扩充国际比较的样本量，以 OECD 的澳大利亚、加拿大、法国、德国、意大利、日本、荷兰、英国和美国为例，对各国房地产投资的波动进行分析。表 3-1 是按各国房地产投资占 GDP 比重的均值降序排列，从表中可看出各国房地产投资波动的差异。1956—2000 年间，就平均值而言，德国的房地产投资占 GDP 的比重最高，达 6.4%，法国、日本、荷兰、加拿大、意大利和澳大利亚在 5%以上，美国和英国则较低，英国仅为 3.5%，在普遍投资较多的欧洲国家中是特例。

表 3-1　1956—2000 年 9 个 OECD 国家房地产投资占 GDP 的比重(%)①

	均值	最小值	最大值	标准差	变异系数
德国	6.4	4.8	8.1	0.9	0.15
法国	5.7	4.1	7.8	1.2	0.20
日本	5.6	3.6	8.8	1.3	0.23
荷兰	5.3	3.9	6.4	0.6	0.12
加拿大	5.3	3.8	7.4	1.0	0.19
意大利	5.2	4.3	6.4	0.6	0.11

① 严格来说，按照 OECD 的统计规范，此处的房地产投资实为居住投资(residential investment)，且不包含土地费用。

续 表

	均值	最小值	最大值	标准差	变异系数
澳大利亚	5.0	4.5	5.9	0.4	0.08
美国	4.4	3.2	5.7	0.6	0.14
英国	3.5	2.6	4.7	0.5	0.14

资料来源：OECD FACTBOOK(2009)。

如图 3-1 所示，美国房地产投资占 GDP 的比例，除战后一段时间内较高外，大部分时间在 4%—6%的区间范围内。从 2001 年开始，美国房地产投资占 GDP 的比例上升，2005 年上升到一个峰值 5.41%。从 2006 年开始，美国房地产投资占 GDP 的比例下降，2008 年下降到历史最低值 3.08%。美国 SHTO 值在 2001 年以后的显著上升与造成次贷危机和全球金融危机的因素有很大关联(赵奉军，高波，2010)。

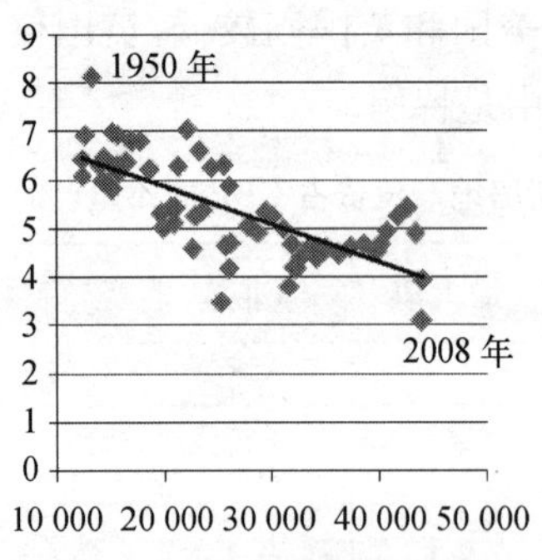

图 3-1 1947—2008 年美国房地产投资

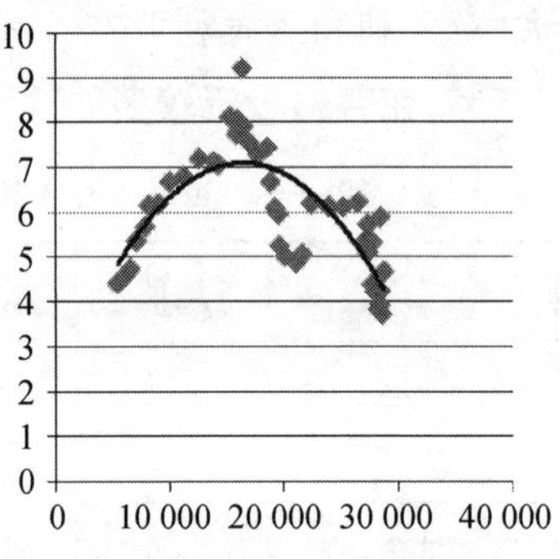

图 3-2 1960—2003 年日本房地产投资

数据来源：美国商务部经济分析局 http://www.bea.gov 和美国统计局 http://www.census.gov；日本统计局，http://www.stat.go.jp。

如图 3-2 所示，日本房地产投资占 GDP 的比例，从 1960 年到 1985 年，完全符合伯恩斯和格里布勒(Burns & Greblller，1977)所说的倒 U 型曲线规律。这个时期经历了两个阶段：第一阶段从

1960年到1973年，日本房地产投资占GDP比值上升到峰值（其后再也没有超越过）；第二个阶段从1973年到1985年，SHTO值开始明显下降。但是，从1986年开始，日本进入众所周知的泡沫经济阶段，资产价格的迅速上涨刺激了房地产投资，导致SHTO值持续上升，一直到1990年泡沫经济崩溃的前夕。1991年泡沫经济破灭后，房地产投资显著下降，SHTO值在3%—4%的区间内变动。

检验结果表明（见表3-2），美国和澳大利亚的数据完全不支持倒U型假说，澳大利亚的符号虽然符合倒U型理论，但系数完全不显著，与0无异。只有日本和韩国的数据是支持倒U型假说的。

表3-2　若干国家SHTO的变动规律

	美　国	澳大利亚	日　本	韩　国
C	9.1987*** (0.713)	3.247*** (0.936)	5.628*** (0.391)	3.415*** (0.753)
$PGDP$	−2.276*** (0.565)	1.433 (0.871)	1.643*** (0.476)	0.41*** (0.147)
$PGDP^2$	0.274*** (0.101)	−0.082 (0.191)	−0.491*** (0.108)	−0.014** (0.005)
R^2	0.59	0.63	0.49	0.21
样本区间	1947—2008	1959—2005	1960—2003	1970—2007

注：C为截距项，***、**分别表示在1%和5%的水平上显著，（）内为标准差。

如果说房地产投资规模与国民经济总量表现出什么规律的话（以SHTO值作为指标），那就是经济高速增长和人均收入快速增长以及房价迅速攀升的时期，SHTO值将迅速上升。日本和韩国（如图3-3所示）以及美国的例子都证实了这一点。但是，各个国家由于具体国情存在显著差异，在经济发展水平相似的时期，各国的 SHTO 值仍然会表现出显著的差异。例如，当人均收入处于15 000美元时，日本的 SHTO 值达到峰值，而韩国在 12 000 美元左右就达到了。相比之下，2003 年澳大利亚（如图 3 - 4 所示）的 SHTO 值在人均收入超过 30 000 美元时仍在上升。因此，国家之间很难出现房地产投资规律完全相同的现象。

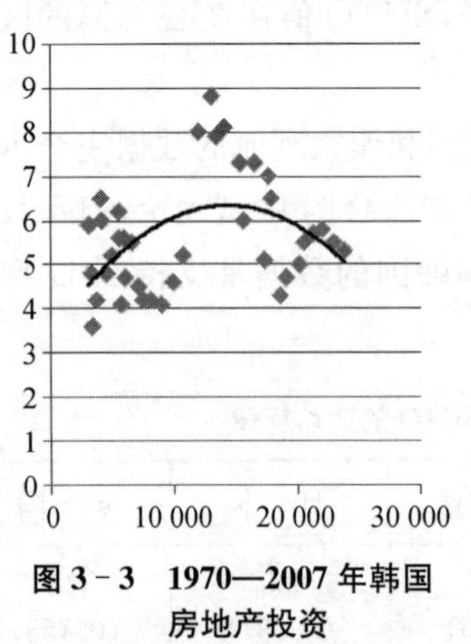

图 3 - 3　1970—2007 年韩国房地产投资

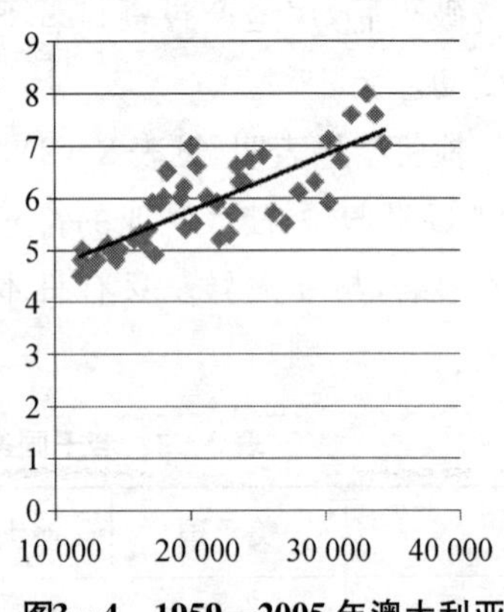

图3 - 4　1959—2005 年澳大利亚房地产投资

资料来源：OECD FACTBOOK(2009)。

我们还可从各国历年房地产投资占 GDP 比重的标准差来看房地产投资的波动。OECD 国家的经验数据表明，房地产投资占 GDP 的比重在国与国之间以及在一国不同发展阶段之间都存在较大的差异。在房地产投资相对水平高的国家里，波动也相对大一些。为消除均值对标准差的影响，考察每组数据对于均值的相对偏离程度，表 3 - 1 最后一列计算了各国房地产投资占 GDP 比重的变异系数，可看出各国房地产投资的波动相差不大。

那么，如何理解房地产投资周期波动的经济含义呢？如第一章所述，对美国房地产投资周期研究表明，房地产投资是经济周期的领先指标，而非房地产投资和消费分别是总产出的滞后指标和同步指标。如表 3 - 3 所示，1818—1929 年，美国土地价格的下降以及房地产投资的放缓是早于宏观经济的。房地产投资的波动极大地影响了短期经济波动。

表 3-3 1818—1929 年美国房地产市场与经济衰退的时序

地价最高点	投资周期的高点	经济衰退
1818	—	1819
1836	1836	1837
1854	1856	1857
1872	1871	1873
1890	1892	1893
—	1916	1918
1925	1927	1929

资料来源：拉斯·特维德(2008)。

对相互影响的经济机制进行分析，从开发商的角度来看，房地产投资服从托宾 Q 理论，它受到房地产价格或租金波动所决定的投资预期收益及实际利率等所决定的重置成本的影响，当预期投资收益大于重置成本时，房地产开发商将做出开发投资决策。而房地产投资的波动，最终又将通过对房地产流量的影响，反映到供求中，通过存量空置与吸纳的变化，进而影响租金和房地产价格波动。另外，房地产投资还可能存在一个“猪循环”(即生猪周期)，即开发商设法适应需求的增长和价格的上升，但房地产的供给需要一段时间，结果出现了调整过度。

房地产投资周期波动必然会传导到国民经济各部门。房地产业的发展关系到建筑、建材、冶金等 40 多个物质生产部门 20 多个大类近 2 000 种产品的生产。王飞、黄满盈(2005)从房地产开发和销售两方面研究了中国房地产业对经济增长的促进作用，研究发现，2002 年和 2003 年房地产开发和销售对国民经济的诱发额分别高达 GDP 的 7.6%和 7.2%。根据笔者的研究，房地产开发投资拉动中国经济增长从 2000 年的 0.78 个百分点上升到 2007 年的 1.86 个百分点。使用 1997 年、2005 年的投入产出表，通过计算房地产业和建筑业的带动效应，发现房地产业对国民经济的影响在逐步加深(高波等，2009)。事实上，1998 年之后之所以能进入经济增长的“黄金十年”，在很大程度上与中国住宅制度改革推动房地产开发投资有关(任若恩，2008)。

二、中国房地产开发投资周期分析

(一) 中国房地产开发投资波动程度分析

由于中国房地产数据统计起步较晚，目前可获得并能用于房地产周期研究目的的房地产开发投资数据区间为 1986—2010 年。如图 1-8 所示，中国房地产开发投资从 1986 年的 101 亿元增长到 2010 年的 48 267 亿元，平均增长速度达到 29.31%。但是，这种增长速度没有考虑到价格指数的变动，因此，必须进行必要的数据处理。

遗憾的是，迄今为止，我们无法得到一份比较权威的中国固定资本投资价格指数。近年来随着更多统计年鉴的公布，数据的可获得性大为改观。通过《中国国内生产总值核算历史资料(1952—2004)》公布的名义资本形成总额与实际资本形成环比增长速度，可以计算出固定资本投资价格环比增长速度，然后转变成以 1978 年为基期的定基指数。2004 年以后的数据，则根据《中国统计年鉴(2011)》公布的固定资产投资价格环比指数加以扩展。需要说明的是，由于 CPI 和固定资本投资价格指数变动并不一致，简单地采用 CPI 指数对房地产开发投资做出平减是不大合理的。举一个简单的例子，在一个两部门经济中，消费支出和投资支出各为 1 单位，则总产出为 2；如果第二年消费支出不变，投资支出因为固定资本投资价格上涨 50%从而上升到 1.5，则总产出为 2.5；如果采用名义值来计算投资支出占 GDP 的比例，必然会得出投资支出从 50%上升到 60%的结论。但实际上，这个比例的上升完全是固定资本投资价格上涨的结果，真实的比例其实仍然是 50%。

经过上述数据处理后，我们得到如图 3-5 所示的 1986—2010 年中国房地产开发投资的实际值。从实际值来看，1986—2010 年中国房地产开发投资从 57 亿元增长到 10 288 亿元，平均增长率为 24.08%。无论是名义值还是实际值，从 1986 年到 2010 年，从波动幅度来看，大体上可以分为两个时期。第一个时期是从 1986 年到 1997 年，中国房地产开发投资大起大落，既有年增长率高达 112%(1993)，也有增长率下降的，如 1990 年为 -12.38%。从 1998 年开始的第二个时期中，房地产开发投资波动幅度大幅减缓，大体上保持在年增长率 20%左右。

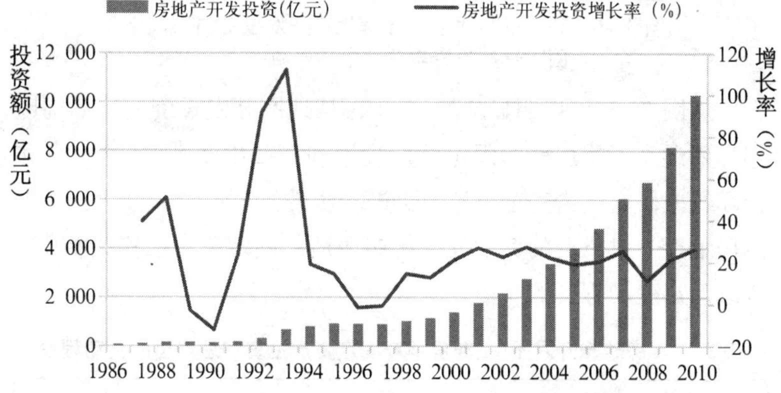

图 3-5　1986—2010 年中国房地产开发投资实际值和增长率

数据来源：国家统计局，2010：《中国统计年鉴(2010)》，中国统计出版社。国家统计局，《中华人民共和国 2010 年国民经济和社会发展统计公报》，www. stats. gov. cn。

此外，第二章的经验研究表明，美国房地产开发投资的波动幅度要远高于总产出和非房地产开发投资。中国的实际情况是否也是如此呢？需要说明的是，由于固定资产投资本身包含了房地产开发投资，所以，为了更好地比较三者的波动状况，我们从固定资产投资中减掉房地产开发投资，然后再计算其增长率，如图 3-6 所示。

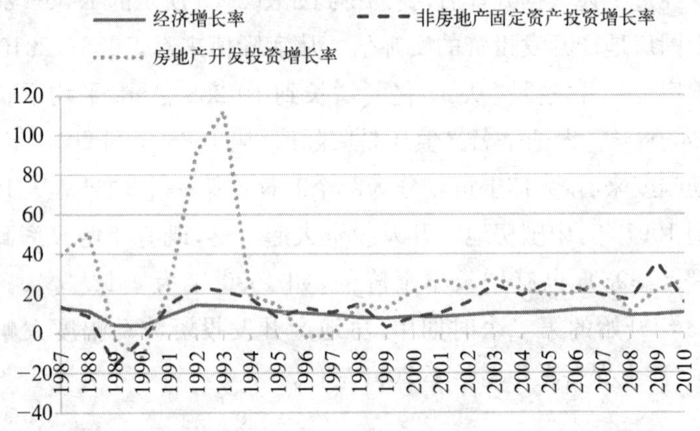

图 3-6　1987—2010 年中国房地产开发投资、非房地产固定资产投资与总产出的变动

从图 3-6 可以明显地看出，中国房地产开发投资的波动幅度同样要远高于非房地产固定资产投资和总产出变动率，这一点和国际经验研究结论完全一致。更进一步的计算（表 3-4）表明，中国房地产开发投资的变动程度比非房地产固定资产投资大 60%，是总产出变动程度的 4 倍。

表 3-4　房地产开发投资、非房地产固定资产投资和总产出的变动程度

	平均值（%）	标准差（%）	变异系数
房地产开发投资	25.14	27.35	1.14
住宅投资	12.18	9.24	0.76
非住宅固定资产投资	15.69	11.59	0.74
非房地产固定资产投资	14.18	10.22	0.73
总产出	9.86	2.57	0.27

(二) 推动中国房地产开发投资的因素分析

房地产业作为国民经济的支柱产业，房地产开发投资对于房地产业的发展至关重要。下面分别利用全国数据和 35 个大中城市的面板数据分析房地产开发投资的决定因素。

1. 全国数据的实证分析

以房地产开发投资实际完成额(*rei*)作为被解释变量，以城镇居民人均可支配收入(*inc*)、商品房销售价格(P_h)和利率(*rate*)作为解释变量，利用 1986 年以来的年度数据，分析房地产开发投资的影响因素。

单位根检验结果如表 3－5 所示，协整检验结果如表 3－6 所示。单位根检验表明，所有变量皆为 I(1)序列。协整检验表明，上述变量之间存在协整关系。回归结果如表 3－7 所示。

表 3－5　单位根检验结果

	检验形式(*c*, *t*, *k*)	ADF 统计量	5%临界值	结论
rei	(*c*, *t*, 4)	−3.962	−3.691	I(1)
inc	(*c*, 0, 4)	−2.87	−3.02	I(1)
P_h	(*c*, 0, 3)	−3.15	−3.05	I(1)
rate	(0, 0, 4)	−1.63	−1.96	I(1)

注：检验形式中，*c* 代表截距项，*t* 代表时间趋势，*k* 代表滞后阶数。滞后阶数的选取根据施瓦茨(schwartz)信息准则。其中收入项和利率项在 10%的水平上显著。

表 3－6　Johansen 协整检验结果

原　假　设	特征值	迹统计量	5%临界值	*P* 值
0 个协整向量	0.802	65.36	47.85	0.000 5
至多 1 个协整向量	0.683	32.95	29.79	0.020 9
至多 2 个协整向量	0.351	9.95	15.49	0.284 8
至多 3 个协整向量	0.062	1.29	3.84	0.256 9

表 3-7 房地产开发投资的决定因素(全国数据)

	(1)	(2)
C	-3.779^{***} (0.459)	-4.926^{***} (0.830)
inc	1.835^{***} (0.129)	1.663^{***} (0.138)
P_h	−0.06 (0.20)	0.323 (0.216)
$rate$	-0.006^{*} (0.003)	-0.007^{**} (0.002)
$AR(1)$		0.686^{***} (0.167)
$Adj.\ R^2$	0.992	0.996
$D.\ W$	0.70	1.34

注:C代表截距项,*** 、** 和 * 分别表示在1%、5%和10%的水平上显著,( )内为标准差。

从回归结果来看,回归(1)的 $D.\ W$ 值偏低,且房价的符号与预期的相反,怀疑存在残差的序列相关。经检查残差的自相关图并作LM序列相关检验证实了残差存在序列相关。经过序列相关修正后,回归结果如(2)所示。在模型(2)中,所有变量的符号都符合预期。其中,代表经济发展水平的人均可支配收入通过1%的显著水平检验,利率通过5%的显著水平检验,房价没有通过10%的显著水平检验。人均可支配收入的高度显著表明收入的变化是影响房地产开发投资的关键因素。它对房地产业的影响可以从两方面考虑:一方面人们收入水平的提高,在消费支出结构不变的情况下,用于住宅消费绝对量会增加;另一方面,收入水平的增加,会引起社会总投资水平提高,这样就使得对工业地产、办公楼宇等的需求增加。从利率系数可以看出，利率对房地产开发投资有负的影响，利率每上升 1%，房地产开发投资将下降 0.7%。再从房价系数来看，房价每上升 1%，房地产开发投资将上升 0.32%。

2. 基于 35 个大中城市面板数据的实证分析

为了解决时间序列观测值太少且模型不稳定的困扰，我们决定采用 35 个大中城市 2002—2008 年的面板数据进行计量检验。以房地产开发投资（*rei*）作为被解释变量，以城镇居民人均可支配收入（*inc*）、城市人口（*pop*）、商品房销售价格（P_h）和利率（*rate*）作为解释变量。回归结果如表 3-8 所示。

表 3-8　房地产开发投资的决定因素（面板数据）

	混合估计(1)	固定效应(2)	随机效应(3)	稳健性估计(4)
C	−2.866* (1.484)	−5.624 6 (3.090 9)	−3.656 3** (1.774)	−4.393 5*** (0.992 3)
inc	0.401 5 (0.319 1)	1.120 7** (0.446 4)	0.618 9* (0.359 2)	0.718 6*** (0.204 7)
P_h	1.098 367*** (0.226 2)	1.408 6*** (0.372 8)	1.054 5*** (0.261)	0.952 1*** (0.142 8)
rate	0.161 4* (0.092 2)	−0.169 2 (0.154 8)	0.105 1 (0.098)	0.061 7 (0.057 3)
pop	0.512 94*** (0.063 8)	−0.202 5 (0.177 9)	0.424 2*** (0.084)	0.560 6*** (0.397 3)
		$F(34, 206)=$ 2.90	$\chi^2(1)=$ 11.66	
R^2	0.561	0.439		

注：*C* 代表截距项，***、** 和 * 分别表示在 1%、5%和 10%的水平上显著，( )内为标准差。

对于面板数据的估计可以使用最小二乘法估计（OLS）、固定效应模型（FEM）和随机效应模型（REM）三种方法。为选择最有解释力的模型，首先使用 Wald 检验，其结果显示统计量为2.90，这意味着个体效应在总体上是显著的，表明固定效应模型估计要优于混合估计。接着使用拉格朗日乘子检验（Breusch - Pagan LM Test），发现随机效应的卡方统计量为 11.66，其 $Prob > \chi^2 =$ 0.000 0，这显示随机效应模型要优于混合估计法；最后使用 Hausman 检验，在固定效应模型和随机效应模型之间做出取舍。Hausman 检验的统计量为 22.56，这表明随机效应的假设无法得到满足，由此应该选择固定效应作为估计结果。另外，考虑到面板异方差问题，我们对固定效应模型作出了修正，最终得到模型(4)。

从回归结果来看，除利率外，所有的系数都高度显著并且符合预期。人口、收入和房价的正向变动都会对房地产开发投资产生显著的正面影响，房价的变动对房地产开发投资的影响是最大的，房价变动 1%，将导致房地产开发投资变化 0.95%。但是，利率的符号为正且不显著异于 0，是令人费解的。

(三) 中国房地产开发投资周期的测度

1. 数据处理与谱分析

由于数据的时间趋势性较显著，对房地产开发投资数据用 HP 滤波做去除趋势处理，结果如图 3 - 7 所示。为寻找房地产开发投资波动系列中隐含的周期分量，对经 HP 滤波的房地产开发投资序列做谱密度估计，结果如图 3 - 8 所示。

从图 3 - 8 房地产开发投资的谱密度图来看，中国房地产开发投资的波动存在周期长度为 12 年的主谱峰和 3 年的次谱峰，表明存在 12 年左右中周期及 3 年短周期。

2. 12 年左右房地产开发投资中周期

以 12 年为中心，对经 HP 滤波的中国房地产开发投资作对称带宽的 BP 滤波，获得 12 年左右的中国房地产开发投资周期曲线，如图 3-9 所示。

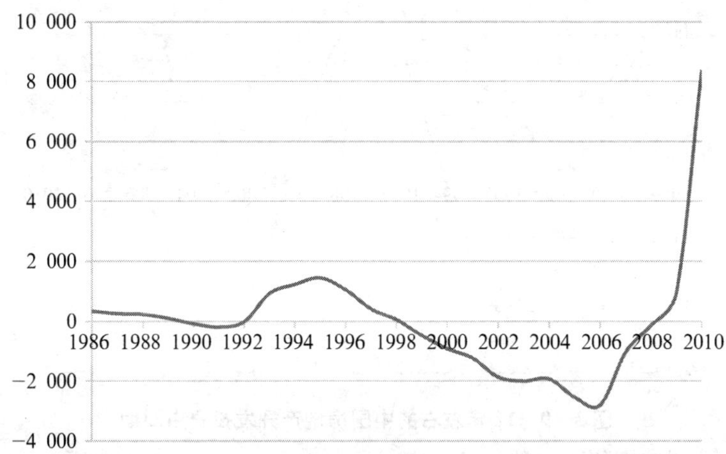

图 3－7　房地产开发投资的 HP 滤波分析

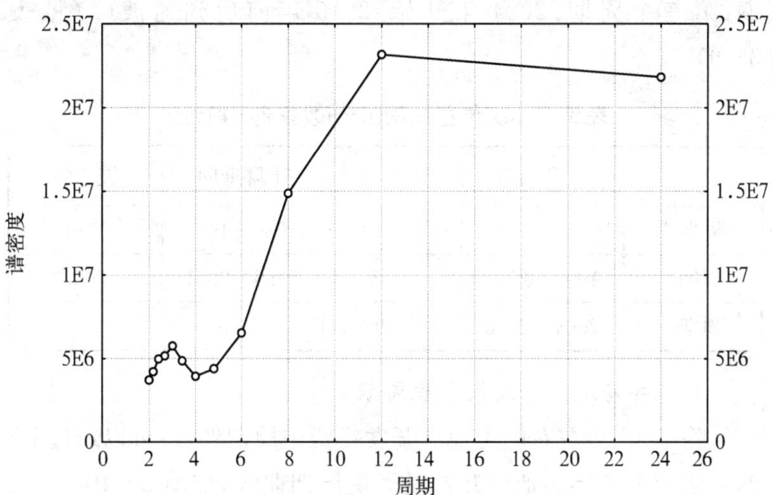

图 3－8　房地产开发投资的谱密度

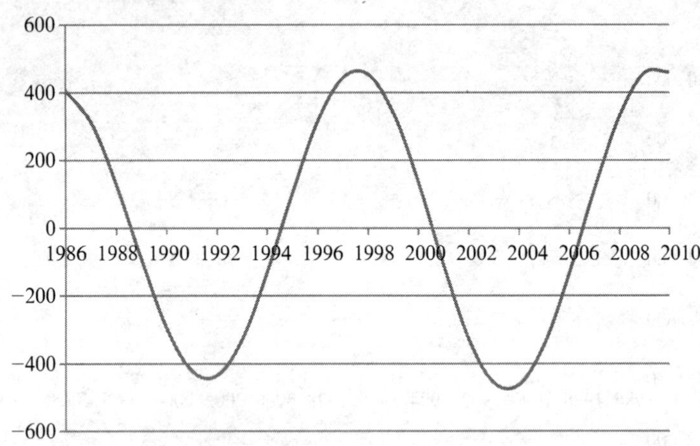

图 3-9　12 年左右的中国房地产开发投资中周期

注：BP 滤波带通宽度为（$P_L = 11$，$P_U = 13$）。

根据图 3-9，分析期按照从波谷到波谷划分为 3 个周期：第一个周期，？—1991；第二个周期，1992—2003，是一个完整的周期；第三个周期，2004 年开始，2010 年前后到达波峰（见表 3-9）。

表 3-9　12 年左右房地产开发投资周期划分

	上升期间	波　峰	下降期间	波　谷
周期 1			1986—1989	1991
周期 2	1992—2003	1995	1996—2001	2003
周期 3	2004—2010	2010?		

3. 3 年房地产开发投资短周期

除了 12 年左右的房地产开发投资中周期外，还可以通过 BP 滤波法获得 3 年房地产开发投资短周期曲线，如图 3-10 所示。1995 年以来按照从波谷到波谷划分为 6 个周期，如表 3-10 所示。

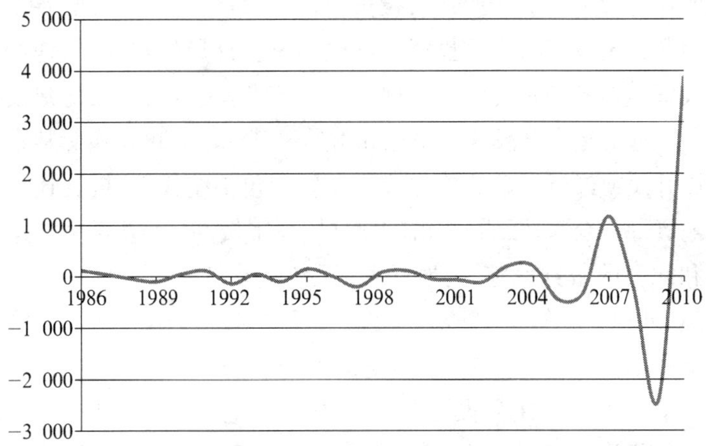

图 3－10　3 年左右的中国房地产开发投资短周期

注：滤波器允许通过的带通宽度上下限(P_L，P_U)设为(2，4)。

表 3－10　3 年房地产开发投资短周期划分

	上升期间	波　峰	下降期间	波　谷
周期 1	1995	1995	1996—1997	1997
周期 2	1998	1998	1999—2000	2000
周期 3	2001	2001	2002—2003	2003
周期 4	2004	2004	2005	2006
周期 5	2007	2007	2008	2009
周期 6	2010			

三、中国住宅投资周期分析

1998 年实行住房货币化分配改革以来，住宅投资完成额平均增长率达到 27.7％，在各类房地产投资中增幅最高。通过计算可以发现，城市住宅投资占房地产开发投资的比重从 1998 年初的 55％左右，上升到 2000 年的 66％，2008 年继续上升到 73.4％，这表明住宅投资在房地产开发投资中占比很高。在此,有必要区分房地产开发投资与住宅投资。按照国家统计局的解释,房地产开发投资是指各种登记注册类型的房地产开发公司、商品房建设公司及其他房地产开发法人单位和附属于其他法人单位实际从事房地产开发或经营活动的单位统一开发的包括统代建、拆迁还建的住宅、厂房、仓库、饭店、宾馆、度假村、写字楼、办公楼等房屋建筑物和配套的服务设施,土地开发工程(如道路、给水、排水、供电、供热、通讯、平整场地等基础设施工程)的投资;不包括单纯的土地交易活动。在这个解释中,房地产开发投资并没有包括农村。而本节所关注的住宅投资是包括农村住宅投资的。另外,房地产开发投资包括各种非住宅投资类型。因此,两者并不是包含关系。

在本章第二节所讨论的房地产投资周期其实是我国城市房地产开发投资周期,在这一节,我们将在构建包括农村住宅投资在内的全社会住宅投资时序数据的基础上,分析中国住宅投资的周期波动。

(一) 构造中国住宅投资波动的长期时间序列

住宅投资包括新住宅的建设、存量住宅的维护和存量住宅的改建三大类活动,但不包括土地方面的花费。中国住宅投资统计分为国有、城乡集体和城乡个人三类。其中国有部分包括基本建设、更新改造、其他固定资产投资和房地产开发投资;城乡集体部分包括城镇集体所有制单位和农村集体所有制单位两部分;城乡个人部分包括城镇、县城、镇和工矿区的个人建房投资和农村个人建房。中国住宅投资统计在 1980 年之前仅涵盖全民所有制的基本建设部分,1980 年起增加更新改造投资,1981 年才转为全社会口径。近年来,有研究者将估算的范围往前推到 1952 年(张清勇,2008)。估算的方法是:以 1952—1980 年的年度全民所有制基本建设住宅投资统计资料为依据,按 1981—1985 年全民所有制更新改造住宅投资、全民所有制其他投资的住宅投资、城乡集体住宅投资、城市居民个人住宅投资、农村个人建房住宅投资与基本建设住宅投资的比例关系，推算 1952—1979 年各分项的年度投资额，再用 1979 年的估算数和 1981 年的实际统计数求平均得出 1980 年各分项的估算数，最后加总各分项的历年估算数，得出 1952—1980 年的全社会住宅投资统计数据。所用的全国性统计数据来自《中国固定资产投资统计数典》和《中国统计年鉴 2010》。

根据上述方法，我们绘制出中国住宅投资总额及占 GDP 的比例变动图，如图 3-11 所示。从图 3-11 可以看出，中国住宅投资占 GDP 的比例在长达 50 多年的时间里，平均值为 4.87%，但变动非常剧烈，最小值为 0.88%(1967)，最大值为 11.7%(2010)，变异系数为 0.57。与表 3-1 中的 OECD 各国的数据相对照，中国住宅投资波动的幅度要远远超过这些国家。但是，这种分析可能忽略了中国改革开放前后经济体制的根本性变化。从 1952 年到 1976 年，住宅投资总额从 13.23 亿元上升到 70.58 亿元，但占 GDP 的比例只从 1.71%上升到 2.33%。在这段时间里，住宅投

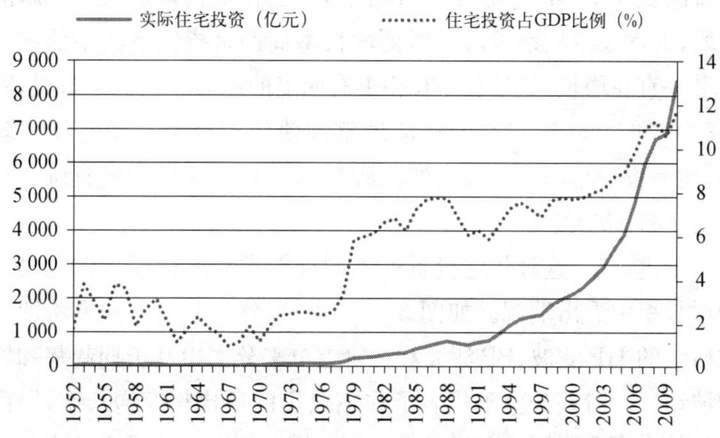

图 3-11　1952—2010 年中国住宅投资总额及其占 GDP 比例变动

资总额占GDP比例的平均值为 2.17%，最大值为 3.75%(1953)。从 1979 年开始，住宅投资占 GDP 比例似乎突然有了一个巨大的提升。从1979年到 1998 年，住宅投资占 GDP 比例的平均值上升到 6.77%，最大值为 7.72%(1987)。从 1999 年开始，住宅投资占 GDP 比例的平均值上升到 8.62%。1978 年前后住宅投资波动幅度出现大幅变化，这两个时期内的变异系数差异较大。计算表明，从 1952—1978 年，住宅投资总额占 GDP 比例的变异系数为 0.36；1978 年之后降低到 0.19。这个数值已经和 OECD 中的有些国家比较接近。

再从住宅投资总额的原时间序列来看，可以将 1952—2008 年 57 年的住宅投资划分为两个阶段。前一个阶段是从 1952 到 1976 年，住宅投资总额表现出类似于古典型周期的特征。所谓古典型周期，是指经济活动的绝对水平下降而后反弹。1961 年和 1962 年，我国住宅投资总额分别比前一年下降了 50%左右，以至于住宅投资总额从 1960 年的 48 亿元下降到 1962 年的 11.6 亿元。1963 年和 1964 年连续两年上升，反弹到 31.8 亿元。而后又开始下降，一直下降到 1967 年的 16 亿元，然后再次回升。这种过程一直持续到 1976 年。从 1978 年开始，中国住宅投资进入一个新的阶段，即增长型周期阶段。所谓增长型周期是指经济活动的绝对水平一直在增长，只是在增长率上有明显的差异。在这个阶段，除 1989 年和 1990 年宏观经济治理整顿使住宅投资总额有所下降外，住宅投资总额一直在增加。从 1978 年的 119 亿元增加到 2010 年的 8 415 亿元。

更进一步，这种住宅投资的不同周期类型还可以从住宅投资的增长率中看出端倪。如图 3－12 所示，分别采用三种方法即前文所说的 HP 滤波、BP 滤波和一阶差分来分离出其长期趋势和周期波动。一阶差分由于代表了住宅投资的环比年度增长率，因而更能符合古典型周期和增长型周期的区分标准。如果增长率经常在正负之间来回摆动，意味着住宅投资额的绝对水平有升有降，这自然是古典型周期现象；如果增长率大于 0，只是增长率在高低之间来回摆动，意味着住宅投资额的绝对水平一直在增加，这自然是增长型周期现象。伊尔斯·明兹（Mintz，1969）在《跟踪战后经济周期：方法及其对西德的应用》中明确指出："已经证明，区分两种不同类型的经济过程即经济周期阶段，对分析经济变化是十分有用的……只要绝对性的下降经常发生，在绝对值上升和下降之间画线就是一种很有用的方法；但当绝对性的下降成为例外时，不同的画线方法就变成有用的了。"从图 3－12 可以看出，由一阶差分表示的住宅投资的增长率从 1952 年到 1976 年的 20 多年住宅投资增长率在正负之间来回摆动；从 1977 年开始，住宅投资彻底摆脱了增长率为负的现象（1989 年和 1990 年可以看做是伊尔斯·明兹所说的"例外"）。

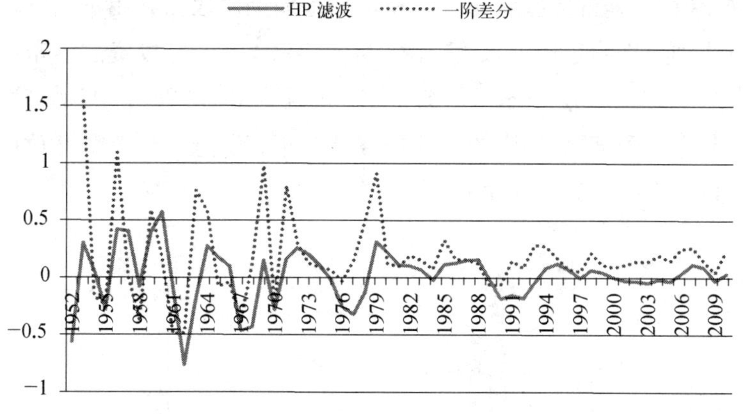

图 3－12　1952—2010 年中国住宅投资的变动

事实上，改革开放以来中国住宅投资占 GDP 比例迅速上升在很大程度上是对历史欠账的一个补偿。改革开放以前，无论是理论界还是政策制定者，都认为至少在城市，住宅不是商品而是一种国家福利，住宅统一建设统一分配。加之传统的重积累轻消费的理论和重工业优先发展战略及政策取向(即将住宅投资视作是生产居民消费品),住宅投资自然得不到应有的重视。改革开放后,理论界最早关于住宅商品化的论断是经济学家苏星和陈敏之,前者在 1980 年第 2 期《红旗》杂志提出住宅是个人消费品的重要组成部分,应该走商品化的道路;后者在 1980 年第 3 期《社会科学》提出"必须老老实实并且理直气壮地把住房当做商品来经营管理"。后来,一系列制度创新,以及 1984 年首次正式把房地产业列为独立的行业,1987 年深圳试点土地有偿出让,尤其是 1999 年底基本取消住房福利分配制度,这些根本性的制度变革有力地促进了中国住宅投资的增长。

(二) 测定住宅投资周期的长度

1952—2010 年中国住宅投资周期存在两种不同类型的周期,因而不能直接做全样本的住宅投资周期波动划分,将全样本分为两个阶段,即古典型周期阶段和增长型周期阶段。利用不同阶段的序列分别测定周期长度。对 1952—1978 年住宅投资的谱密度分析,如图 3-13 所示。从图 3-13 可以看出,在 26 年中,谱密度图只有一个谱峰,对应的周期长度是 3 年。这意味着改革开放前中国存在一个 3 年的住宅投资周期。

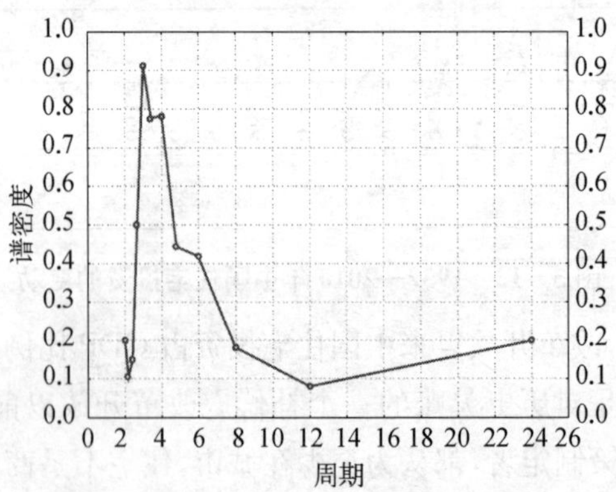

图 3-13　1952—1978 年住宅投资谱密度

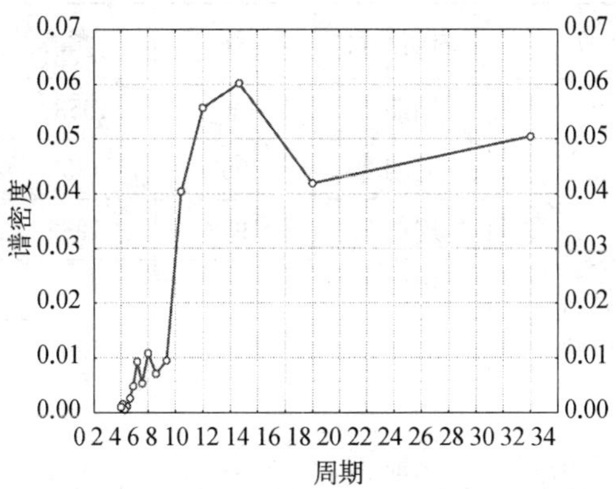

图 3-14 1979—2010 年住宅投资谱密度

对 1979—2010 年住宅投资的谱密度分析，如图 3-14 所示，时间序列是相应年段的 HP 滤波处理后的周期变动序列（限于篇幅，此处没有给出增长率的谱密度分析图）。从图 3-14 可以看出，在 32 年内，大体上存在两个谱峰。其中主谱峰对应的周期是 10 年，次谱峰对应的周期是 3—4 年左右。这意味着改革开放以来，中国住宅投资周期延续时间大大延长，不再像改革开放前住宅投资频繁起落。

根据上述谱密度分析所获得的先验周期长度，可以通过 BP 滤波的方法获得周期曲线。首先以 3 年为中心对经一阶差分的 1952—1978 年中国住宅投资作对称带宽的 BP 滤波，获得 3 年左右的中国住宅投资周期。其次以 10 年为中心对经一阶差分的 1979—2010 年中国住宅投资作对称带宽的 BP 滤波，获得 10 年左右的中国住宅投资周期。根据谷—谷的划分方法，在两个分析时段内，分别存在着 8 个古典型周期和 3 个增长型周期。各住宅投资周期的起止年限如表 3-11 所示。表中的“?”表示我们无法根据上图获得准确的周期峰或谷的年份。

表 3-11　1952—2010 年中国住宅投资周期的划分

周期类型	周期数目	谷	峰	谷
古典型周期（1952—1978）	周期 1	?	1953?	1955
	周期 2	1955	1956	1958
	周期 3	1958	1959	1962
	周期 4	1962	1963	1965
	周期 5	1965	1966	1967
	周期 6	1967	1969	1970
	周期 7	1970	1971	1973
	周期 8	1973	1975	1976
增长型周期（1979—2010）	周期 1	1982	1987	1992
	周期 2	1992	1997	2002
	周期 3	2002	2007	?

上述实证研究结果在很大程度上与中国社科院财贸所课题组(2002)提出的“解释转移假说”互相印证。该研究者同样发现中国房地产周期的表现形式发生着显著的变化，周期的长度在增加，波动幅度在减少，衰退与扩张的时间比在减少。对此的解释是：中国房地产周期的影响因素在发生着深刻的变化，随着中国改革开放的深入，中国经济特别是房地产市场化水平的提高，政府政策和政府行为对房地产周期的影响进一步弱化。

(三) 住宅投资与总产出的交叉谱分析

如前所述，住宅投资周期与相关变量之间的联动性可以通过交叉谱分析的方法来测度。我们主要分析 1979—2010 年中国住宅投资与总产出的相关关系。采用 HP 滤波的方法分别去除总产出的趋势，然后与同样经过去除趋势处理后的住宅投资做交叉谱分析。住宅投资与总产出的相干谱和相位谱分别如图 3-15 和图

3－16所示。从相干谱看，住宅投资周期与 GDP 周期相干谱值在长度为 10 年左右的周期上达到最大值 0.94，这表明两者在 10 年的周期上具有较强的相关性。从相位谱看，在长度为 10 年的周期上，住宅投资周期与 GDP 周期基本上保持同步。对中国住宅投资与总产出周期的谱分析，并没有证实国外对住宅投资周期研究得出的住宅投资是宏观经济周期的领先指标的结论。是否还能采用高频数据，例如季度或者月度数据，以及通过其他方法例如

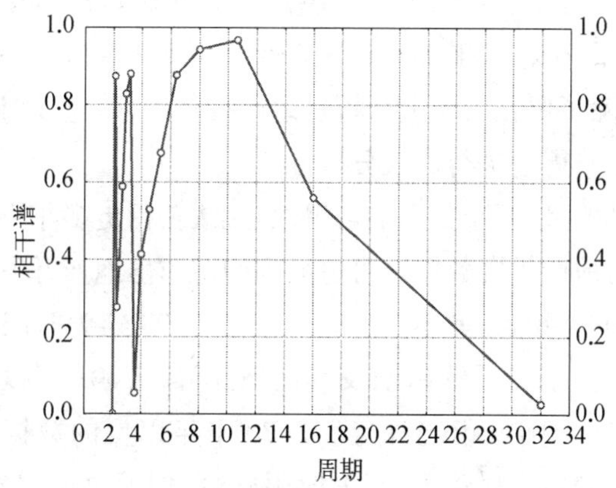

图 3－15　住宅投资与 GDP 的相干谱

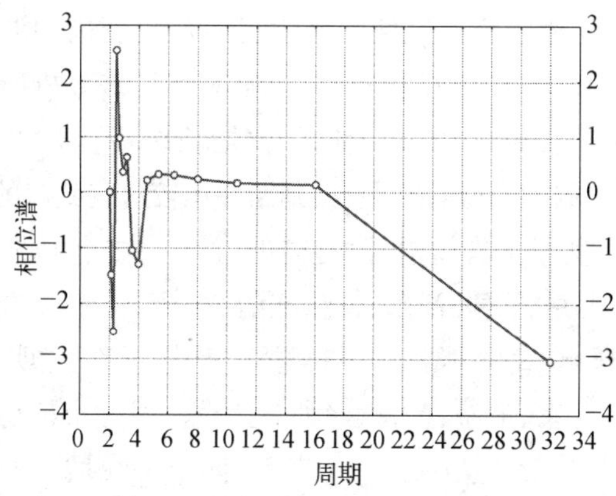

图 3－16　住宅投资与 GDP 的相位谱

Granger因果检验,或者计算两个序列的动态相关系数,以进一步印证交叉谱分析的结论,有待进一步探索。

四、房地产投资周期的区域差异分析

房地产开发投资是具有明显的空间差异的,对房地产这种不可移动的产品来说,无法跨区域进行交易,房地产市场表现为一个区域市场;另一方面,由于区域内部经济并不完全同质,收入水平、产业结构、金融发展水平等差异决定了各地房地产市场的市场条件、供求关系、价格水平都具有异质性。这意味着研究中国房地产投资周期,除了要在宏观上分析房地产投资周期,还要对不同区域的房地产投资周期进行深入分析。

但遗憾的是,限于数据的可得性,无法获得更多年限的不同区域市场的房地产投资数据。可追溯到的城市房地产开发投资的数据最早是 1990 年,因此本节将以 1990—2008 年为时限分析若干城市的房地产开发投资周期及其区域差异。2001 年以前的数据来自历年的《中国城市统计年鉴》,2001 年以后的数据来自历年《中国统计年鉴》。尽管 19 年的时限嫌短,但通过研究发现,无论是中国房地产开发投资周期还是住宅投资周期都存在 3—5 年的短周期现象,这表明考察这期间城市房地产投资周期波动从数据上讲是可行的。在研究方法上,由于无法满足谱分析所要求的最低年限 20 年,我们综合采用一阶差分(增长率)或 HP 滤波的方法来获得其周期波动成分,从而直接判断并比较这些城市的房地产投资周期差异。为了节省篇幅,我们从 35 个大中城市中选择了 20 个城市,分别是北京、天津、沈阳、长春、哈尔滨、上海、南京、杭州、合肥、厦门、青岛、郑州、武汉、长沙、广州、深圳、重庆、成都、昆明、西安。

首先,对北京、上海、广州、深圳等四个一线城市的房地产投资周期波动进行分析。从图 3 - 17 来看,四个一线城市的房地产投资周期表现出很大差异,只有北京和上海的房地产投资周期波动表现出相关性，即周期波动基本同步。而广州和深圳的房地产投资周期与上述两个城市差异很大。这四个一线城市的房地产投资周期划分见表 3-12。可以看出，这四个一线城市的房地产开发投资在 1995、1996 年分别达到峰值，然后进入一轮 8 年左右的周期，在 2004 年左右达到新的峰值后进入新一轮房地产投资周期。

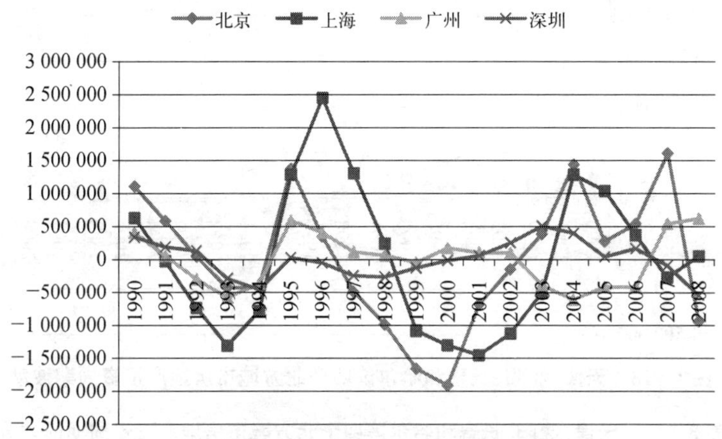

图 3-17　四个一线城市房地产投资周期波动

表 3-12　四个一线城市房地产投资周期的划分

	北　京	上　海	广　州	深　圳
周期 1	？—1995	？—1996	？—1995	？—1995
周期 2	1996—2004	1997—2004	1996—？	1996—2003
周期 3	2005—2007	2005—？	——	2004—？
周期 4	2008—？	——	——	——

其次，对天津、沈阳、长春和哈尔滨四个北方城市的房地产投资周期进行分析(见图 3-18)。这四个城市分别在 1994 年、1995 年进入投资高峰期，然后进入新一轮的周期。分析期内，天津存在两个 3 年的房地产投资短周期。第二轮房地产投资周期，长春为 5 年，哈

尔滨为 6 年，而沈阳的时间最长达到 10 年。这四个城市的房地产投资周期划分见表 3-13。长春和哈尔滨的房地产投资周期基本同步，而天津与其他三个城市房地产投资周期明显不同步。

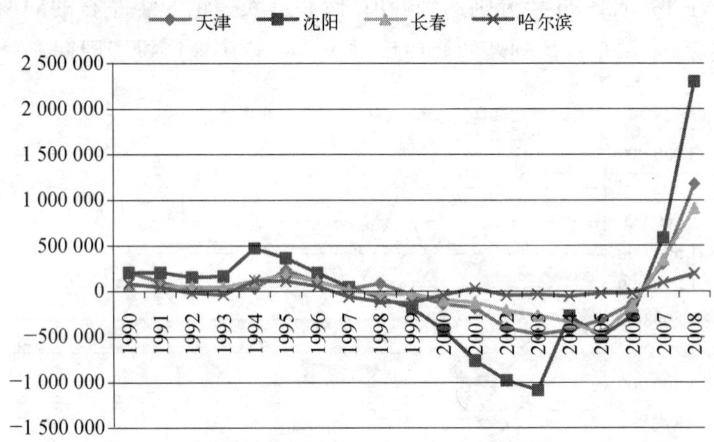

图 3-18　天津、沈阳、长春和哈尔滨四个北方城市房地产投资周期波动

表 3-13　天津、沈阳、长春和哈尔滨四个北方城市房地产投资周期的划分

	天　津	沈　阳	长　春	哈尔滨
周期 1	？—1995	？—1994	？—1994	？—1994
周期 2	1996—1998	1995—2004	1995—1999	1995—2000
周期 3	1999—2001	2005—？	2000—2006	2001—？
周期 4	2002—？	——	2007—？	——

再次，对南京、杭州、厦门、青岛四个东部城市的房地产投资周期进行分析（见图 3-19）。从表 3-14 可以看出，东部沿海四个城市房地产投资同时在 1995 年达到峰值，然后进入第二轮周期。在第二轮周期中，南京和青岛的年限比较短，分别是 3 年和 4 年；而杭州和厦门分别是 10 年和 11 年。在第三轮周期中，南京和青岛再次表现出相同的特征，而杭州和厦门比较类似。

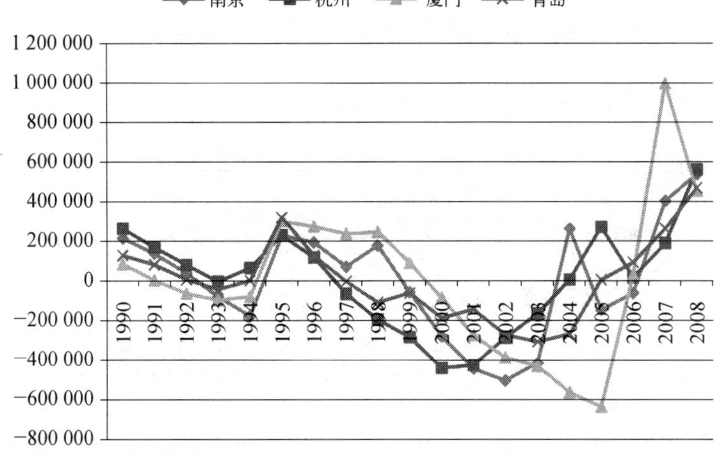

图 3－19　南京、杭州、厦门、青岛四个东部城市房地产投资周期波动

表 3－14　南京、杭州、厦门、青岛四个东部城市房地产投资周期的划分

	南　京	杭　州	厦　门	青　岛
周期 1	？—1995	？—1995	？—1995	？—1995
周期 2	1996—1998	1996—2005	1996—2006	1996—1999
周期 3	1999—2004	2006—？	2007—？	2000—2005
周期 4	2005—？	——	——	——

第四，对合肥、郑州、武汉、长沙四个中部城市的房地产投资周期进行分析（见图 3－20）。这四个城市的房地产投资周期划分见表 3－15。总体上看来，四个城市中合肥、郑州和武汉的投资周期基本上是同步的，长沙相对而言其周期波动的年份更短。和前面其他城市一样，这些城市也分别在 1995 年前后达到房地产投资的波峰，然后进入新一轮投资周期，其中除长沙以外的 3 个城市第二轮周期都比较长，在 10 年左右，目前这些城市还处在第三轮周期中。而长沙明显和这三个城市不同步，它已进入第五轮周期。

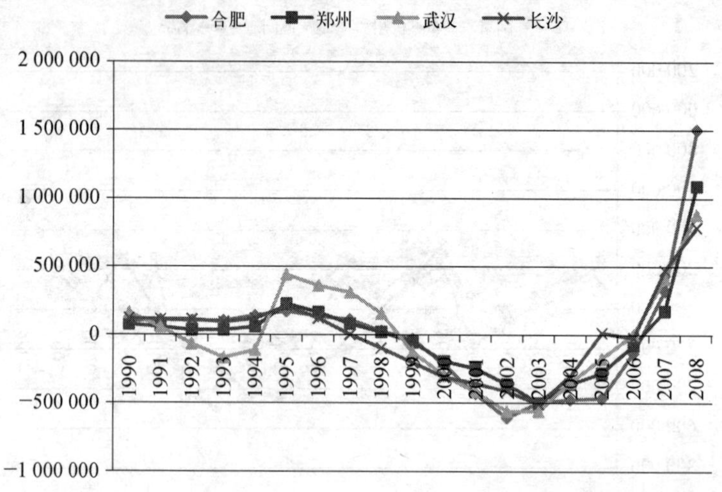

图 3-20 合肥、郑州、武汉、长沙四个中部城市房地产投资周期波动

表 3-15 合肥、郑州、武汉、长沙四个中部城市房地产投资周期的划分

	合 肥	郑 州	武 汉	长 沙
周期 1	？—1994	？—1995	？—1995	？—1995
周期 2	1995—2003	1996—2004	1996—2004	1996—2001
周期 3	2004—？	2005—？	2005—？	2002—2004
周期 4	——	——	——	2005—2007
周期 5	——	——	——	2008—？

最后，对重庆、成都、昆明、西安四个西部城市的房地产投资周期进行分析(见图 3-21)。这四个城市的房地产投资周期划分见表 3-16。西部的四个城市除西安外，基本上都是在 1995 年左右进入到第一轮周期的峰值；然后分别进入一轮 5 年左右的投资周期，大体在 1998 年后进入到第二轮周期的房地产投资高峰；再进入到第三轮投资周期。仔细观察这些城市经过 HP 滤波处理后的投资波动并辅之以投资增长率图，发现除重庆外，其他三个城市的

周期都在5年左右。而重庆的周期波动的年限在3年左右，甚至短到2年。

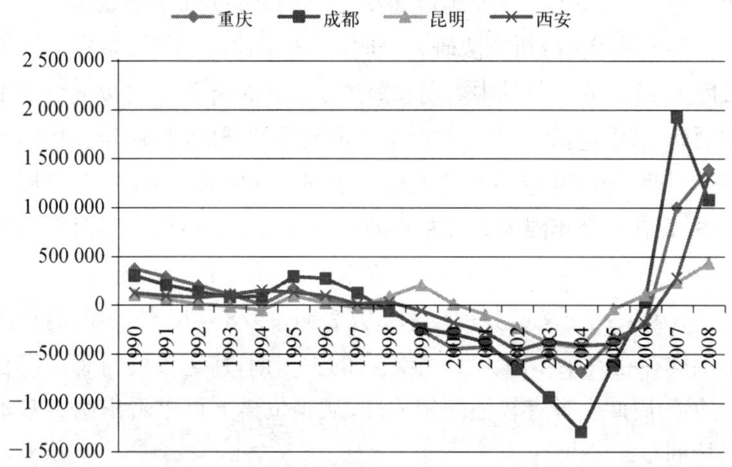

图3-21　重庆、成都、昆明、西安四个西部城市的投资周期波动

表3-16　重庆、成都、昆明、西安四个西部城市房地产投资周期的划分

	重　庆	成　都	昆　明	西　安
周期1	？—1995	？—1995	？—1995	？—1993
周期2	1996—1998	1996—2000	1996—1999	1994—1998
周期3	1999—2001	2001—2005	2000—2005	1999—2003
周期4	2002—2003	2006—？	2006—？	2004—？

五、结论

本章对中国房地产开发投资周期和住宅投资周期进行了实证分析，探讨了住宅投资周期与总产出周期的相关性，并对20个大中城市的房地产开发投资周期的区域差异做了比较分析，得出了一些有价值的结论。

（1）在整个分析期内，房地产开发投资和住宅投资无论是从投资总额还是从占 GDP 的比例来看都波动剧烈,变异系数远高于 OECD 国家。对中国房地产开发投资的影响因素计量分析表明,人均收入和房价的变动显著地影响房地产开发投资,但利率的影响不显著。

(2) 采用谱分析方法研究表明,中国房地产开发投资存在周期长度为 12 年和 3 年的中周期和短周期。1986 年至今可以分为 3 个中周期,其中包括 1992—2003 年 1 个完整的周期,2004 年开始的新一轮周期,2010 年前后到达波峰。中国的住宅投资,在古典型周期阶段,存在一个年限为 3 年左右的主周期波动;在增长型周期阶段,存在一个年限为 10 年左右的主周期和 3 年左右的次周期。

(3) 采用交叉谱分析技术研究表明,1978 年以来,中国的总产出同样存在一个年限为 10 年左右的主周期;住宅投资与总产出在 10 年的周期上具有较强的相关性,从相位谱上可以看出两者基本保持同步。

(4) 采用 HP 滤波技术并辅之以房地产开发投资增长率图,对 20 个大中城市的房地产开发投资周期进行分析,结果表明不同城市的房地产开发投资周期存在较为明显的地域差异,即使是同处中部或西部的一些城市,在周期波动的年限上也不大相同,这证实了房地产市场作为区域市场的根本特征。

尽管实证主义的大师米尔顿·弗里德曼坚持认为,能否准确预测未来的经济形势是判断经济学科学性质的关键,但将本章的实证研究结论用于预测未来房地产开发投资的峰或谷仍然必须有足够的警惕。因为经济变量时间序列完全可能受到一些随机冲击或突发性扰动的影响,使变量值出现短期的峰值或谷值。而且,如果市场参与者知道房地产市场遵循一定的可预测模式,他们将依照反周期行为方式来扩大或减少投资量,这种行为能导致投资周期波动的减弱。究竟市场参与者包括政府的(有限)理性行为如何影响房地产投资周期,仍然是一个有待探索的问题。

第四章　房地产需求周期的实证分析

一、引言与文献回顾

在房地产市场分析中，对需求的分析和研究具有重要作用。城市房地产需求分析有微观需求分析和宏观需求分析之分。微观需求分析往往是通过某地段房地产的价格、平面、户型、结构、布局和环境等因素的变化，来分析社会各阶层对该地段房地产需求的影响，主要服务于房地产企业的经营决策。宏观需求分析则是通过某一区域范围内的经济、社会和文化因素的变化，来分析该区域社会各阶层对房地产需求总量的影响，主要用于政府有关部门的宏观决策。

从文献检索来看，国内外对房地产需求的研究主要集中在以下几个方面：一是房地产异质性的克服和需求弹性问题；二是住房居住形式选择；三是资本市场上房地产投资需求问题；四是从宏观经济学和人口学的角度对房地产需求总量和变动的分析。一般认为，1960 年穆斯(Muth)关于“非农住房需求”的研究，是西方经济学领域房地产需求研究的开始。房地产商品区别于一般商品的异质性，使得对房地产市场的需求分析难以简单地使用传统的消费者行为理论和需求、效用最大化等框架。奥尔森(Olsen，1969)提出可以假设存在一种无差异的单位叫做“居住服务”(housing service)，这样，即使所有的住房都是不同质的，但它们都为居住者提供了一种服务流，这种服务流可以看做是无差异的，只存在量的多少。可是,居住服务在现实中尤其是在评估住房价值时是无法观测的,并没有解决住房的异质性问题。直到后来享乐价格法的出现才真正解决了住房的异质性对住房需求和价格的影响(Rosen, 1974)。

一般将房地产需求分为消费需求和投资需求。关于消费需求的文献主要集中在讨论房地产需求弹性的估计和房地产需求模式(租买选择)。需求弹性的研究主要涉及需求价格弹性和收入弹性。对住房需求价格弹性研究表明,住房需求价格弹性是相对较低的(Rosen, 1979; Goodman & Kawai, 1986)。邹至庄和牛霖琳(2010)利用1987—2006年的时序数据研究表明,中国住房需求价格弹性在0.5和0.6之间,而需求收入弹性约为1左右。由于住房的异质性,住房的某些特征倾向于必需品,其收入弹性小于1,而另外一些特征(例如是否有游泳池、健身房等)倾向于奢侈品,其收入弹性大于1。因此,可以通过享乐价格法思路,分解出不同特征,然后实证研究不同特征的收入弹性。实证研究结果得到的差距比较大,总体上偏向于认为住房是必需品,其收入弹性小于1。高波、王斌(2008)的实证研究表明,中国房地产市场需求具有显著的地区差异性。房地产需求价格弹性东部、中部、西部地区分别为0.743、1.412和4.913,呈依次增大的趋势,其中东部地区缺乏弹性,而中西部地区是富有弹性的。收入弹性中部地区最大,为3.1,东部、西部相对较小,分别为1.727和2.746。

房地产的需求模式选择(tenure choice)也是住房需求研究的热点。住房租买选择假定人们占用住房的模式之间是可以替代的。亨德森和约安尼迪斯(Henderson & Ioannides,1983)最具代表性的成果指出,在完全信息条件下人们选择持有住房与持有其他资产是无差异的,租买选择取决于租赁的外部性,由于租赁外部性的存在人们更偏好持有住房而非租赁住房;在信息不完全时,人们持有住房的收益不确定,相反持有其他资产的回报则是确定的,此时人们更加偏好租赁住房。一般认为影响家庭租买选择的主要因素有经济因素如家庭收入、资产状况及相关价格，以及家庭人口特征等。关于资本市场上房地产投资需求和宏观经济因素及人口统计特征对房地产需求的影响因涉及文献较多，在此不再赘述。

本章对中国房地产需求周期的分析，属于宏观需求分析。本章的第二部分，主要讨论房地产需求的内涵，并利用 1987 年以来中国的年度数据分析推动中国房地产需求增长的决定因素。第三部分利用计量经济工具分析中国房地产需求周期波动的特征，并考察需求周期与投资周期的关联性以及需求周期与总产出周期的关联性。最后是结论。

二、房地产需求：概念界定与决定因素

(一) 房地产需求

经济分析中使用需求概念，一般是指消费者在某一时期内和一定市场上，按照某一组价格愿意并且能够购买的某商品或劳务的数量。相类似地，房地产需求是指社会上房地产用户包括自然人和法人在一定时期和一定市场上，按照某一组价格愿意并且能够购买的某种房地产商品和服务的数量，这样的需求不仅限定了特定的时期和进行买卖的市场，而且意指购买者有支付能力的需求即有效需求。所以与经济学的房地产需求紧密联系在一起的有两个重要变量：一是房地产商品的销售价格；二是与该价格相应的人们愿意并且有能力购买的数量。

关于房地产需求的内涵，一个必然要解决的问题是如何区分房地产的消费需求和投资需求。从学理上讲，两者的区别是显而易见的。房地产作为消费品的商品属性产生消费需求，而房地产作为投资品的属性产生投资需求。两者购买主体的目的也是完全不同的，投资需求者的目的是期望从房地产获得资本收益，而消费需求解决的是购(租)房者的生活需要。学理上的区分并不意味着

我们在现实中能将两者轻易地区分出来。例如，在国民经济核算中，居民购买住宅是列入住宅投资中的，只有居民租房（包括自有住房的房租支出）才列入消费中。此外，还必须说明的是，房地产需求不仅仅是住宅需求，还包括工业地产、商业地产和写字楼等房地产需求，但毫无疑问，住宅需求在房地产需求中占比最大。

那么，采用什么指标来刻画房地产需求呢？我们可以考虑的指标包括房屋销售面积、商品房销售金额或城市人均住房面积，未来还要将存量房地产的交易情况考虑进去。由于城市人均住房面积的年限范围不同于前两者，实证分析选用房屋销售面积和商品房销售金额。如图 4－1 所示，从 1987 年到 2010 年，中国商品房销售面积从 2 697 万平方米上升到 10.43 亿平方米，年平均增长率（几何平均数）为 17.2%，房屋销售金额从 110 亿元上升到 52 500亿元（按照名义价格计算），远远超过同期经济增长率和城乡居民人均收入增长率。从图上可以看出，两者的走势完全一致，简单计算相关系数为 0.98，这表明两者是高度正相关的。

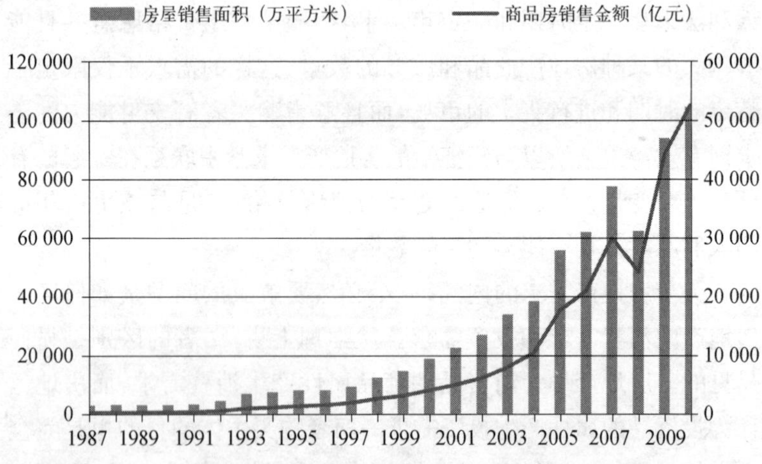

图 4－1　1987—2010 年中国商品房销售面积和房屋销售额

资料来源：国家统计局，2011：《中国统计年鉴》，中国统计出版社。

(二) 推动中国房地产需求的主要因素

改革开放以来,推动中国房地产需求的因素有很多,包括我们在第三章中所说的传统计划经济体制下房地产潜在需求被人为压抑后的释放、房地产投资品属性的重新确立并被广泛认知。而最重要的三个因素是收入、人口和金融支持。

1. 收入因素

高速的收入增长和对未来收入增长的预期,是推动中国房地产需求增长的首要因素。高速的收入增长增加了居民的可支付能力,从而直接刺激了房地产需求。高速的收入增长必然推动房价上升,房价上升刺激了房地产开发投资的增加,以满足房地产需求。1987—2010 年,中国城镇居民的人均可支配收入(名义值)从 901 元上升到 19 109 元,按照 CPI 折算成实际值,平均增长速度为 7.7%,尽管这个增速低于同期总产出的增速,但仍然是相当高的。这意味着平均不到 10 年,城镇居民的家庭实际收入增长 1 倍。这种高速的收入增长必然推动住宅需求的增加。而且,如果一个经济体长期保持人均收入高于 7%的增长速度,必然形成一个对未来长期收入增长的美好预期。对住宅这种商品来说,住宅需求往往并不仅仅根据消费者的即期收入决定,它还取决于消费者以往的财富积累和对未来的收入增长预期。如果一个家庭预期未来的收入继续保持高速增长,则完全可以超越当前家庭的可支配收入购买某种商品。所以,我们往往看到一些家庭购买住宅似乎超过了这个家庭当前的支付能力,而忽视了他们的收入增长速度。由于高速的收入增长,如果一个家庭在 t 年购买住宅,采用固定利率还款,则 $t+10$ 年这个家庭的还款压力将降低到 10 年前的一半。因此,人们也许真正应该关心的是未来 10 年人均收入是否仍然可以保持 7%的增长纪录。但是,从种种迹象上来看,2025 年以后,收入增长速度将迅速降低(勃兰特,罗斯基,2005)。

随着人均收入的持续提高和中国经济的持续快速增长，人们对房地产需求的增加不仅仅表现在住宅需求方面，对工业地产、商业地产和写字楼的需求也迅速增加。住宅需求和非住宅需求将按一定的比例关系扩大。

在高速的收入增长过程中，中国的收入分配状况正在逐渐恶化。那么，这种收入分配的恶化，是如何影响房地产需求的呢？据联合国公布的中国最新人类发展报告称，1985 年中国城镇居民收入是占总人口 60%的农村居民的 1.9 倍，2010 年，这一数字扩大至 3.2 倍，如果考虑到基本公共服务的不平等，甚至可达 5 至 6 倍。在 2009 年，中国最富有 10%的城镇家庭可支配收入是最贫穷 10%家庭的 8 倍多。也有分析称，城乡合计，全国最高与最低收入 10%家庭间的人均收入差距约 55 倍。收入分配的恶化压缩了国内需求的扩大，从而导致对出口的严重依赖。在钉住美元的汇率制度下，这将导致国内的流动性过剩，从而推动住宅投资需求扩大和房价上涨。由于投资渠道的缺乏，收入和财富过度集中于少数富人，必然造成这些富人将手中的货币资金转化为住宅投资需求。更严重的问题是，在中国很多城市，中产阶层“有钱就买房”的恐慌性购房行为是非常普遍的。

2. 人口因素

人口因素是促使中国房地产需求增长的重要因素。所谓人口因素涉及两个方面：一个是人口的总量尤其是城市人口的总量；另一个是人口结构。1978—2010 年，中国城镇人口从 1.72 亿上升到超过 6.65 亿。2010 年第 6 次人口普查的结果表明，居住在城镇的人口为 665 575 306 人，占中国总人口的 49.68%。城市化水平的上升必然对住宅建设提出了更高的要求。同时，必须从人口的年龄结构和人口的性别结构，来深入探讨中国的住宅需求。一般而言，中国住房需求的主体主要为 25—35 岁的婚龄人口。我国三次出生高峰分别是 20 世纪 50 年代第 1 次出生高峰；1963—

1973 年第 2 次出生高峰；20 世纪 80 年代后期第三次出生高峰。图 4－2 和图 4－3 分别是 1975 年和 2010 年中国人口年龄分布金字塔图，从图中可以看出中国人口年龄分布的演变。在 1975 年的人口年龄分布金字塔中，0—9 岁的人口是最多的。如果买房的主力人口集中在 25—35 岁，那么意味着这批人口在 2000 年左右迎来买房的高峰期。而中国住宅需求的迅速增长也正是 2000 年以来开始的，这并不是巧合。

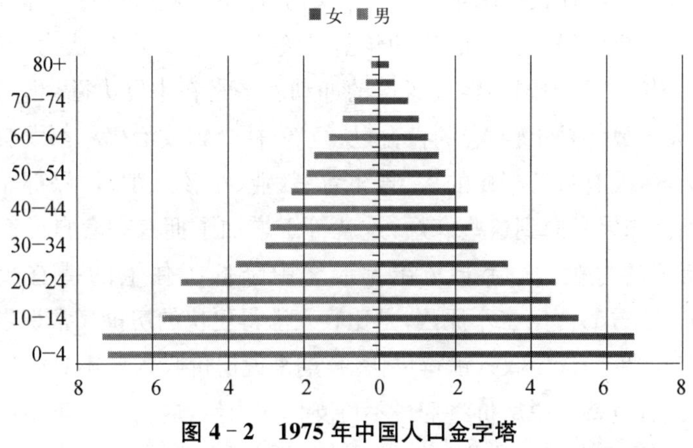

图 4－2　1975 年中国人口金字塔

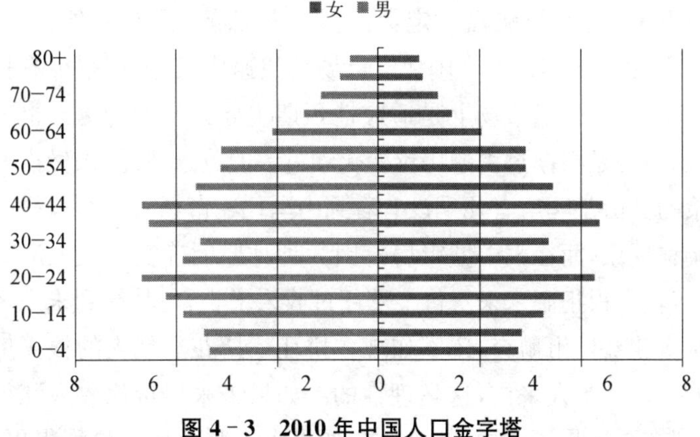

图 4－3　2010 年中国人口金字塔

除了人口的年龄结构外，人口的性别结构同样是一个切入的视角。哥伦比亚大学商学院的魏尚进教授有一篇论文对中国的高储蓄率提出了一个新的解释，是从中国的性别失衡入手的（Shang-jin Wei, Xiaobo Zhang, 2009）。也就是说，中国重男轻女的生育倾向导致中国的人口性别比例失衡，在婚恋市场上，将出现男方竞争性储蓄，从而提高了中国的储蓄率，一个附带的后果是住宅需求增加，住房市场火热和房价高涨。

那么，为什么中国年轻人急于买房，而不是租房？有统计资料表明，北京年轻人首次购房的年龄平均为 27 岁。我们认为，有两个原因导致了中国年轻人买房的冲动。一是在中国大陆，租房人（绝大多数都是年轻人）的权益，从经济、社会到政治权利都没有什么保障，没有自己产权的房子，生育、就业、小孩入学、社保都非常麻烦。如果考虑到这些麻烦，这就等于增加了拥有一套自己产权的房子的好处，实际上又在无形之中降低了住宅的持有成本（owner cost）。第二个原因，是比收入涨得更快的房价。常识告诉我们，如果房价比收入涨得更快，长期来说房价收入比不是收敛而是发散，也就是说房价将变得不可支付。当然，这实际上是不可能的。如果短期房价比收入涨得更快的话，那么，长期房价涨幅一定会降下来，收入的涨幅一定会超过房价涨幅，没有例外。但是，2000 年以来才出现的中国住宅市场的快速成长，人们很少有长期的概念，因而住宅市场上是适应性预期主导人们的行为。也就是说，购房者是根据过去的房价变化和过去的收入状况，来做出购房决策的。由于购房者几乎没有看到中国住宅市场有一个像样的周期调整现象，而在大中城市房价因为种种原因确实比收入涨得更快，年轻人很担心未来房价上涨超过收入增长，与其等到未来无力支付房款被城市抛弃，还不如现在拼死一搏花三代人的钱买房融入城市。从个人来讲，这是理性的。如果未来房价比收入涨得更快，现在买房是先见之明。反之，如果未来收入比房价涨得更快，那么现在买房的月供将随着收入的上涨相对而言逐渐降低。但是,个体理性不等于集体理性,个人的超前购房行为推高了房价,并加剧了人们房价上涨的预期。这是一个正反馈的过程。

3. 金融支持

中国房地产需求的快速扩大,是房地产金融市场发展的结果。1991 年,国务院发布《关于继续积极稳妥地进行城镇住房制度改革的通知》,首次提出开办个人购买住房贷款业务。1992 年建设银行和工商银行设立房地产信贷部,开始经办商业性住房抵押贷款业务。为规范和促进商业银行开展房地产信贷业务,1995 年中国人民银行制定了《商业银行自营性住房贷款管理暂行办法》,1997 年出台了《个人担保住房贷款管理办法》,初步形成商业银行个人购房融资活动的制度框架。1998 年 4 月 7 日,中国人民银行出台了《关于加大住房信贷投入,支持住房建设与消费的通知》(169 号),1998 年 5 月 15 日,中国人民银行颁布施行《个人住房贷款管理办法》,实行积极的住房信贷政策。1999 年,中国人民银行下发《关于鼓励消费贷款的若干意见》,将住房贷款与房价款比例从 70%提高到 80%,鼓励商业银行提供全方位优质金融服务。同年 9 月,中国人民银行调整个人住房贷款的期限和利率,将个人住房贷款最长期限从 20 年延长到 30 年,将按法定利率减档执行的个人住房贷款利率下调 10%,要求进一步放松信贷管制,支持个人住房消费和商品房开发投资。这些政策措施的实施,促进了商业银行个人购房融资业务的开展和房地产金融市场的成长。1998 年到 2010 年,中国个人购房贷款余额从 426 亿元增加到 62 000 亿元,增长了 144 倍。

商业银行促使房地产需求扩张的同时,资产质量不断提高,自身得到了很好的发展。根据中国人民银行房地产金融小组的研究数据,四大国有商业银行的房地产贷款质量较好。2004 年除农行的不良贷款率相对偏高以外,其他三大行的不良贷款率均在

3%—5%之间，四大行汇总的不良贷款率也低于5%。个人购房贷款的不良率更低，汇总的个人购房贷款不良率只有1.5%左右。到2006年年底，四大商业银行房地产不良贷款率继续下降到3.44%。2007年末，进一步下降到2.74%。当然，在房价持续上涨和房地产市场繁荣时期，银行房地产贷款的不良率都是比较低的。

(三) 房地产需求影响因素的定量分析

根据上述分析，本研究采用1999—2009年35个大中城市的面板数据，定量分析房地产需求的决定因素。解释变量为商品房销售面积，被解释变量包括商品房销售价格(P_h)、城镇居民人均可支配收入(inc)、城市人口(pop)、人均财政支出(cz)和上一年房价增长率($g.P_h$)。加入人均财政支出变量，是考虑到城市公共服务的差异将导致人们用脚投票，从而影响不同城市的房地产需求。由于数据缺乏，被解释变量未能使用房地产贷款的数据。相关数据来自历年《中国统计年鉴》。回归结果如表4-1所示。

表4-1　房地产需求的决定因素

	混合估计(1)	固定效应(2)	随机效应(3)	固定效应(4)
C	2.339** (0.934)	−0.220 (0.626)	0.520 (0.524)	0.315 (0.686)
P_h	−0.393*** (0.096)	−0.637*** (0.110)	−0.511*** (0.099)	−0.708*** (0.124)
inc	0.600*** (0.106)	1.178*** (0.158)	0.846** (0.101)	1.156*** (0.164)
pop	0.886*** (0.035)	0.854*** (0.136)	0.914*** (0.075)	0.924*** (0.144)
cz	0.744*** (0.058)	0.556*** (0.081)	0.681*** (0.066)	0.530*** (0.083)
$g.P_h$				0.554*** (0.165)

续　表

	混合估计(1)	固定效应(2)	随机效应(3)	固定效应(4)
		$F(34, 345)=$ 13.72	$\chi^2(1)=$ 502.9	$F(34, 309)=$ 13.66
R^2	0.810	0.439		0.768

注：** 和 *** 分别表示通过 5%和 1%的显著水平检验。

在具体模型选择上，首先使用 Wald 检验，结果显示统计量为 13.72，这意味着个体效应在总体上是显著的，表明固定效应模型估计要优于混合估计。接着使用拉格朗日乘子检验(Breusch-Pagan LM Test)，发现随机效应的卡方统计量为 502.9，$Prob>\chi^2=0.0000$，显示随机效应模型要优于混合估计。最后使用 Hausman 检验，在固定效应模型和随机效应模型之间做出取舍。Hausman 检验的统计量为 9.21，相应的 p 值为 0.0561，因而选择固定效应作为估计结果。面板数据的回归结果表明，所有系数都是高度显著的且符号符合实际，弹性最大的是收入变量，最小的是人均财政支出变量。

根据面板数据回归结果(见表 4-1)，收入的波动将导致房地产需求的正向波动。房价变量的系数为负，表明在其他条件不变的情况下，房价上升，房屋需求量降低，符合一般需求理论。有人认为作为资产市场的房地产市场不符合一般的需求定律，即房地产市场会出现买涨不买跌的现象。斯特恩(Stein, 1995)、伯克维克和古德门(Berkovec & Goodman, 1996)的经验研究表明，房地产价格与房地产销售的数量是正相关的。而佛莱恩和伟茨(Follain & Velz, 1995)运用住房市场结构模型，证明了住房价格与住房销售之间存在负相关关系。我们认为，即使房地产市场出现买涨不买跌的现象，也并不意味着需求定律失效。如果房价上涨确实改变了购房者的预期，因而不符合需求定律其他条件不变的要求，购房者预期未来房价继续上涨，则购房者将增加购买量。实际上，在房地产泡沫膨胀的后期，当房价进一步上涨时，房地产交易量已经开始萎缩了，因为购房者的预期已经不再像从前那样乐观甚至开始逆转。而上一年房价增长率变量的系数为正值，恰好说明购房者根据适应性预期进行决策，上一年房价上涨促使本年房地产需求增加。城市人口的增加和人均财政支出的扩大，将导致房地产需求增加。

三、房地产需求周期波动的测度

(一) 房地产需求周期波动的测度

由于房屋销售金额的变动包含销售面积的变动和销售价格的变动，因而存在较多的白噪声。所以，我们选择房屋销售面积作为房地产需求周期的测度指标。如图 4-4 所示，分别采用一阶差分和 HP 滤波求得中国房屋销售面积的波动。HP-area 表示经过 HP 滤波处理后的房屋销售面积的周期成分；D-area 表示房屋销售面积的增长率。

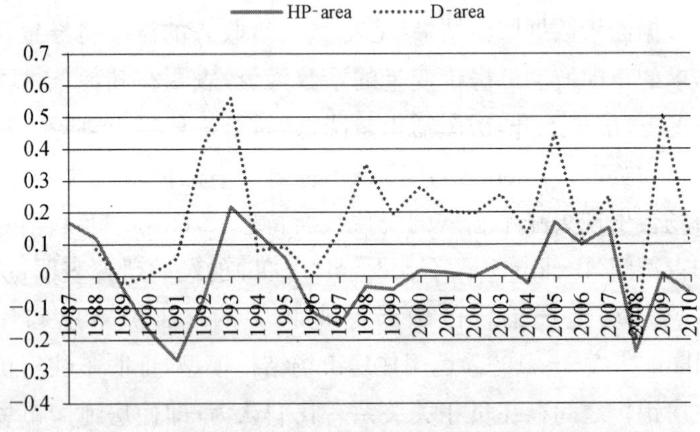

图 4-4　1987—2010 年中国房屋销售面积的周期成分

从图 4-4 来看，1987—2010 年中国房地产需求周期表现出明显的增长性周期特征。在分析期内，房地产销售面积除了 1989 年和 2008 年有所下降外，其他年份都是增长的。是否能以经过 HP 滤波处理和一阶差分处理后的周期序列直接观察中国房地产需求周期的年份呢？这涉及转折点的判断问题。根据 NBER 的规则，在确立转折点时必须满足一些相应的规则。包括：周长至少 15 个月；如果峰带或谷带是平坦的，那么最后的那个值才能被选为转折点。从图 4－4 直观来看，无论是采用 HP 滤波还是采用一阶差分，毫无疑问 1991 年是中国房地产需求周期的一个波谷，1997 年是另一个波谷，2008 年是一个新的波谷。这种判断是基于图示的主观判断，为了避免主观判断可能存在的任意性，我们采用第二章的谱分析方法来分析中国房地产需求周期，经过 HP 滤波处理后的房地产销售面积谱密度如图 4－5 所示。从图 4－5 可以明显看出，房屋销售面积的谱密度值在 6 年左右达到峰值。可见，中国房地产需求周期在 6 年左右。

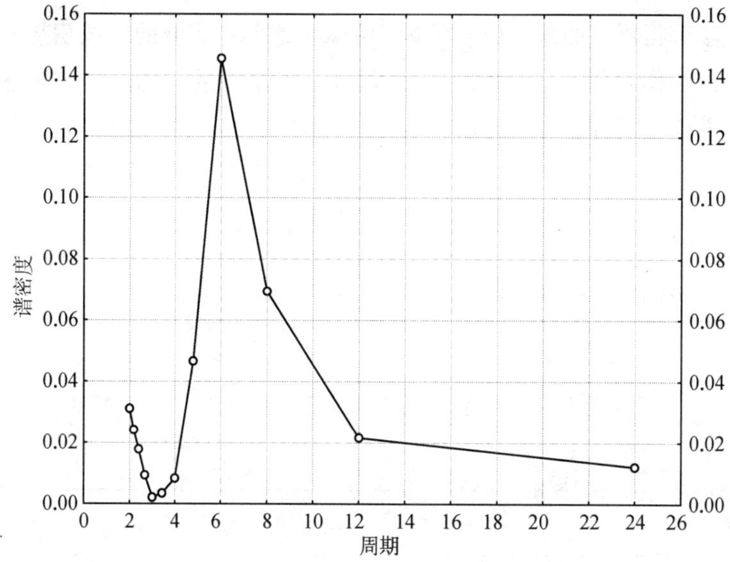

图 4－5　房地产需求周期的谱密度

运用第二章的调和分析方法，对这种 6 年左右的房地产需求周期进行验证，结果如表 4-2 所示。调和分析的回归结果表明，所有回归系数都是显著的。这表明确实存在 6 年左右的房地产需求周期。

表 4-2 房屋销售面积的调和分析结果

	周期=5	周期=6
C	7.59*** (0.061)	7.577*** (0.057)
T	0.173*** (0.005)	0.175*** (0.004)
Sin(2πT/周期)	0.041 (0.046)	0.092 (0.042)**
R^2	0.985	0.988

注：** 和 *** 分别表示通过 5%和 1%的显著水平检验。

根据谱密度分析所获得的先验周期长度，再运用 BP 滤波的方法获得周期曲线。以 6 年为中心，对经 HP 滤波的中国房屋销售面积作对称带宽的 BP 滤波，获得 6 年左右的中国房地产需求周期曲线，如图 4-6 所示。

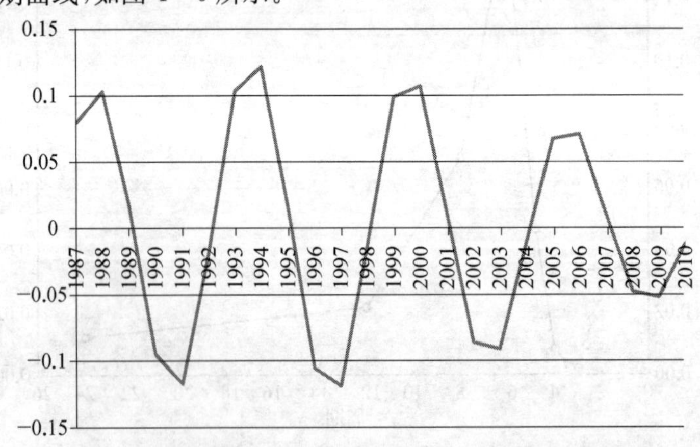

图 4-6 6 年左右的中国房地产需求周期(1987—2010)

根据谷—谷的划分方法，在分析期内存在 5 个周期（见表 4-3）：第一个周期，？—1991；第二个周期，1992—1997 年是一个完整的周期；1998—2003 年是第三个周期；2004—2009 年是第四个周期；从 2010 年开始新一轮周期。

表 4-3　6 年左右的房地产需求周期划分

	起止时间	峰	谷
周期 1	？—1991	1988	1991
周期 2	1992—1997	1994	1997
周期 3	1998—2003	2000	2003
周期 4	2004—2009	2006	2009
周期 5	2010—	？	

（二）房地产需求周期与房地产开发投资周期的关联性分析

在常见的关联性分析中，有图示法即 NBER 转折点标准、动态相关系数法、格兰杰非因果检验以及交叉谱分析方法。在此，对几种关联性分析方法，简单做一个介绍。

NBER 转折点标准是一种非常直观且简单的分析技术，它通过观察两个时间序列转折点所对应的时间先后次序来判断两个序列的领先—滞后关系。

动态相关系数计算公式为：

$$p(j) = [\text{cov}(x_t,\ y_{t+j})]/[\sigma(x_t)\sigma(y_{t+j})],\ j = 0,\ 1,\ 2\cdots$$

其中，$\text{cov}(x_t,\ y_{t+j})$为两个时间序列的协方差。通过计算动态相关系数，我们可以评估整个时期内两个时间序列之间的相关程度，并能够判断序列 A 领先（或滞后）于序列 B。通过动态相关系数，还可以大致看出领先—滞后的具体期限。比如说，如果一个序列 A 与另一个序列 B 的滞后 3 期的相关系数最大，那我们可以认为序列B是序列A的领先指标,领先时间为3期。相反,如果与序列B的领先3期的相关系数最大,那我们可以认为B是序列A的滞后指标,滞后时间为3期。

对于格兰杰非因果检验来说,考虑如下回归方程,其中 x, y 皆为平稳时间序列。

$$x_t = \sum_{j=1}^{m} a_j x_{t-j} + \sum_{j=1}^{m} b_j y_{t-j} + \varepsilon_t,$$
$$y_t = \sum_{j=1}^{m} c_j x_{t-j} + \sum_{j=1}^{m} d_j y_{t-j} + \eta_t$$

根据回归结果,如果 x 方程中 y 滞后项的系数 b 统计上显著不为0,而 y 方程中 x 滞后项的系数统计上为0,则表明存在从 y 到 x 的单项因果关系;如果 x 方程中 y 滞后项的系数 b 在统计上为0,而 y 方程中 x 滞后项的系数在统计上显著不为0,则表明存在从 x 到 y 的单向因果关系。如果两个回归方程中 y 的滞后项和 x 的滞后项都显著不为0,则表明存在双向的因果关系。很多实证研究将其看做是因果关系检验的有力武器。其实从Granger因果关系的定义来看,如果 x 是 y 的Granger原因,那只是表示 x 过去的信息有助于预测 y,也就是说 x 是 y 的领先指标。但是Granger领先—滞后检验对滞后阶数的变动往往很敏感,不同的滞后阶数往往导致不同的结论。一般的处理方法是通过构建VAR模型,然后看不同滞后阶数中VAR模型的稳定性。

如表4-4所示,房地产需求周期与房地产开发投资周期的当前相关系数达到最大值,这表明房地产需求周期与房地产开发投资周期之间不存在领先—滞后关系。但是需要说明的是,这并不表明我们证伪了房地产市场的供给往往滞后于需求的特征,因为供给滞后于需求指的是房地产开发的年限较长,往往在短期内不能形成有效供给。而且,房地产开发投资总额能否完全代表房地产供给是有疑问的，因而验证房地产市场需求周期与房地产开发投资周期的关联性还需要更多的经验研究。

表 4-4　需求周期与供给周期的动态相关系数

期限	0	1	2	3	4	5	6	7	8
滞后	0.673	0.309	−0.230	−0.558	−0.393	−0.026	0.130	0.116	0.013
领先	0.673	0.470	−0.139	−0.488	−0.449	−0.104	0.155	0.208	0.171

(三) 房地产需求周期与宏观经济周期的关联性分析

通过 Granger 非因果关系检验来确定房地产需求周期与宏观经济周期的领先—滞后关系。如表 4-5 所示，检验结果表明，在最低为 5%显著水平上，可以拒绝总产出周期不是房地产周期变动的格兰杰原因。也就是说，宏观经济的基本面即总产出周期是中国房地产需求周期波动的领先指标。

表 4-5　房地产需求周期与总产出周期的 Granger 非因果关系检验

原　假　设	F 统计量	P 值
总产出周期不是房地产需求周期变动的原因	4.805 39	0.022 17
房地产需求周期不是总产出周期变动的原因	1.010 77	0.387 49

四、结论

本章从需求层面研究了中国房地产周期波动。由于数据的限制，无法进一步考察区域层面的房地产需求周期波动，并比较区域差异。本章主要有以下三点结论。

(1) 高速的收入增长、人口增长和人口结构的变化以及金融支持是促使中国房地产需求增长的主要因素。根据实证分析，收入和房价预期显著地推动房地产需求增加，而房价对房地产需求产生负的影响，符合需求定律。

（2）采用 HP 滤波的方法，并辅之以一阶差分，构造房屋销售面积的周期序列并作为中国房地产需求周期的衡量指标，经过谱分析和调和分析，发现中国存在 6 年左右的房地产需求周期。

（3）采用动态相关系数和 Granger 非因果关系检验方法，研究了房地产需求周期与房地产开发投资周期以及总产出周期的关联性。结果发现，房地产需求周期与房地产开发投资周期的联动紧密，具有一致性；而总产出周期的变动领先于房地产需求周期，这在某种程度上证实了房地产周期的冲击—反应假说。

第五章　房地产价格周期：动态变化和区域差异分析

一、引言

房地产周期波动现象发生时，房地产价格的波动是最直观也是最重要的。房价波动，不仅直接影响到居民财富的变化，还会影响到房地产投资和作为抵押物的财产的价值的变化，进而关系到金融市场的安全和实体经济的稳定。因此，对房地产价格周期的研究，不仅是房地产周期波动研究的核心问题，也对宏观经济政策的制定具有指导意义。

本书第二章讨论的关于房地产周期的一些理论模型，可以从不同角度来解释房地产价格周期。关于房地产价格周期产生的原因分为两类：一类是认为房地产市场的某些独特特征，如供给的滞后性，导致类似蛛网模型的价格周期。亨得肖特（Hendershott，1994）和麦克法兰（MacFarlane，1998）指出，由于“近视”预期可能会引起对资产价格的高估。当房价的上涨快于重置成本的增速，开发商会基于目前的价格决定新的投资水平。然而新投资的完成需要一段时间，当新的供给完工时，市场的需求可能会下降，结果出现过度供给，导致房价下降。另一类观点将房地产价格周期波动的来源归结为房地产市场之外，例如房地产市场的冲击—传导模型认为，由于收入、人口结构、投机行为以及观念的变动，都会产生房价的周期性变化。哥特莱伯（Gottlieb，1976）的研究表明，房地产价格的变化与宏观经济发展水平相关程度较高，从长期趋势看两者的变化是同步的。曼昆和威尔(Mankiw & Weil, 1989)对美国20世纪70年代真实住宅价格的上升进行了研究，他们指出人口的变化是影响房地产价格的重要因素，二战后生育高峰阶段出生的一代人进入购房阶段是导致该时期房屋价格上涨的重要原因，而在生育低谷阶段出生的一代人将在20世纪90年进入购房阶段，这将导致住宅价格的下降。而同一时期的凯斯和希勒(Case & Shiller, 1990)选取了1970—1986年美国四大都市区域的季度数据，采用时间序列截面回归分析方法，以居民消费价格指数、就业、人口、居民个人收入、人口相关指标、建筑成本指数为解释变量进行了相关分析，结果表明成年人口的变化以及人均真实的收入变化与该时期房地产的价格有着非常强的正相关关系。波特巴(Poterba, 1991)选取美国1980—1990年间39个城市的年度数据，采用时间序列截面回归的方法，以建筑成本、人口因素和收入作为解释变量进行了相关分析，他认为真实的收入和建筑成本的变化是影响住宅价格的重要因素，而人口并不是影响价格的因素。而奎格利(Quigley, 1999)选取1986—1994年间美国41个大都市区域的年度数据，采用面板数据，以就业、收入、居民和出租住宅空置率、总人口、家庭数、住宅开工量、住宅建设许可数为解释指标进行了相关研究，他的研究结论是经济基本面的相关指标可以解释房地产价格的走势，但是从短期看经济基本面却不能解释太多的房地产价格。高波、洪涛(2008)利用1999—2005年间31个省(市、区)的面板数据对中国住宅市场的羊群行为进行实证检验，结果表明中国住宅市场具备了羊群行为产生并迅速扩散的条件，在住宅市场繁荣的地区，住宅交易量增长与住宅价格上涨相互促进，存在显著的羊群行为特征。

本章的第二部分是从整体上对中国房地产价格周期的分析。第三部分首先使用空间计量经济学的方法对35个大中城市房价的空间相关性进行探讨；在确认空间相关的基础上，从 35 个城市中选取 20 个城市，采用 Kolmogorov-Smirnov 统计量对 20 个大中城市房地产价格的周期性进行实证检验；最后引入交叉谱分析技术对 18 个大中城市房地产价格周期波动的关联性和领先—滞后关系做出分析。第四部分是本章的结论。

二、中国房地产价格周期分析

(一) 决定中国房价走势的因素分析

由于中国房地产数据统计起步较晚，目前可获得并能用于房地产周期波动研究的房地产价格数据是商品房年平均销售价格，时间区间为 1987—2010 年(见图 5－1)。如图 5－1 所示，1987 年以来，中国商品房年平均销售价格总体上呈波动向上态势。那么，是什么因素导致了房价的持续上涨？下文将对这个问题做出回答。

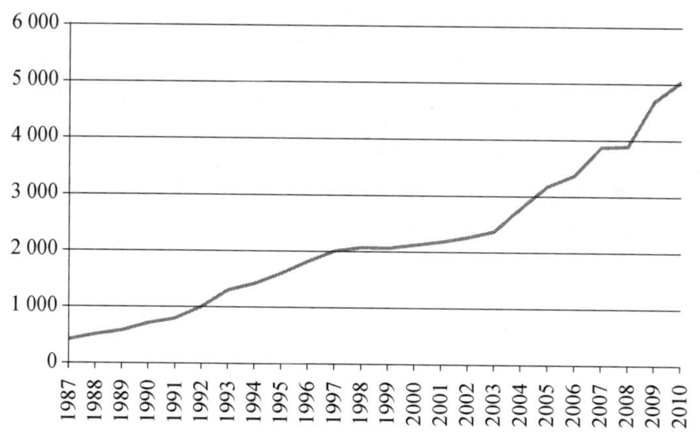

图 5－1　1987—2010 年中国商品房年平均销售价格(单位：元/平方米)

数据来源：国家统计局，2010：《中国统计年鉴》，中国统计出版社；国家统计局，《中国统计月报》2011 年 2 月。

假定房地产价格是由房地产需求和房地产供给相互作用的结果，可以表示为：

$$P_h = \mathrm{f}(D, S) \tag{5.1}$$

其中，P_h 表示房地产价格；D 和 S 分别表示房地产需求和房地产供给的数量。根据缪尔鲍尔和墨菲(Muellbauer & Murphy, 1997)的建模思路，房地产需求可以表示为：

$$D/pop = \mathrm{f}(y, \mu, E) \tag{5.2}$$

其中，pop 为人口；y 表示人均收入；μ 为资本的使用成本（当购买住房时，表现为住宅使用成本），E 为影响房地产需求的其他因素，如消费者预期、市场结构、信贷供给、利率水平等。

米什金(Mishkin, 2007)认为资本的使用成本是住房资本需求的重要决定因素。而货币政策通过利率变动对房地产需求产生直接影响，主要是通过改变资本使用成本来进行的。资本使用成本(uc)可以写成：

$$uc = P_h[(1-t)i - \pi_h^e + \delta] \tag{5.3}$$

其中，i 为银行贷款利率；π_h^e 为预期房价增长率；δ 为折旧率；t 为边际税率。如果考虑到通货膨胀因素，资本使用成本包含三个部分：其一是真实的税后利率；其二是房地产价格的真实增长率；其三是折旧率。(5.3)式改写为：

$$uc = P_h[\{(1-t)i - \pi^e\} - (\pi_h^e - \pi^e) + \delta] \tag{5.4}$$

可见，实际税后利率越高，房地产价格的实际预期增值率越低，资本使用成本越高；反之，资本使用成本越低。但在真实的房地产市场中，难以准确刻画住宅的使用成本，例如，个人住宅抵押贷款利息支出会受到未来通货膨胀率、货币政策等的影响；住宅价格的增值则受到未来住宅价格变化的影响，而这些都是无法准确预测的。不过可以肯定的是，资本使用成本是利率的增函数，是房地产价格变动率的减函数。结合(5.1)和(5.2)式，就可以给出房地产需求的对数化形式，其中 y 表示收入，r 表示利率：

$$\ln D = \alpha_0 + \alpha_1 \ln y + \alpha_2 \ln P_h + \alpha_3 \ln r + \varepsilon \qquad (5.5)$$

根据缪尔鲍尔和墨菲、奎格利给出的房地产供给方程，可以得到房地产供给函数：

$$S = s(P_h, vac, const, F) \qquad (5.6)$$

其中，vac 表示空置率；$const$ 表示开工率；F 表示影响房地产供给的其他因素，如开发商预期、市场结构、信贷供给、利率水平等。

考虑到当前中国房地产市场仍以增量市场为主导，在增量市场中，房地产开发商的土地购置、住房的开发与建筑离不开资金的支持，信贷供给是一个重要的解释变量。对数化房地产供给方程为（其中 $loan$ 表示信贷规模）：

$$\ln S = \beta_0 + \beta_1 \ln loan + \beta_2 \ln P_h + \beta_3 \ln F + \varepsilon \qquad (5.7)$$

结合房地产需求方程和供给方程，并考虑数据的可得性和中国国情，我们采用(5.8)式作为房地产价格的决定方程。其中，inc 表示城镇居民人均可支配收入；$rate$ 表示利率；cc 表示建筑成本；pop 表示城市人口；cpi 表示物价指数。

$$\ln P_h = \beta_0 + \beta_1 \ln inc + \beta_2 rate + \beta_3 \ln cc + \beta_4 \ln pop + \beta_5 \ln cpi + \varepsilon \qquad (5.8)$$

上述实证方程有一个非常麻烦的问题是存在共线性，很明显，收入和货币供应量以及建筑成本都是相关的。根据简单的货币需求理论，货币需求是收入的增函数，是利率的减函数。而且随着收入的增长，建筑成本也会随之增加。考虑到共线性问题和时间跨度问题，我们放弃了时间序列数据转而采用面板数据做实证检验。样本范围是中国 30 个省市自治区的省会城市（因数据原因，不包括拉萨),时间跨度为2000—2010年。因变量为统计年鉴中公布的城市房屋销售价格,自变量包括城镇居民人均可支配收入(*inc*)、城市人口(*pop*)、建筑成本(*cc*)、利率(*rate*)、各城市的人均财政支出(*public*)和居民消费价格指数(*cpi*)。在实证方程中,收入变量理应采取恒常收入而不是简单的即期人均可支配收入。但由于恒常收入很难直接获取,而且在考虑流动性制约下,银行的贷款数额往往是直接根据消费者的即期收入决定的。因此,我们直接用城镇居民人均可支配收入代替。建筑成本数据采用不包括拆迁和土地成本在内的房屋造价代替,由于无法获得这些城市的建筑成本数据,使用各省市自治区的平均建筑成本代替。利率采用3—5年期的贷款利率计算。除了分析名义变量外,还分析了实际变量。在实际变量处理中,除人口总量外,其他变量包括因变量都用各城市的*cpi*加以平减。需要说明的是,建筑成本平减指数的更为合理的选择是资本形成价格指数或各城市固定资产投资价格指数。另外,人口总量是各城市的户籍人口而非常住人口。计量检验结果,如表5-1、表5-2以及表5-3所示。

表5-1 名义房价的决定因素:静态面板估计

	混合估计(1)	随机效应估计(2)	固定效应估计(3)	截面异方差修正(4)
C	−0.298 (0.451)	−0.732 (0.53)	−1.786** (0.765)	−0.61*** (0.296)
inc	0.559*** (0.091)	0.485*** (0.106)	0.433*** (0.117)	0.674*** (0.063)
pop	0.053** (0.021)	0.083** (0.040)	0.187* (0.108)	0.045*** (0.015)
cc	0.300*** (0.064)	0.375*** (0.085)	0.371*** (0.099)	0.237*** (0.040)

续　表

	混合估计(1)	随机效应估计(2)	固定效应估计(3)	截面异方差修正(4)
public	0.163*** (0.033)	0.116*** (0.039)	0.094** (0.047)	0.128*** (0.023)
cpi	−0.258 (0.251)	0.081 (0.301)	0.397 (0.378)	−0.256 (0.159)
rate	−0.053** (0.023)	0.01 (0.041)	0.131** (0.064)	−0.053*** (0.014)
		$\chi^2(1)=$ 149.88**	$F(29, 294)=$ 6.84***	
		Hausman：$\chi^2(6)=12.21$*		
R^2	0.80		0.79	

注：*C* 为截距项，***、**、* 分别表示在 1%、5% 和 10% 的水平上显著；( ) 内的值为估计系数的标准差。

表 5-2　实际房价的决定因素：静态面板估计

	混合估计(1)	随机效应估计(2)	固定效应估计(3)
C	−0.474 (0.472)	−0.704 (0.479)	−1.399** (0.623)
inc	0.497*** (0.075)	0.499*** (0.086)	0.474*** (0.105)
pop	0.055** (0.019)	0.081** (0.039)	0.230** (0.104)
cc	0.300*** (0.065)	0.375*** (0.084)	0.388*** (0.099)
public	0.177*** (0.033)	0.116*** (0.040)	0.101** (0.046)
rate	0.008 (0.007)	−0.004 (0.008)	−0.004 (0.008)

续 表

	混合估计(1)	随机效应估计(2)	固定效应估计(3)
		$\chi^2(1)=162.43^{***}$	$F(29,295)=6.86^{***}$
		Hausman：$\chi^2(5)=7.95$	
R^2	0.76		0.71

注：C为截距项，***、**、*分别表示在1%、5%和10%的水平上显著；( )内的值为估计系数的标准差。

表5-3 房价的决定因素：动态面板估计结果

	名义房价一步法(1)	名义房价两步法(2)	实际房价一步法(3)	实际房价两步法(4)
C	−0.568 (1.151)	−0.872 (0.569)	−1.716*** (0.761)	−0.541** (0.216)
$l.P_h$	0.229*** (0.057)	0.232*** (0.024)	0.227*** (0.057)	0.237*** (0.02)
inc	0.326*** (0.134)	0.348*** (0.062)	0.399*** (0.115)	0.415** (0.069)
pop	0.302** (0.152)	0.302*** (0.082)	0.310** (0.152)	0.288*** (0.075)
cc	0.300*** (0.064)	0.162*** (0.029)	0.200* (0.112)	0.191*** (0.028)
public	0.092* (0.048)	0.067** (0.033)	0.103** (0.046)	0.088*** (0.027)
cpi	0.565 (0.437)	0.576*** (0.127)		
*rate*1	−0.114 (0.111)	−0.063 (0.064)		
*rate*2			0.013 (0.009)	0.011*** (0.002)

续　表

	名义房价 一步法(1)	名义房价 两步法(2)	实际房价 一步法(3)	实际房价 两步法(4)
	Sargan= 93.052 21 *Prob*=0.363 5	*Sargan*= 26.912 22 *Prob*=1.000 0	*Sargan*= 95.136 17 *Prob*=0.308 7	*Sargan*= 27.804 94 *Prob*=1.000 0
AR(1) *AR*(2)		−1.736 2 [0.082 5] 0.810 85 [0.417 5]		1.876 8 [0.060 5] 1.206 [0.227 8]

注：*C* 为截距项，*rate*1 表示名义利率，*rate*2 表示实际利率；***、**、* 分别表示在 1%、5%和 10%的水平上显著；( )内的值为估计系数的标准差，[ ]内为 *p* 值。

如表 5－1 所示，从名义房价的估计结果来看，随机效应和固定效应估计结果都优于混合估计，进一步采用 Hausman 在固定效应估计和随机效应估计中做出取舍，表明固定效应估计优于随机效应。最后进行截面异方差检验，卡方值为 1 558，这表明固定效应估计存在显著的截面异方差，采用 GLS 程序对异方差做出处理，结果如列(4)所示。总体来看，所有系数除 *cpi* 外，都是显著的。其中城镇居民人均可支配收入、城市人口、人均财政支出、建筑成本和名义利率高度显著。

从实际房价的静态面板估计结果来看，同样发现随机效应和固定效应估计结果优于混合估计，采用 Hausman 检验发现，随机效应结果优于固定效应，即表 5－2 列(2)的结果。结果表明，实际利率对实际房价的影响并不显著，其他系数无论是大小还是显著性都与表 5－1 类似。

考虑房价的动态变化，进一步做动态面板估计，结果如表 5－3 所示。考虑到人均财政支出的内生性，在所有动态面板估计结果中，将人均财政支出作为内生变量，并同时给出了一步法和两步法的估计结果。实证分析表明，滞后一阶的房价($l.P_h$)对当前的房价具有显著的正面影响。除此之外,城镇居民人均可支配收入、城市人口、建筑成本、人均财政支出对房价的影响也是正面的。就名义房价而言,一旦考虑到房价的动态性,名义利率的影响就不显著了,这一点与表 5 - 1 列(4)的结果有所不同。就实际房价而言,利率不显著或显著为正值,这与静态面板估计结果表 5 - 2 列(1)相似。可见,影响房价的因素是城镇居民人均可支配收入、城市人口、上一期的房价、建筑成本和人均财政支出等。由于上一期的房价的高度显著性,这表明中国房价的决定存在基本面以外的因素。如预期和心理因素等。需要特别说明的是,由于数据搜集的困难,上述模型中未能加入货币供应量等变量,根据我们的相关研究,货币供应量和房地产开发投资也是房地产价格的重要决定因素。

(二) 房价的自回归模型与体制转换模型

假定房价上涨率服从如下体制转换自回归模型:

$$y_t - \mu_{s_t} = \varphi_1(y_{t-1} - \mu_{s_{t-1}}) + \varphi_2(y_{t-2} - \mu_{s_{t-2}}) + \varepsilon_t \quad (5.9)$$

式(5.9)中,y_t 表示 t 时期的实际房价上涨率;s_t 表示不可观察的状态变量,其取值 0 或 1,$s_t = 1$ 表示房价处于高速上涨状态,$s_t = 0$ 表示房价处于低速上涨或收缩状态;μ_{s_t} 表示 t 时期当房价处于状态 s_t 时 y_t 的条件均值;ε_t 为模型的随机扰动项。模型对 s_t 的变动引入一阶的 Markov 概率转移机制,房价所处的状态之间的转换只与其前一期房价所处状态有关,即 s_t 的取值只与 s_{t-1} 有关,并且由 s_{t-1} 到 s_t 的转变是依据一定概率变化,即:

$$pr[s_t = 0 \mid s_{t-1} = 0] = P_{00},\ pr[s_t = 1 \mid s_{t-1} = 0] = P_{01}$$
$$pr[s_t = 0 \mid s_{t-1} = 1] = P_{10},\ pr[s_t = 1 \mid s_{t-1} = 1] = P_{11} \quad (5.10)$$

首先,从表 5 - 4 可以看到,在 1987—2010 年的 24 年中,名义房价的上涨率在高速增长状态下的条件均值为 18.231%,紧缩状态下的条件均值为 5.283 4%，这表明中国的房地产价格周期是一种增长型周期。在 1%的显著性水平上通过检验。σ_ε 表示模型中即式(5.10)中 ε_t 的标准差，其值为 3.581%。0.934 2/ 7.794 5 表示考虑到异方差后，不同体制下残差的标准差，即模型对这段时间数据拟合残差的标准差。结合这段时间扩张和紧缩状态下房价上涨率的条件均值来进行分析。当房价处于紧缩状态，其条件均值为 5.283 4%，其波动的标准差为 1.255 3%，一个标准差的波动区间为 4%—6.53%。在高速增长状态下房价上涨率的条件均值为 18.231%，其波动的标准差为 2.665 8%，一个标准差的波动区间为 15.6%—20.9%。从不同状态下房价上涨率的条件均值的波动区间差别上可以看出，中国房价上涨率基本上波动区间位于零之上，反映出房价上涨率的增长型周期波动。

表 5-4　模型参数估计结果

参　　数	*MSM*(2)−*AR*(2)	*MSMH*(2)−*AR*(2)
μ_0	4.615(7.118 5)	5.283 4(1.255 3)
μ_1	17.318 5(6.788 5)	18.231 0(2.665 8)
φ_1	0.625 9(0.133 4)	−0.075 4(0.095 6)
φ_2	0.133 2(0.137 3)	0.655 1(0.072 2)
σ_ε	3.581 0	0.934 2/ 7.794 5
P_{00}	0.703 6	0.622 0
P_{11}	0.367 3	0.761 0
P_{01}	0.269 4	0.378 0
P_{10}	0.632 7	0.239 0
对数似然值	−62.452 2	−65.658 9
AIC 值	7.310 8	7.014 9

注：( )内为标准差。

其次,模型中 P_{00} 和 P_{11} 分别表示房价上涨的状态从低速增长到高速增长的机制转换概率。从估计结果中我们看到:如果不考虑不同体制的异方差,如果当前期房价增长处于低速增长状态则下一期仍处于低速增长状态的概率约为 0.703 6,其低速增长的平均持续期为 $1/(1-P_{00})=3.3$ 年。如果当前期房价增长处于高速增长状态则下一期仍处于高速增长状态的概率约为 0.367 3,高速增长状态的平均持续期为 $1/(1-P_{11})=1.58$ 年。但如果考虑到异方差问题后,高速增长状态的持续期(平均为 4 年)就比低速增长的持续期要稍微长。

(三) 房地产价格周期的测度

从图 5-1 可看出,中国商品房年平均销售价格包含有明显的时间趋势。所以,首先要使用 HP 滤波对上述数据作去除趋势处理。在去除趋势的基础上,对经 HP 滤波的中国商品房年平均销售价格作谱密度分析以辨别其周期性。对中国商品房年平均销售价格做 HP 滤波处理得图 5-2,进而对所获得的波动系列作谱密度估计得图 5-3。

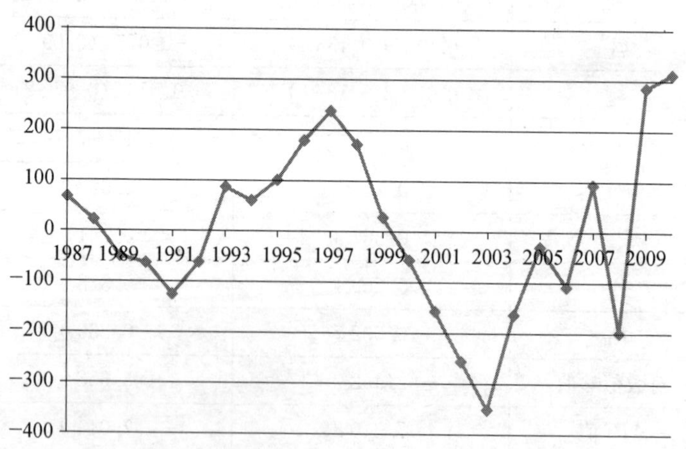

图 5-2 经 HP 滤波的中国商品房年平均销售价格

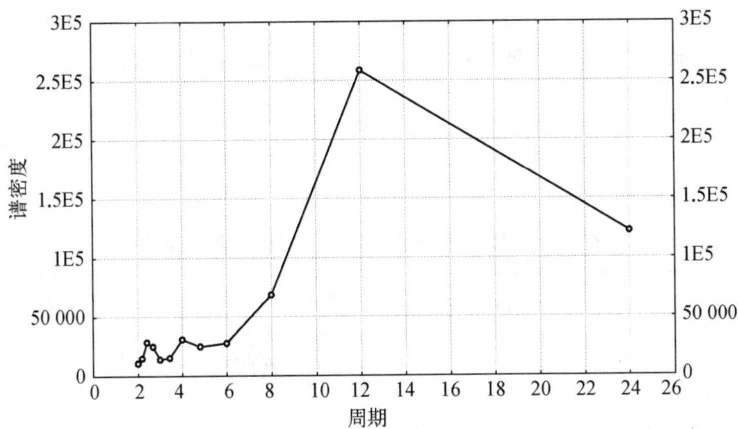

图 5－3　商品房销售均价波动的谱密度

从图 5－3 可见，去除趋势后的年平均销售价格系列谱密度图含有明显的谱峰，表明具有显著的周期性。其中除存在周期长度为 12 年的谱峰外，在周期长度 2—4 年的频率区间内存在隐含的次周期。

根据谱密度分析所获得的先验周期长度，再运用 BP 滤波的方法获得周期曲线。以 12 年为中心，对经 HP 滤波的中国商品房年平均销售价格作对称带宽的 BP 滤波，获得 12 年左右的中国房地产价格周期波动曲线，如图 5－4 所示。

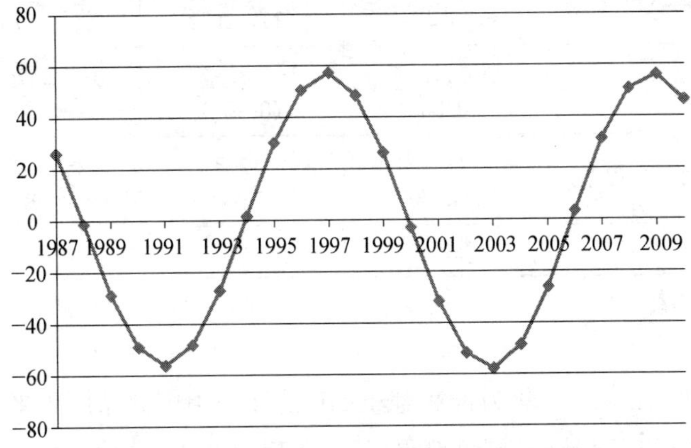

图 5－4　12 年左右的中国房地产价格中周期

注：BP 滤波带通宽度为（$P_L = 11$，$P_U = 13$）。

根据谷—谷的划分方法(见图 5－4),在分析期内存在 3 个中周期(见表 5－5):第一个周期,? —1991;第二个周期,1992—2003,是一个完整的周期;从 2004 年开始的新一轮周期,于 2009 年到达波峰,2010 年开始下降。

表 5－5　12 年左右中国房地产价格周期的划分

	上升期间	波　峰	下降期间	波　谷
周期 1		1987?	1988—1991	1991
周期 2	1992—1997	1997	1998—2003	2003
周期 3	2004—2009	2009	2010—	

除利用谱分析来测度我国商品房价格周期外,我们还可以通过第二章所述的调和分析来验证上述结论,估计结果如表 5－6 所示。调和分析再次确认了中国商品房价格的 12 年左右的周期。

表 5－6　中国房地产价格周期的调和分析

	周期＝11	周期＝12	周期＝13
C	140.291 (138.283)	240.857* (117.201)	232.298*** (113.776)
T	175.772*** (10.363)	166.871*** (8.905)	168.947*** (8.488)
Sin(2πT/周期)	−79.593 (104.639)	−284.087*** (87.179)	−285.620*** (82.975)
R^2	0.938	0.958	0.959

注:C 为截距项;***、**、* 分别表示在 1%、5%和 10%的水平上显著,( )内为标准差。

如果以 2—4 年为带宽对经 HP 滤波的中国商品房年平均销售价格作 BP 滤波,则可获得 2—4 年房地产价格周期曲线,如图 5－5所示。

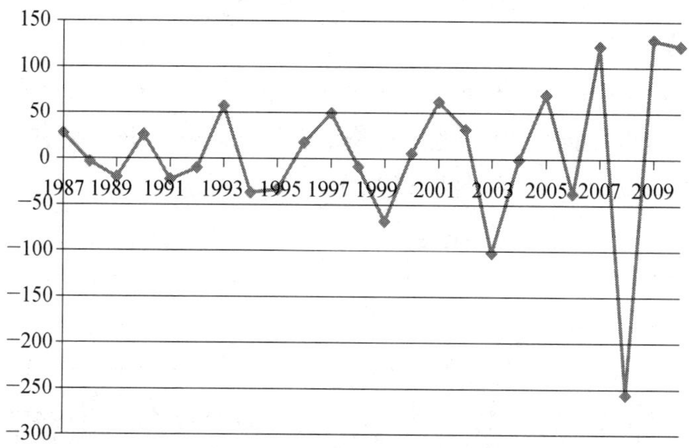

图 5-5　2—4 年的中国房地产价格短周期

注：系列 BP 滤波带通宽度为（$P_L = 2$，$P_U = 5$）。

根据波谷—波谷的划分方法（见图 5-5），分析期内存在 8 个短周期：第一个周期，？—1989 年；第二个周期，1990—1991 年；第三个周期，1992—1995 年；第四个周期，1996—1999 年；第五个周期，2000—2003 年；第六个周期，2004—2006 年；第七个周期，2007—2008 年；第八个周期，2009—？。其中有 6 个完整的周期。

（四）房地产价格周期与宏观经济周期的关联性分析

根据古德哈特和霍夫曼（Goodhart & Hoffman）对 16 个工业化国家 1980—2004 年的季度数据的实证研究，房地产价格周期和宏观经济周期之间存在密切关系，实际房价变化的转折点引导着经济周期的转折点，并提出货币冲击最初可能影响的是资产价格，因而房价波动有可能是 CPI 的预警器。亚科维耶洛（Iacoviello，2005）的实证研究表明房价的下降领先于 GDP 的下降。李亩（Leamer，2007）、根特和欧扬（Ghent & Owyang，2010）的研究表明，相对于住宅开工量而言，房价对总产出的领先性并不明显。伊甘等（Igan，2010）的实证研究表明，长期而言，房价周期领先于信贷周期和宏观经济周期，但在短期和中期存在国家差异。

我们利用1987—2010年的房地产价格、固定资产投资和CPI以及GDP数据，考察房地产价格的变动与这些变量之间的关系，如图5-6、图5-7和图5-8所示。

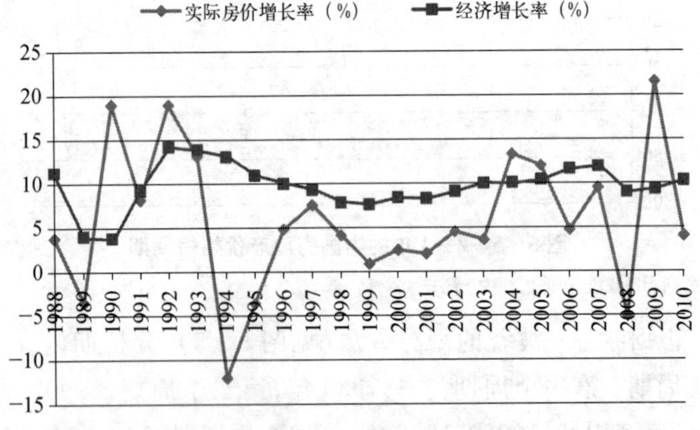

图5-6　1988—2010年中国房地产价格与总产出波动

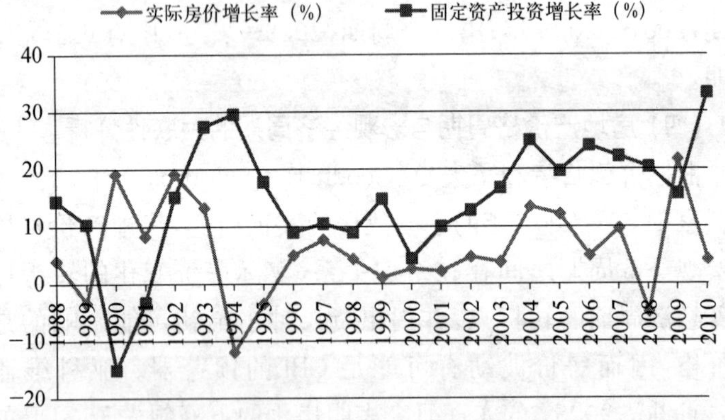

图5-7　1988—2010年中国房地产价格与固定资产投资波动

从图5-6来看，中国房地产价格并不存在领先于总产出周期的特征，采用Granger领先—滞后关系检验也确认了这一点（见表

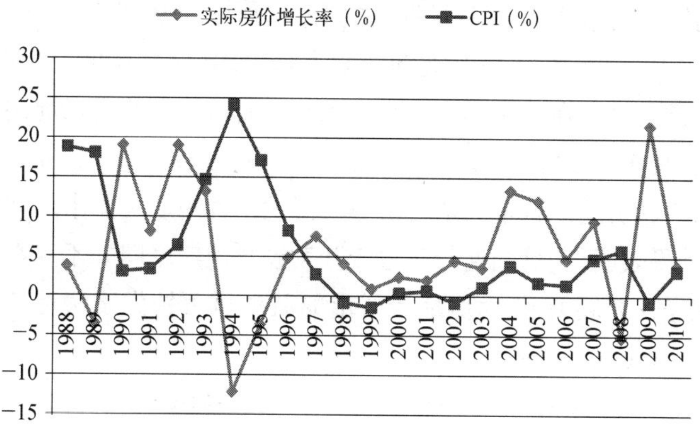

图 5－8　1988—2010 年中国房地产价格与 CPI 波动

5－7)。而从图 5－7 和图 5－8 以及 Granger 检验结果(表 5－7)来看,房地产价格波动领先于固定资产投资及 CPI。

表 5－7　房地产价格与总产出周期的 Granger 检验

原　假　设	*F* 统计量	*P* 值
房价周期不是总产出周期的 Granger 原因	1.122 70	0.349 73
总产出周期不是房价周期的 Granger 原因	2.140 45	0.150 06
房价周期不是固定资产投资周期的 Granger 原因	14.390 8	0.001 23
固定资产投资周期不是房价周期的 Granger 原因	2.357 29	0.141 18
房价周期不是 CPI 周期的 Granger 原因	10.066 3	0.001 48
CPI 周期不是房价周期的 Granger 原因	0.997 32	0.390 67

注：CPI 表示通胀;滞后阶数的选取根据所建立的 VAR 模型的稳定性而定。

(五) 房地产价格周期与房地产供给周期及需求周期的关联性分析

我们采用年度增长率来探讨房地产价格周期与房地产开发投

资周期及需求周期的关联性，如图5-9所示。从图5-9可以看出，在1998年之前，投资波动的幅度最大，其次是房屋销售面积，最后是房价。在1999年之后，房屋销售面积代表的需求周期振幅最大，其次是投资波动率，最后是房价。采用Granger领先—滞后关系检验房地产价格周期与房地产开发投资周期及需求周期的关系，结果表明，房价周期与房地产开发投资周期之间并不存在显著的领先—滞后关系，而房地产需求的波动显著领先于房地产价格的波动（见表5-8）。

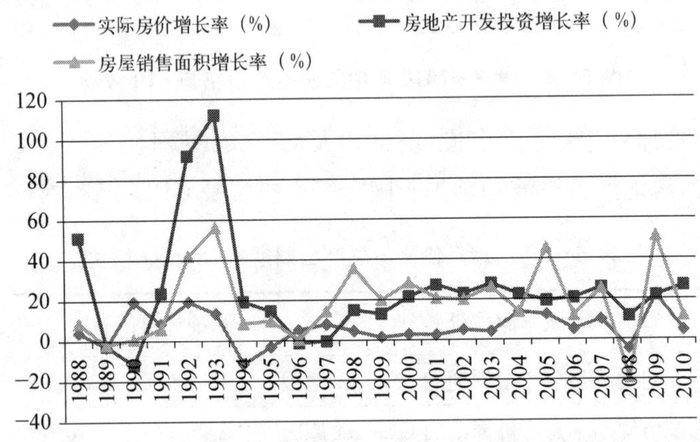

图5-9 房地产价格与房地产开发投资及房地产需求波动

表5-8 房地产价格周期与房地产开发投资周期及房地产需求周期的Granger检验

原 假 设	F统计量	P值
房地产开发投资周期不是房价周期的Granger原因	2.661 83	0.100 48
房价周期不是房地产开发投资周期的Granger原因	1.560 45	0.240 38
房地产需求周期不是房价周期的Granger原因	9.332 78	0.002 06
房价周期不是房地产需求周期的Granger原因	1.865 68	0.186 94

三、20个城市房地产价格周期的区域差异分析

(一) 房价空间相关的微观基础

在传统的房价分析方法中，一般是假设房价受到各个城市基本面因素以及宏观经济政策变化的影响，但是隐含的假设是不同城市间的房价不会彼此影响，这无疑是不符合现实的。在现实的房地产市场中，我们已见证了太多的城市间房价的联动现象(如图5-10所示)。这意味着必须改进传统的房价分析方法。一种观点认为，可以通过不同城市间的房价时间序列的相关系数乃至动态相关系数的计算直接确认房价的空间相关性。这种思路我们认为是不可取的。因为两个城市的房价会受到宏观经济政策的共同影响，这种共同影响下的相关性很有可能是一种"伪相关"。除非我们能证明不同城市间的房价确实存在联动的机制，否则直接计算相关系数是"乏理论"的。

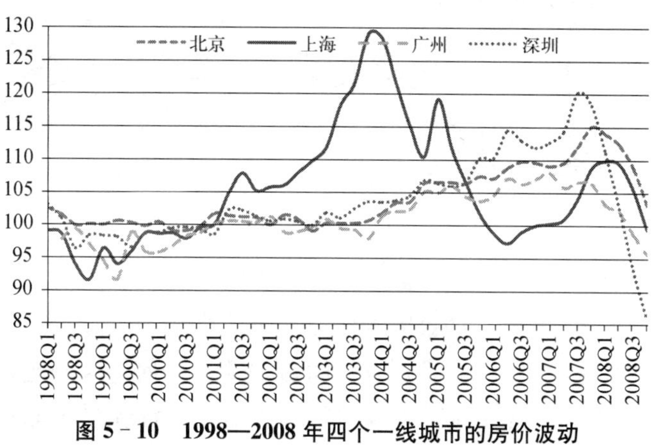

图5-10　1998—2008年四个一线城市的房价波动

假设消费者面对的商品向量 X 包含两类：一般消费品和住房，即 $X = X(x_g, x_h)$。消费者效用函数形式为：

$$U(x_g, x_h) = \alpha_1 \ln x_g + \alpha_2 \ln x_h, \quad 0 < \alpha < 1, x > 0 \quad (5.11)$$

x_g是消费性支出；x_h是购买住房面积；α_1 是消费品消费效用弹性；α_2 是住房效用弹性。效用函数是拟凹的。

我们假设商品市场是竞争性的并且可以完全流动(忽略运输成本)，这保证了在不同地区一般商品价格的一致。由于消费者在不同城市获得收入并不一致，这将使得在不同市场消费者面临不同的约束。假设有 A、B 两个城市，消费者的收入分别为y_A、y_B，再假设一般商品价格为 1，住房价格为 P_h，则预算约束分别为：

$$x_g + P_{h,A} \times x_h = y_A;\ x_g + P_{h,B} \times x_h = y_B$$

不难求得，消费者在实现均衡时，有如下购买行为，其中：

$$x_h = \frac{\alpha_2}{\alpha_1 + \alpha_2} \times \frac{y}{P_h},\ x_g = \frac{\alpha_1}{\alpha_1 + \alpha_2} \times y \tag{5.12}$$

代入效用函数，可得消费者的效用为：

$$U = \alpha_1 \ln \frac{\alpha_1}{\alpha_1 + \alpha_2} \times y + \alpha_2 \ln \frac{\alpha_2}{\alpha_1 + \alpha_2} \times \frac{y}{P_h} \tag{5.13}$$

继续得到：

$$\begin{aligned} U = {} & \alpha_1 \ln \alpha_1 + \alpha_2 \ln \alpha_2 - (\alpha_1 + \alpha_2) \ln(\alpha_1 + \alpha_2) + \\ & (\alpha_1 + \alpha_2) \ln y - \alpha_2 \ln P_h \end{aligned} \tag{5.14}$$

(5.14)式即为消费者的效用函数，从这个函数可以明显地看出，消费者的效用是收入的增函数，是房价的减函数。如何将这个效用函数与不同城市间房价的联动联系起来呢？假设消费者在不同城市间可以自由流动(这是一个极强的假设)，即消费者在不同城市间选择住房与收入以保证效用最大化，在均衡的情况下，我们可以预期，不同城市带给消费者的效用是无差异的。令 $\alpha_1 \ln \alpha_1 + \alpha_2 \ln \alpha_2 - (\alpha_1 + \alpha_2) \ln(\alpha_1 + \alpha_2) = \beta$，则有如下恒等式成立：

$$U = \beta + (\alpha_1 + \alpha_2)\ln y_A - \alpha_2 \ln P_{h,A}$$
$$= \beta + (\alpha_1 + \alpha_2)\ln y_B - \alpha_2 \ln P_{h,B} \quad (5.15)$$

将(5.15)式转化为：

$$\ln P_{h,A} = \frac{\alpha_1 + \alpha_2}{\alpha_2}\ln y_A - \frac{\alpha_1 + \alpha_2}{\alpha_2}\ln y_B + \ln P_{h,B} \quad (5.16)$$

从(5.16)式中，我们可以看到，两个城市的房价是相互影响的，A城市的房价不仅受到本地收入的影响，还受到B城市的收入和房价的影响。具体而言，A城市的房价是A城市居民收入的增函数，是B城市收入的减函数，同时B城市房价的上升会直接促使A城市房价的上升。这中间的机理是，在消费者可以无成本移动的情形下，如果其他条件不变，B城市收入的上升会促使消费者从A城市移居B城市从而降低A城市的房价；相反，如果B城市的房价上升，消费者会从B城市移居A城市从而提升A城市的房价。这样一来，传统的实证方法中假设不同城市间的房价互不影响是大有可疑之处的。正如空间计量经济学的领军人物安塞林和格瑞费(Anselin & Griffin, 1988)等人所言，在现实的经济地理研究中，许多涉及地理空间的数据，由于普遍忽视空间依赖性，其统计与计量分析的结果值得进一步深入探究。更可取的方法是在解释变量中增加其他城市的房价，目前的空间计量经济学已能处理这种空间相关问题，由于本研究用意并不在分析城市房价的决定因素，所以对此问题存而不论。

(二) 检验空间相关关系

在空间统计中，主要采用Moran指数来衡量空间数据的相关性，对于具有地理空间属性的数据，一般认为离得近的变量之间比在空间上离得远的变量之间具有更加密切的关系(Anselin & Getis, 1992)。*Moran's I* 指数的计算公式为：

$$Moran's\ I = n\sum_{i=1}^{n}\sum_{i=1}^{n}w_{ij}\ (y_i-\bar{y})(y_j-\bar{y})/$$
$$(\sum_{i=1}^{n}(y_i-\bar{y})^2\sum_{i=1}^{n}\sum_{j=1}^{n}w_{ij}) \qquad (5.17)$$

其中，y 表示第 i 个地区的观测值（如房价）；n 为地区总数；w 为空间权重矩阵，采用临近标准或距离标准，其目的是定义空间对象的临近关系。*Moran's I* 指数的变化范围为（-1, 1），如果房价不存在空间相关，则指数的期望接近于 0。当 I 取负值时，一般表示负的自相关；如果取正值，则表示存在正的空间相关。除了 *Moran's I* 指数外，一般还可以用 *Geary's C* 指数来衡量。其计算公式为：

$$Geary'C = (n-1)\sum_{i=1}^{n}\sum_{i=1}^{n}w_{ij}(y_i-y_j)^2/$$
$$2(\sum_{i=1}^{n}(y_i-\bar{y})\sum_{i=1}^{n}\sum_{j=1}^{n}w_{ij}) \qquad (5.18)$$

C 的取值范围是[0, 2]。完全空间随机过程的期望值 $C=1$。如果 $C<1$，表示存在正的空间自相关；$C>1$ 表示负的空间自相关。

本节选取中国 2000—2010 年间 35 个大中城市的数据来进行实证分析。之所以使用 35 个大中城市的数据来进行分析，是因为它们具有广泛的代表性。采用 35 个城市的数据主要是用来确认房价的空间相关性。在此基础上，再从中选取 20 个城市探寻其中的领先—滞后关系。房价的绝对数据来源为《房地产统计年鉴》，房价上涨率采用国家发改委发布的 1998—2008 年季度同比序列。房价波动数据采用国家统计局与国家发展改革委员会联合发布的房屋销售价格指数（季度）数据，数据区间为 1998 年 1 季度－2008 年 4 季度。数据区间之所以从 1998 年开始，一方面是由于中国住房分配货币化改革始于 1998 年；另一方面中国定期发布房价指数也始于1998年。

对35个样本城市，在空间权重矩阵的设置上我们采用基于距离的权重矩阵。各城市的经纬度坐标来自谷歌地球①。检验统计量为标准化的Z值。零假设是35个大中城市的房价观测值不存在空间相关，显著性水平可以由标准化Z值的p值来确定。如果p值小于给定的显著性水平（一般取值为0.05），则拒绝原假设，从而认定房价存在空间相关。当Z值为正且显著时，表明房价存在正的空间相关，即相似的观测值趋于空间集聚。当需要进一步考虑是否存在观测值的局部空间集聚，哪个区域单元对于全局空间相关的贡献更大，以及空间相关的全局评估在多大程度上掩盖了局部不稳定时，就必须应用局部空间相关分析，包括空间联系的局部指标、G统计、Moran散点图等。本节选择Moran散点图进行分析。Moran散点图常用来研究局部的空间不稳定性，对Wz和Z数据进行可视化的二维图示。其中Wz是相邻区域单元观测值的空间加权平均值，又称为空间滞后向量。Moran散点图中第一、三象限代表正的空间联系，第二、四象限代表负的空间联系。具体来说，第一象限代表了高观测值的区域单位为高值区域所包围（高高）；第二象限代表了低观测值的区域单元为高值区域所包围（低高）；第三象限代表了低观测值的区域单元为低值区域所包围（低低）；第四象限代表了高观测值的区域单元为低值区域所包围（高低）。据此可进一步认识空间分布规律。

选取2000—2010年中国35个大中城市房屋销售价格统计数据，采用自然对数变换方式以减小变幅，然后进行*Moran's I*指数和*Geary's C*的计算，结果如表5－9所示。检验建立在正态分布

---

① 在距离的临界值选取上经过多次试算，确保每个城市都有临近观测值，由于乌鲁木齐与其他任何一个城市的距离都很远，我们删除了这个城市，所以实际只有34个城市。选用的计算软件包为stata中的spatwmat。

假设之上，各年份的统计量相当显著。这表明 35 个大中城市表现出相似值之间的空间集聚，即具有较高房价的城市相对地趋于和较高的城市相邻，较低的城市则趋于和较低的城市相邻。

表 5－9　2000—2010 年 35 个大中城市房价的 *Moran's I* 指数和 *Geary's C* 指数

年份	*Moran's I*	*Z*	*p* 值	*Geary's C*	*Z*	*p* 值
2000	0.208	1.907	0.028	0.766	−1.73	0.042
2001	0.125	1.442	0.075	0.990	−0.065	0.474
2002	0.247	2.21	0.014	0.718	−2.098	0.018
2003	0.224	2.025	0.021	0.719	−2.090	0.018
2004	0.288	2.525	0.006	0.679	−2.406	0.008
2005	0.308	2.651	0.004	0.656	−2.607	0.005
2006	0.35	2.978	0.001	0.622	−2.874	0.002
2007	0.344	2.957	0.002	0.622	−2.842	0.002
2008	0.263	2.325	0.01	0.706	−2.199	0.014
2009	0.377	3.207	0.001	0.578	−3.177	0.001
2010	0.53	4.174	0.000	0.472	−3.838	0.000

进一步考察 Moran 散点图，如图 5－11 所示，当 W 为行标准化的空间权重矩阵时，此时 *Moran's I* 指数即为 Wz 对于 z 的线性回归斜率。为节省篇幅，本节只给出了 2007 年的 Moran 散点图。从图 5－7 可以看出，大多数城市位于第一、三象限内。其中东部沿海城市如上海、广州、深圳、南京、宁波、大连、天津、福州、厦门等城市位于第一象限，这些城市都是我国房价相对较高的地区，通常这些城市的周围也是房价较高的城市；而银川、西宁、兰州、昆明、贵阳、西安等西部城市位于第三象限，表明这些房价相对较低的城市被房价同样相对较低的城市围绕；其他部分城市主要是一些中部城市如合肥、南昌、石家庄等位于第二象限；北京是唯一位于第

四象限的城市。进一步检验局部的 *Moran's I* 指数，发现东部城市中的上海、杭州、宁波、厦门、广州、深圳在 1%的水平上显著，福州在 10%的水平上显著，南京的显著性水平略微超过 10%；西部城市中的西宁、银川在 1%的水平上显著，兰州和乌鲁木齐在 10%的水平上显著。结合 Moran 散点图，我们可以断定，长三角（上海、南京、杭州、宁波等）和珠三角的城市（广州、深圳）的房价趋于空间集聚，同时，西部房价相对较低的城市中，房价趋于在西宁、银川等城市集聚。

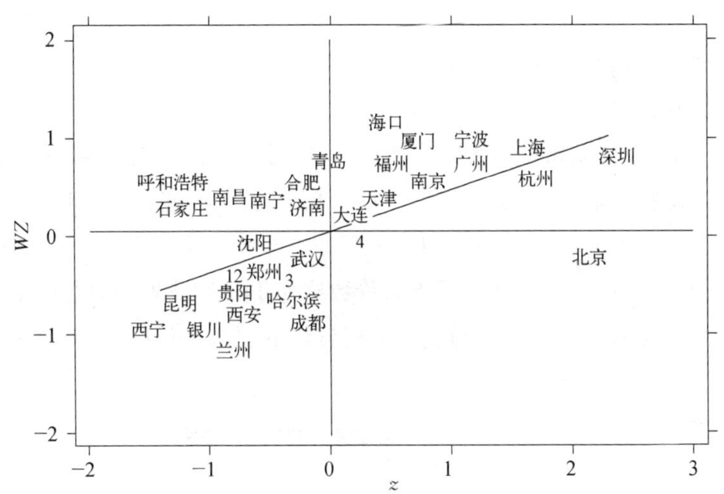

注：1 表示重庆；2 表示长沙；3 表示长春；4 表示太原。

图 5-11　2010 年 35 个大中城市房价的 Moran 散点图（*Moran's I*＝0.530）

（三）检验城市房价的周期性

对城市房价的波动是否具有周期性可以根据其数学分布特征来判定，常用的周期性检验统计量有 Fisher's Kapper 统计量和 Kolmogorov－Smirnov 统计量。其中 Fisher's Kapper 统计量 $= m \times \mathrm{Max}(J_k)/\mathrm{Sum}(J_k)$。其中 J_k 为平稳时间序列的周期图，它为傅氏频率 k 的函数，该统计量可以用来检验周期图 J_k 的最大值是否可以被认为显著异于J_k的均值。如果时间序列具有周期性，在不同的傅氏频率k下应有不同的J_k期望值。Kolmogorov - Smirnov统计量则为标准化的累积周期图与标准均匀分布随机变量(0, 1)累积分布函数的最大绝对差，标准化的累积周期图为：$s^2 = \sum_{k=1}^{j} J_k / \sum_{k=1}^{m} J_k$，$j = 1, 2, \cdots, m-1$；$m = n/2$（$n$为偶数）或者$m = (n-1)/2$（$n$为奇数），其中$n$为时期数目。Kolmogorov - Smirnov统计量检验的临界值为$a\sqrt{1/(m-1)}$，其中在5%和1%的显著水平上a分别为1.36和1.63。这两个检验的原假设为被检验的序列是白噪声序列，如果原假设被接受，表明被检验的序列不具有显著的周期性。

从35个城市中选取20个城市，对房地产价格的周期性进行实证检验。这些城市是上海、南京、杭州、宁波、北京、天津、石家庄、沈阳、大连、济南、青岛、广州、深圳、郑州、武汉、长沙、重庆、成都、西安、厦门。对20个城市房价数据作HP滤波处理，以剔除其中所包含的趋势成分从而达到数据分析的要求。最终统计检验结果如表5-10所示。

表5-10　20个城市房价的白噪声检验

城市	Fisher's Kapper 统计量	Kolmogorov - Smirnov 统计量	p值	结论
北京	2.878	0.332	0.019	拒绝
上海	9.855	0.669	0.000 1	拒绝
广州	12.796	0.731	0.000 1	拒绝
深圳	3.608	0.440	0.000 6	拒绝
南京	6.855	0.541	0.000 1	拒绝
杭州	7.288	0.546	0.000 1	拒绝
宁波	9.953	0.605	0.000 1	拒绝

续　表

城市	Fisher's Kapper 统计量	Kolmogorov－Smirnov 统计量	p 值	结论
天津	5.687	0.630	0.000 1	拒绝
石家庄	7.468	0.578	0.000 1	拒绝
沈阳	6.784	0.630	0.000 1	拒绝
大连	7.638	0.407	0.001 9	拒绝
青岛	8.007	0.495	0.000 1	拒绝
郑州	3.295	0.387	0.003 6	拒绝
武汉	8.231	0.427	0.000 9	拒绝
长沙	4.013	0.372	0.005 9	拒绝
重庆	3.391	0.246	0.156 5	接受
成都	4.207	0.379	0.004 8	拒绝
西安	4.148	0.428	0.000 9	拒绝
厦门	4.314	0.265	0.104 4	接受
济南	6.845	0.552	0.000 1	拒绝

检验结果表明，在 20 个城市中，除厦门和重庆没有通过最低为 5%的显著水平检验外，其他 18 个城市的房价序列都通过检验，且显著水平极高。这表明 18 个城市的房价具有明显的周期性。

(四) 检验共同周期和领先—滞后关系

对上述具有明显的房价周期性的 18 个城市，采用交叉谱分析方法分析这些城市房价的共同周期与领先—滞后关系。由于交叉谱分析要求所分析时间序列为平稳序列，在作交叉谱分析之前，需要对 18 个城市的房价数据作 HP 滤波处理，以剔除其中所包含的趋势成分，从而达到数据分析的要求。

如上所述，只有具有共同周期的城市的房价序列，才能进一步判断领先—滞后关系。从这个意义上说，必须先分析不同城市是否存在房价共同周期，对于存在房价共同周期的城市，再进一步讨论领先—滞后关系。由于篇幅所限，本节不可能分析所有 18 个城市中任意两个城市房价的共同周期与领先—滞后关系。[①] 我们将 18 个城市按照重要性和地域相邻特征分成 6 个组进行分析。这 6 个组是：(1) 北京、上海、广州、深圳四个一线城市。(2) 上海、南京、杭州、宁波四个长三角城市。(3) 北京、天津、石家庄。(4) 沈阳、大连、青岛、济南。(5) 郑州、武汉、长沙等中部城市。(6) 成都和西安等西部城市。

对四个一线城市进行交叉谱分析。如图 5－12 所示，横轴为周期长度(也可换算为傅氏频率)，左边纵轴为相干谱的度量值，右边纵轴为相位谱的度量值。从相干谱反映的周期波动的联动性看，4 个城市在长度为 22 个季度左右的周期上有很强的相关性，北京、深圳、广州之间的关联性最强，在大多数频率上均具有很强的相关性，上海与其他三个城市之间的关联性则相对较弱。从图 5－11 其实也能看出上海与这三个城市的房价波动特征有很大差异。从相位谱反映的领先—滞后关系看，在 22 个季度左右的周期上，北京、深圳、广州之间大体同步，但上海则要滞后于其他 3 个城市。[②]

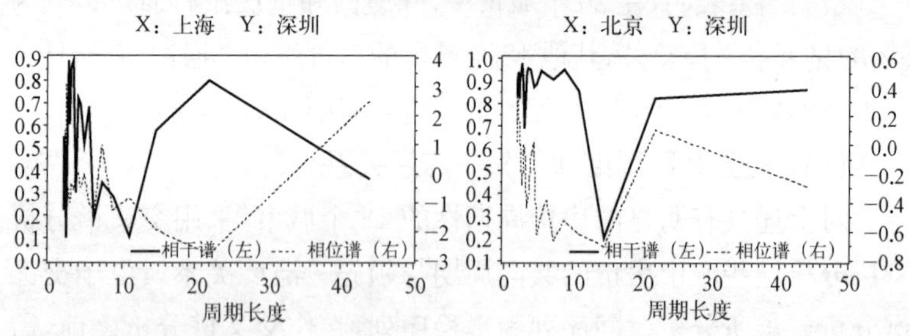

① 如果要求回答所有 18 个城市之间房价的共同周期与领先—滞后关系，必须做 $C_{18}^{2}=153$ 次分析，这是一个相当繁琐的过程。

② 计算公式为：不同序列之间的时间差＝相位谱值/$2\pi\times C$，其中 C 为周期长度。

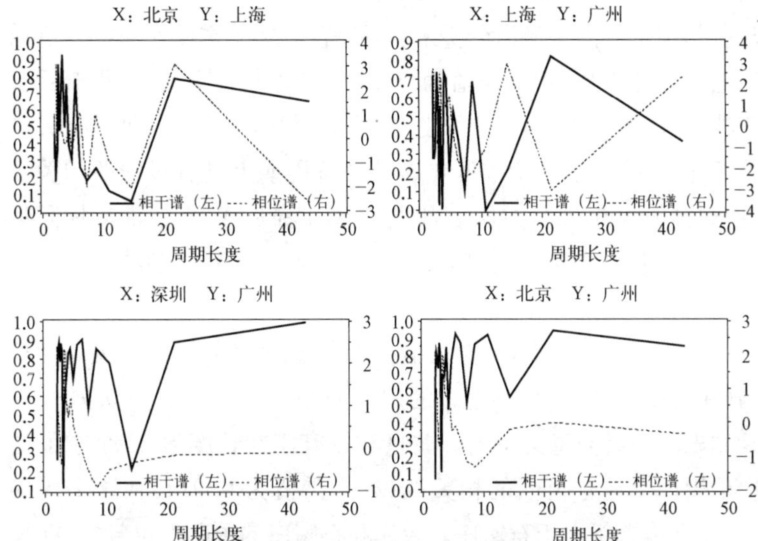

图 5-12　四个一线城市房地产价格周期的交叉谱分析

注：实线为相干谱（标记于纵坐标左轴），虚线为相位谱（标记于纵坐标右轴）。

采用同样的分析方法和过程，对其他 5 组城市的房价共同周期和领先—滞后关系进行分析，结论如下[①]：

在第二组城市中，从相干谱反映的周期波动的联动性看，上海和杭州在 22 个季度左右的房价周期上具有较强的相关性（相干谱值为 0.80）。从相位谱来看，上海要领先杭州，领先时间为 1.47 个季度左右。上海和南京同样在 22 个季度左右的房价周期上具有更强的相关性（相干谱值为 0.95），领先时间为 1.48 个季度左右。上海和宁波在 22 个季度左右的房价周期上具有更强的相关性（相干谱值为 0.98），但在此频率上，上海的房价波动反而滞后于宁波，滞后时期为 2.20 个季度左右。从南京和杭州的交叉谱分析来看，两者在 8.8 个季度左右的房价周期上具有很强的相关性

① 为了节省篇幅，除四个一线城市外，本文不再给出其他城市的交叉谱分析图。

（相干谱值为 0.92），杭州滞后于南京，滞后时期为 1.82 个季度。从杭州和宁波的交叉谱分析来看，两者在 22 个季度左右的房价周期上关联性不强（相干谱值为 0.70），在这个周期上，杭州滞后于宁波，滞后期限为 3.55 个季度左右[①]。最后，南京和宁波的交叉谱分析显示两者在 22 个季度左右的房价周期上具有很强的相关性（相干谱值为 0.92），在这个周期上，南京滞后于宁波，滞后期限为 3.75 个季度。总体上看来，四个长三角城市房价波动的先后次序是宁波、上海、南京和杭州。

在第三组城市中，从交叉谱分析来看，北京和天津的关联性较弱（在长度为 22 个季度左右的房价周期上相干谱值为 0.73），故其领先—滞后的意义不大。北京和石家庄在长度为 11 个季度的房价周期上具有很强的相关性（相干谱值为 0.97），在这个周期上，北京略微领先于石家庄。天津和石家庄的关联性也较弱（在长度为 22 个季度左右的周期上相干谱值为 0.79）但强于北京和天津的联系，在这个周期上，天津领先石家庄 6.76 个季度。这三个城市房价变动的先后次序是天津、北京和石家庄。

在第四组城市中，沈阳和大连之间的关联性较弱（在长度为 22 个季度和 11 个季度左右的房价周期上相干谱值分别是 0.68 和 0.72），故其领先—滞后的意义不大。沈阳和青岛在长度为 22 个季度左右的房价周期上具有很强的相关性（相干谱值达到 0.94），在这个周期上，沈阳滞后于青岛，滞后时期为 1.60 个季度。同样在长度为 22 个季度左右的房价周期上，沈阳和济南具有很强的相关性（相干谱值为 0.93），在这个周期上，沈阳领先于济南，领先时间为 0.74 个季度。大连与青岛在长度为 22 个季度左右的房价周期上具有较强的相关性（相干谱值达到 0.86），在这个周期上，大连滞后于青岛，滞后时间为 5.95 个季度。大连与济南在长

---

① 这个滞后期限其实可以从上海与杭州和宁波的相位谱分析中推算出来。

度为 22 个季度的周期上相关性不强（相干谱值为 0.77），在这个周期上，大连滞后于济南，滞后时间为 4.27 个季度。在长度为 22 个季度的周期上，青岛与济南有很强的相关性（相干谱值为 0.9），在这个周期上，青岛领先于济南，领先时间为 2.11 个季度。这四个城市房价波动的先后次序是青岛、沈阳、济南、大连。

在第五组城市中，郑州与武汉之间在 14.7 个季度的房价周期上具有很强的相关性（相干谱值为 0.97），但长沙与其他两个城市房价周期的相关性则较弱。从相位谱反映的领先—滞后关系看，在 14.7 个季度的房价周期上，武汉略领先于长沙和郑州，其中领先于郑州约 3.76 个季度，长沙领先于郑州，但由于长沙与其他两个城市房价周期的关联性较弱，因而其领先—滞后关系意义不大。

最后看西部的两个城市成都与西安房价的领先—滞后关系。交叉谱分析表明，两者在 8.8 个季度的房价周期上关联性较弱（相干谱值为 0.73），相位谱显示，成都略微领先于西安，领先时间为 1 个季度。

综合上述 18 个城市的交叉谱分析结果，可以发现：中国大中城市之间并不存在完全同步的房价周期，尽管发现大多数城市在 22 个季度左右的房价周期上具有相关性，但也存在 14.7 个季度的共同周期（如郑州与武汉）和 8.8 个季度的共同周期（如南京和杭州）。不同城市之间房价周期的关联性强度存在显著差异。总体上来看，东部城市房价周期的关联性较强，而中、西部城市之间房价周期的关联性则较弱。不同区域内部各城市之间房价周期关联性也存在差异。在具有较强相关性的城市之间，房价周期也不完全同步，而是存在丰富的领先—滞后关系。在四个一线城市中，在 5—6 年的房价周期上北京、广州、深圳之间基本同步，而上海房价周期则与其他三个城市房价周期存在较大的时差，其中上海滞后于北京约 2—3 年。在中部城市中，在 3—4 年的房价周期上，武汉领先于郑州近 1 年。这表明城市之间对共同冲击源的敏感度存在差异。

四、结论

本章建立了房价决定因素的计量模型，并利用2000—2010年中国30个省市自治区的省会城市（因数据原因，不包括拉萨）的面板数据检验了房价的决定因素，实证检验发现，影响房价的因素是人均可支配收入、城市人口、上一期的房价、建筑成本和人均财政支出等。状态转变的马尔科夫转换模型研究发现，房价在不同状态下增长率大不相同，在低速增长阶段其平均增长率为5.28%，在高速增长阶段其平均增长率达到18.23%，但是两种状态的自身的持续性都不是很强。利用谱分析工具研究了这期间的房价周期，结果发现，房价波动存在12年左右的房地产价格中周期和2—4年的房地产价格短周期。

采用Granger领先—滞后关系检验表明，中国房地产价格并不存在领先于总产出周期的特征，房地产价格波动领先于固定资产投资及CPI。房地产价格周期与房地产开发投资周期之间并不存在显著的领先—滞后关系，而房地产需求的波动显著领先于房地产价格的波动。

对于房价的区域差异分析，首先构建了一个简单的消费者均衡模型进行理论分析，然后利用全局和局部*Moran's I*指数对35个大中城市做了实证检验，论证房价的空间相关性。在此基础上，采用Kolmogorov-Smirnov统计量检验了中国20个大中城市房价的周期性，并通过交叉谱技术分析了18个大中城市房地产价格周期波动的关联性和领先—滞后关系。结果发现：(1) 中国35个大中城市的房价存在显著的空间相关性，局部Moran散点图显示长三角（上海、南京、杭州、宁波等）和珠三角（广州、深圳）城市的房价趋于空间集聚，同时，西部房价相对较低的城市中，房价趋于在西宁、银川等城市空间聚集。(2) 采用Fisher's Kapper统计量和

Kolmogorov－Smirnov 统计量检验发现 20 个城市中除重庆和厦门外，房价波动都具有显著的周期性。（3）在 18 个大中城市中，并不存在完全同步的房价周期，不同城市之间房价周期的关联性强度存在显著差异，在具有较强相关性的城市之间，房价波动也不完全同步，而是存在显著领先—滞后关系。

上述研究结论的政策含义是，由于不同城市房地产周期波动存在一定的差异，在制定相关房地产市场宏观调控政策特别是“反周期”政策时，应当充分考虑政策的区域效应，尽量避免“一刀切”。根据城市的规模、功能定位对城市进行分类，采取“分类指导”的方式，不同类型的城市房地产调控政策可以存在一定的差别，对地方政府相关管理部门赋予更多房地产市场宏观调控的权责。

第六章　房地产市场宏观调控：目标、工具与效果

一、引言

一般而言，随着社会经济的发展，房地产业在国民经济中的地位不断上升，并最终成长为支柱产业，具有举足轻重的地位。20世纪80年代以来，中国房地产业逐步产生和发育，经过30多年的成长，已经成为国民经济的支柱产业，对中国经济增长做出了重大贡献。但是，房地产的资产特性和天生的投资品特征，加之人们的投机心理和羊群行为，加剧了房地产市场的波动，且表现出一定的周期性，并影响和决定着宏观经济的周期波动。根据房地产周期波动和宏观经济周期运行的状况，政府通常采取一定的措施进行适当干预，尽可能弥补市场失灵。1993年以来，中国政府针对房地产市场已经进行了五轮宏观调控。特别是2010年以来，由于城市房价的快速上涨和房地产泡沫的累积，中央政府甚至明确提出了抑制部分城市房价过快上涨的宏观调控目标。事实上，各种宏观调控措施也深刻地影响着中国房地产市场的走向。

关于宏观调控问题，自"凯恩斯革命"以来已经成为经济理论界的日常话题，国内外对此研究较多。早期对宏观调控的研究更多是针对商品市场和货币市场，而对于房地产等资产市场，长期居于主导地位的观点是政府不应直接干预。伯南克(Benanke，1999)在一篇流传甚广的文献中极力反对货币政策直接关注资产

价格，除非房价的波动影响到对通货膨胀的预期。在他看来，围绕通货膨胀目标的货币政策将自动在资产价格上升时提高利率，而在资产价格下降时降低利率，从而为通货膨胀目标制提供了一个同时达成货币稳定与金融稳定的统一框架。而且如果资产价格已经作为影响通货膨胀预期的内容加以考虑了，那么货币政策只要针对通货膨胀预期做出反应即可，而无需对资产价格的波动做出额外的反应。但是，20 世纪 90 年代以来，一系列金融危机包括正在全球肆虐的由美国次贷危机引发的全球金融危机是在物价低而稳的通胀背景下发生的，这说明物价稳定并不能确保金融稳定。一些相反的观点认为，20 世纪 90 年代以来，随着金融管制的放松和金融自由化，更多的金融资源可得性和更多的国外投资者增加了房地产市场的投资者数目和购买力，这同时也增加了房地产市场的风险（Zhu haibing，2006；LuciEllis，2006）。鉴于房地产市场对国民经济的巨大影响力，越来越多的文献主张宏观经济政策关注以房地产价格为代表的资产价格波动（Filardo，2000，2001；Goodhart & Charles，2000）。另外，房地产市场的宏观调控不仅仅局限于房地产市场对宏观经济的重要作用，鉴于住房这种商品的特殊性与复杂性，房地产市场成为政府干预措施最多的一个市场（罗森，2005）。哈什曼和奎格利（Harshman & Quigley，1991）指出，"所有发达国家都有某种形式的住房问题，且不管它们对自由市场和中央计划是什么取向，都采用各种住房政策。它们以各种复杂形式控制、调整和补贴房屋的生产、消费、融资、分配和区位。事实上，与其他商品相比，住房或许是所有消费品中受管制最重的"。格里格斯比（Grigsby，1974）归纳了政府必须介入房地产市场的理由：解决住宅市场分配无效率的问题及强化住宅外部标准，促使经济规模的实现，消除住宅市场之外部不经济，确保居民最基本的住宅消费水准，提供民间部门不愿提供却与住宅消费关系密切的其他财货或设施，促进所得与财富的再分配，稳定国家整体经济,建立住宅市场运作规则,促进其他非住宅目标的达成等。伯恩斯和格雷布勒(Burns & Grebler, 1977)提出“住房干预理论”,先从有益物品、分配不均的物品、大工程和规模经济、市场不完善等政府干预市场的一般理由出发,又进一步从内部收益(如提高劳动生产率、改善健康状况、减少犯罪等)、外部收益、时间—空间—部门之间的分配等方面论证了政府干预的益处。奎格利(Quigley, 1999)以“为什么政府要在住房事务中起作用”为题发表论文,基于北美的经验,从保护消费者、缓解外部性、收入分配和追求公平机会等方面阐述了政府参与住房事务的原因。克拉彭(Clapham, 1996)回顾和评价了英国住房体系的演变,认为住房市场的内在不平稳性会强化经济波动,市场体系不会带来经济增长的最大化,因此,政府对住房市场的干预,在实现住房目标上是必要的,对经济也是有益的。

关于房地产市场宏观调控问题的研究,国内学者也做了不少工作。梁运斌(1996)做了房地产市场的发展与调控问题研究,对房地产业发展目标、战略筹划、调控体系及调控政策,进行了分析和探讨。罗龙昌(1999)研究了房地产宏观调控的总体调控、结构调控、财政调控、金融调控和调控体系等问题。宋春华(2000)提出建立有效的房地产宏观调控体系,提出了宏观调控方面的任务,即总量调控、优化结构、规范行为、调节收益。谭刚(2001)提出了转轨时期中国房地产市场宏观调控体系的总体构思。对于房地产市场宏观调控的实证研究方面,国内学者也做了不少工作。郑娟尔(2009)采用面板数据分析了土地供应量的变动对房价的影响,结果发现:一年前和两年前的土地供应量对房屋供应量的影响是显著且正向的,即土地供应量增加,房屋供应量增加;土地供应量减少,房屋供应量也减少。一年前的土地供应量对房价的影响是显著且负向的,即土地供应量增加,房价下降,但影响力非常小。王要武和金海燕(2008)通过建立房地产供给、需求和房价的三个

VAR模型，分析了三种政策分别对房地产市场供求和房价的影响时滞、持续时间和作用强度。结果发现，土地的影响是最大的，货币供应量和利率次之。项卫星和李宏瑾(2007)用2001—2006年3月份的数据进行广义差分回归、协整检验和误差修正模型研究发现，各项政策基本上都是从控制供给的角度进行的，而对需求的抑制效果非常有限。这样不仅没有实现稳定房价的政策初衷，反而加剧了市场的供求矛盾，致使房价快速上涨。韩冬梅等(2007)根据中国房地产市场现阶段的发展特点，构建了一个小型的联立方程模型，研究发现，信贷手段可以直接影响房地产市场的供给与需求，对房地产市场的调控应该以信贷政策为主，而当房地产市场出现过热势头尤其是泡沫极度膨胀时，应控制货币供应量。外汇储备对商品房销售额具有较高的弹性并且影响非常迅速，应提高外资进入房地产市场的门槛。紧缩货币供应量在抑制房地产价格泡沫的同时也影响实体经济。上述实证研究由于在模型和变量以及数据的选取上存在很大差异，得出的结论存在差异甚至相互冲突。

对于中国房地产市场宏观调控的成效如何及其成因，一些学者也做了较为深入的研究。周明生(2007)认为地方政府深度介入是房地产市场宏观调控成效不显著的主要原因。由于地方政府要获得更多的土地出让收入，导致地方政府在中央政府主导的宏观调控中行动不力。汪丽娜(2008)从房地产供求入手，分析了货币政策对房地产市场调控成效不显著的原因，指出由于住房需求发端于实体经济，货币政策并不是唯一的或决定的因素，要坚持货币政策与土地政策、税收政策相结合，坚持短期应急措施与长远的住房保障、政策性金融体制建设相结合，构造房地产市场宏观调控机制。

也有学者对中国政府实施房地产市场宏观调控的经验进行了总结。高波(2010)认为，中国政府针对房地产市场周期波动的现象，采取各种政策措施，对房地产市场实施宏观调控，积累了一些房地产市场宏观调控的经验。(1)不断建立和完善房地产供给体系和房地产市场，明确界定市场和政府的职能。建立健全高端商品房、普通商品房、限价商品房、经济适用房、市场租赁房、公共租赁房和廉租房等有机结合的住房供应体系，并根据实际情况，适时调整住房供应结构。房地产商与政府分工合作、互补长短：房地产商面向房地产市场，充分满足房地产需求；政府着力稳定房价，规范市场秩序和负责公共住房的供给。政府在采取经济手段的同时，采取了各种行政手段，对房地产市场进行宏观调控。(2) 合理制定土地供应计划和土地政策，不断完善土地招拍挂制度。根据房地产市场运行的实际状况，科学确定土地供应计划，运用土地供给杠杆，对房地产市场实行调控。对于房价上涨快的城市，要增加土地的供应总量。依法加快处置闲置房地产用地，对收回的闲置土地，优先安排用于普通住房建设。明确规定房地产项目的开工、竣工期限，坚决限制和打击房地产商的囤地、炒地行为。在坚持和完善土地招拍挂制度的同时，探索"综合评标"、"一次竞价"、"双向竞价"等土地出让方式，抑制居住用地出让价格非理性上涨。(3) 制定灵活高效的货币政策，合理调节房地产供求关系。针对房地产市场的货币政策，包括房地产开发贷款政策、住房信贷政策和利率政策等，对调节房地产供求关系效果显著。在房地产市场的衰退或萧条期，大力推行适度宽松的货币政策，放松房地产信贷、降低房地产贷款利率，刺激房地产交易规模的扩大。(4) 科学运用房地产税收政策，有效调节住房消费需求和房地产收益。通过合理确定或调整税基和税率，对房地产市场进行调节，达到平衡房地产供求关系和调节房地产收益分配的目的。在房地产市场的衰退或萧条期，推行降低税率、减免税收的税收政策，刺激房地产交易规模的扩大。(5) 完善房地产市场信息披露制度，加强对房地产商行为的监管。房地产市场是一个信息不对称的市场。因此，要注重房地产市场信息的搜集、加工和处理，严禁虚假信息传播，健全信息披露制度，尽可能消减房地产商的信息优势，确保房地产市场的信息公开、透明，为购房者提供客观、准确的市场信息，合理引导消费者的心理预期。地方政府要及时向社会公布住房建设计划和住房用地年度供应计划，研究编制和公开发布能够反映不同区位、不同类型房地产价格变动的房价指数。同时，加快个人住房信息系统的建设。加强对房地产商在购地、融资和商品房销售等环节的监管，防范各种形式的房地产金融投机活动。

本章针对房地产市场周期波动，对房地产市场的宏观调控进行综合讨论，而第七章到第九章，分别对房地产市场宏观调控采取的土地政策、货币政策和税收政策及其效应做更深入的分析。本章第二部分对房地产市场宏观调控的必要性进行探讨；第三部分对中国房地产市场宏观调控的目标与工具进行分析；第四部分研究中国房地产市场宏观调控的历程与效果；最后是本章的结论。

二、房地产市场宏观调控的必要性分析

政府根据经济运行状况所实施的宏观调控措施，将直接对房地产市场产生影响，而政府专门针对房地产市场的宏观调控措施，也对经济运行产生相应的影响。房地产市场宏观调控的目标是服务和服从于宏观经济目标的，但房地产市场的宏观调控有其独特性，房地产市场宏观调控政策是针对房地产市场的实际问题而实施的，房地产市场宏观调控选择的时机、使用的政策工具及其调控机制等并不等同于一般的宏观经济调控。

为什么房地产市场宏观调控在宏观经济调控中占据越来越重要的地位并且独立性日益增强呢？这既与房地产市场波动对经济波动的重大影响有关，也与中国房地产业发展所处的独特阶段有关。

1. 房地产业在国民经济中的重要性不断上升，并取得支柱产业的地位，房地产业的发展状况直接影响到经济增长速度

改革开放初期，中国房地产业开始萌芽。到 1986 年，房地产

开发投资占 GDP 的比重仅为 0.98%，房地产开发投资占全社会固定资产投资的比重仅为 3.24%。2000 年，中国基本实现住房分配货币化，房地产业经过 20 多年的发展在国民经济中的地位不断上升，房地产开发投资占 GDP 的比重达到 5.02%，房地产开发投资占全社会固定资产投资的比重为 15.14%。而到 2010 年，房地产开发投资占 GDP 的比重达到 12.13%，房地产开发投资占全社会固定资产投资的比重为 17.35%，房地产业在中国经济中具有举足轻重的地位。中国投入产出表的测算结果表明，每 100 元的房地产需求带动其他行业 105 元的需求，每 100 元的建筑业需求带动其他行业 242 元的需求，综合对所有行业的影响，每 100 元房地产业和建筑业的需求，将带动其他行业 347 元的产出(高波等，2009)。房地产业在国民经济中的地位不断上升对于宏观经济的影响是重大的。一方面，由于房地产投资周期波动性大，会加剧宏观经济的过热或紧缩；另一方面，由于房地产业对于其他产业具有很大的关联带动效应，因而房地产投资的周期波动将对宏观经济产生强大的冲击。

房地产业发展对于中国经济增长的重要性，在 2003 年 8 月 12 日国务院颁布的《关于促进房地产市场持续健康发展的通知》(国发[2003]18 号)中得到充分体现。该文件明确指出"要充分认识房地产市场持续健康发展的重要意义。房地产业关联度高，带动力强，已经成为国民经济的支柱产业。促进房地产市场持续健康发展，是提高居民住房水平，改善居住质量，满足人民群众物质文化生活需要的基本要求；是促进消费，扩大内需，拉动投资增长，保持国民经济持续快速健康发展的有力措施；是充分发挥人力资源优势，扩大社会就业的有效途径。实现房地产市场持续健康发展，对于全面建设小康社会，加快推进社会主义现代化具有十分重要的意义"。

但是，房地产开发投资增长和房地产业的发展要与宏观经济保持协调，无论是房地产开发投资增长过快还是房地产开发投资不足，都将阻碍相关产业的发展，进而影响国民经济的持续稳定发展。因此，政府必须根据宏观经济运行的状况，对房地产市场进行干预，使之与宏观经济保持协调发展。

与此同时，房地产业属于资金密集型行业，房地产开发的大量资金依赖银行信贷。银行资金过度集中投向房地产市场，一方面会影响宏观经济的协调发展；另一方面也会增大金融风险。1998年，房地产开发贷款余额为 2 028.92 亿元，2010 年扩大到 31 300 亿元，是 1998 年的 15.4 倍。同期，个人住房消费信贷出现快速增长，与 1998 年相比，2010 年个人购房贷款余额增加到 62 000 亿元，增长了 76.5 倍。大量房地产贷款所隐含的市场风险是极大的，如果商品房价格发生波动，出现大幅下跌，将产生银行坏账。所以，政府对房地产市场的宏观调控，必须有效防范金融风险，确保金融安全。

2. 政府加强房地产市场的宏观调控，进而规范房地产市场管理，弥补房地产市场失灵

房地产市场和住宅市场是一个不完全的市场，必然存在市场失灵。所谓市场失灵是指在资源配置的某些领域完全依靠市场机制的作用不能实现帕累托最优。市场失灵的存在表明了政府干预的必要性，但政府加强对房地产市场的宏观调控，并不是替代市场机制，而是弥补市场机制的不足，解决市场机制解决不了的问题。第一，开发商和消费者之间存在严重的信息不对称。住宅的产出能力以住址特征、物业特征和法律特征的综合因素为基础，这导致住宅市场信息的获取比其他市场困难得多、交易费用高得多。因此，在住宅市场上，开发商和消费者之间信息是不对称的。这种信息不对称条件下的谈判和交易，容易产生市场失灵。第二，住宅的不可移动性和差异性造成自然垄断。住宅是一种生产（开发）、流通（交换）和消费（使用）在同一空间进行的产品，具有不可移动性。

因而住宅市场是一个地方性市场,主要受当地供求关系的影响。即使外地人来买房,他的置业行为也要纳入当地住宅市场的供求关系。住宅的不可移动性,使它不能像其他商品那样实现市场自由竞争,产生固定在某个位置与空间的自然垄断。由于住宅具有异质性,买主有时也可以在若干具有相同吸引力的物业之间进行选择,但是多数情况下,由于买主的特殊的购买偏好,即使存在很多可接受的替代物业,也无济于事。因此,住宅市场属于经济学上所规定的非同质商品的“产品差异市场”,具有一定垄断性。第三,住宅供给的时滞带来不确定性,加剧了市场风险。从供给方面讲,住宅开发周期长,不确定因素多,往往可能所开发项目获得准售时的市场情况与立项时大相径庭。同时,由于开发建设周期长,短期内住宅供给变化滞后于价格的变化,住宅市场的租金和售价取决于需求方,住宅供给的价格缺乏弹性,因而导致住宅市场不稳定和住宅价格的大起大落,加剧了市场风险。

中国的房地产市场和住宅市场既是一个不完全的市场,又是一个不成熟的市场,这就意味着政府在对房地产市场宏观调控过程中,不仅要弥补市场失灵,还要针对中国房地产业发展和房地产市场运行中出现的许多现实问题,不断构建和完善房地产经济体制、房地产政策体系与房地产市场竞争规则。

3. 房地产市场普遍存在羊群行为,政府根据房地产市场的运行特征干预房地产市场,熨平羊群行为引发的市场波动

人们的预期对未来的房价走向具有重要影响,甚至是导致房价波动的主导力量。在经济增长的条件下,人们对经济前景和未来个人可支配收入的预期乐观,在适应性预期的作用下,将刺激房地产消费需求、投资需求和投机需求的扩张,而房地产供给具有滞后性,这就使市场价格高于均衡价格。在适应性预期下,人们根据过去的房地产价格推断未来的房地产价格,房价一旦上涨,这一因素会推动房价继续上涨。反之,房价一旦下跌,这一因素会推动房

价继续下跌。在有限理性预期下，人们将根据当期收入和对未来可支配收入的预期，来决定当前和以后的消费，在预期乐观的气氛下，必然带来房地产超前消费，并产生相应的投资需求。而在预期悲观的条件下，则导致房地产消费需求萎缩，投资需求下降。这种市场情绪，在羊群行为的作用下，将得到迅速扩散和传染，导致市场波动。所谓羊群行为，是指处于相同时期的人会有相似的想法并做出相似的判断。由于信息不完全、未来不确定，在房地产市场上不同的房地产市场参与者扮演着相应的角色，表现出不同的羊群行为，促使房地产价格波动，表现为房价泡沫膨胀或房价下跌。对此，政府干预房地产市场，进行反向调节，尽可能减少市场波动的危害。

4. 房地产业与人们的生活需求密切相关，政府在对房地产市场的宏观调控过程中，更要关注和改善民生

住宅是人们生存的基本条件之一，是满足人们基本生活需要的必需品。随着社会经济的发展，满足住房需求已经逐渐成为公民的一项基本权利。联合国大会1948年颁布的《世界人权宣言》第25条规定，“人人有权享受为维持他本人和家属的健康和福利所需的生活水准，包括食物、衣着、住房、医疗和必要的社会服务”。1966年颁布的《经济、社会及文化权利国际公约》第11条规定，“本公约缔约各国承认人人有权为他自己和家庭获得相当的生活水准，包括足够的食物、衣着和住房，并能不断改进生活条件”。1991年经济、社会和文化权利委员会的4号一般性意见对住房权的内涵从保有房屋的法律保障、服务和设备及基础设施的可得性、支付能力、可居住性 、易接近性、区位和文化适应性等方面做了进一步的阐述。截至1996年，超过50个国家在其宪法中承认住房权是人权的构成要素或详述了国家在住房领域的责任。

住房问题不单纯是一个经济问题或社会问题，也是一个政治问题。住宅的社会性在某种程度上高于它的商品性，但市场制度

并不能自发实现公民的基本权利，所以需要市场以外的力量介入住房的生产和分配，而市场以外的力量主要来自政府和社会团体，政府占主导地位。政府根据社会公平目标，对低收入阶层提供住房保障，对房地产市场实施宏观调控，是政府的基本职责。

中国实行土地公有制，政府作为土地所有者之一，拥有土地所有权。对于其他行业，政府是公共资源的管理者和政策制定者，而对于土地市场及房地产业，政府的角色极其重要，政府既是公共资源的管理者和政策制定者，同时也代表国家行使土地所有权。因此，政府在制定政策、协调各集团利益要求时，必然要体现和照顾国家的利益，使土地的价值得到保值和增值。所以，在房地产市场上，政府既是局外人，也是局内人，这种双重身份也是政府对房地产市场进行干预的依据所在。

三、房地产市场宏观调控：目标与工具

基于房地产业在国民经济中的支柱产业地位，存在房地产市场失灵以及由此引发的社会问题，政府有必要加强宏观调控，实施对房地产市场的干预，不断规范和完善房地产市场，促使房地产业持续、稳定、健康、有序地发展，实现房地产业与国民经济的协调发展。

（一）房地产市场宏观调控目标分析

房地产市场宏观调控的目标虽然有其独特之处，但它是服务和服从于宏观经济运行目标的，与宏观经济调控目标是一致的。一般认为，宏观经济运行的四大目标是实现经济增长、充分就业、物价稳定和保持国际收支平衡。当然，上述四个目标的同时实现仅是一种理想状态，事实上，四个目标之间并不是一致的，而是存在着一定的矛盾。不同国家在不同的发展时期往往各有偏重。恰当地处理好上述四个目标之间的关系，持续地寻求最佳平衡点，也是考验一国政府宏观调控能力的指标。20 世纪 90 年代中期，为

实现“软着陆”的宏观经济目标，中国政府的宏观政策取向基本以“通货稳定”为首选目标，1997 年以来则转向了“增长优先”。关于宏观调控的目标，中共十五大的提法是：“保持经济总量平衡，抑制通货膨胀，促进重大经济结构优化，实现经济稳定增长。”而中共十六大则基本明确了政府宏观调控的四大目标，即“促进经济增长，增加就业，稳定物价和保持国际收支平衡”。

上述宏观经济调控目标最终需要通过对不同产业及市场的调控来实现，而房地产市场则成为影响宏观经济调控目标的重要因素。从世界各国房地产市场的宏观调控目标来看，主要包括实现房地产市场供求总量基本平衡、房地产供应结构合理、房地产市场秩序规范、房地产价格稳定和房地产业与国民经济协调发展等内容。上述这些目标，也是中国房地产市场宏观调控的主要目标。但是，中国的房地产市场与发达国家的房地产市场相比，不仅所处的发展阶段不同，而且所面临社会背景的差异也很大，在转型与发展的背景下表现出了许多独特的问题，这也就决定了房地产市场的宏观调控目标与发达国家房地产市场的宏观调控目标并不完全相同。中国房地产市场宏观调控的总体目标是实现房地产业的持续、稳定、健康发展。

为了实现上述总体目标，在中国房地产市场宏观调控过程中，具体细化为六个子目标。

(1) 保持房地产市场供求总量基本平衡。总量平衡主要是指房产供给总量与需求总量之间的平衡，而房产的供给总量又要受制于土地的供给总量。因此，房地产市场总量平衡包括两个方面的要求：一是房产供给总量与需求总量的平衡；二是土地供给总量与土地需求总量的平衡。房地产供求平衡还包括短期平衡与长期平衡。由于房地产建设周期较长，房地产供给在短期内变化不大，所以在短期内政府对房地产市场实行宏观调控应以需求调节为主，重点抑制投机需求。从长期来看，房地产业发展的根本目的是不断提高和改善居民的房地产消费水平，政府对房地产市场实行宏观调控应从供给入手，改善住房供应结构，不断满足市场需求，保障中低收入居民的住房需求（高波，2010）。

（2）促使房地产供应结构合理。根据房地产市场需求，调整商品房供应结构，完善高端商品房、普通商品房、限价商品房、经济适用房、市场租赁房、公共租赁房和廉租房有机结合的住房供应结构。

（3）实现房地产交易平稳增长。促进房地产交易的活跃和稳定，是稳定房地产市场的重要内容。为此，要抑制房地产投机性交易，激励房地产租赁交易，不断提高存量房地产交易的比重。发达国家存量房地产交易占房地产交易总额的比重达到85%左右，而我国的存量房地产交易占比仍较低。

（4）稳定房地产价格，防止形成房地产泡沫以至引发金融危机。如果房地产价格上涨过快容易诱导公众形成不合理的价格预期，助长投机，促使房地产泡沫形成；房地产价格上涨过快会产生"挤出效应"，压缩居民的其他正常支出，抑制消费需求；房价快速上涨还会导致房地产的虚假繁荣，妨碍资源的有效配置，导致社会福利受损。与此同时，房价大幅下跌同样会产生较大的负面影响。房地产是资金密集型产业，并具有融资杠杆的功能，房地产业与金融部门存在共生的关系。房地产开发贷款和购房抵押贷款占金融部门资产的比例较大。如果房价大幅下跌，银行贷款质量恶化，银行面临巨大的坏账风险，意味着金融部门的资产缩水。房价大幅下跌也使得人们所持有的房地产市值大量缩水，部分居民甚至成为"负资产者"，从而产生负"财富效应"，消费水平降低。资产价格的下跌，还会影响企业的资产负债表，降低企业融资借款能力，从而降低社会投资水平。

（5）实现住房资源在社会群体中的合理配置。住房关系到每一个居民的切身利益，关系到社会稳定，必须坚持"以居住为主、以市民消费为主、以普通住房为主”的原则配置住房资源。

（6）根据环境友好型和资源节约型社会的建设目标，促使房地产业的可持续发展。大力促进绿色低碳环保的房地产开发，节约资源和能源。

综上所述，中国房地产市场的宏观调控，是从促进房地产有效供给、控制不合理房地产需求两方面入手，综合运用土地政策、金融政策、税收政策等经济手段和行政手段及法律手段对房地产市场实行干预，规范房地产市场秩序，遏制投机性炒房，控制投资性购房，鼓励普通住房和经济适用住房建设，加强住房保障，引导住房理性消费，促进房地产供求总量基本平衡、房地产供应结构合理、房地产价格稳定，实现房地产市场持续稳定健康发展。

事实上，中国地方政府在实行房地产市场的宏观调控过程中，主要集中在三个基本的目标定位。一是促进房地产业的持续稳定健康发展来带动地区经济增长。当一个地区经济增长达到一定水平后，人们对房地产的需求不断增长，房地产业的发展和繁荣，将对地区经济增长作出重要贡献。但是，由于房地产业的产业链长、涉及面广，国民经济中绝大部分产业与房地产业有关联关系，能直接或间接带动上下游产业的发展，一旦房地产业出现过热，则房地产业通过其“后向关联效应”拉动其上游部门或行业增长过热，通过其“前向关联效应”推动其下游部门或行业增长过热。而其他与房地产业关联度较低或者不相关联的产业的增长则受到阻碍，从而使经济结构扭曲。另一方面，如果房地产泡沫破裂或者其他原因导致房地产投资规模下降，那么这些相关产业将出现大量的产能闲置和资源浪费，阻碍经济增长。因此，地方政府通过对房地产市场的宏观调控，促使地区房地产业增长带动经济增长，并与居民收入水平提高相适应，实现房地产业的持续稳定健康发展。二是抑制和挤压房地产价格泡沫，防范房地产泡沫破灭。由炒作和投机推动而形成的房地产价格泡沫，不仅降低了普通收入居民购房的支付能力，而且隐含着泡沫崩溃所引发的金融危机和社会危机。三是完善房地产供应结构，切实履行住房保障职责。地方政府必须根据房地产市场的供给状况，适当增加中低价位、中小户型住房和经济适用住房供应，特别是要确保公共租赁住房、廉租房的供应，不断完善房地产供应结构。

当然，现实中这三个目标之间存在着内在的深层次矛盾，尽管可以使其中一个目标实现最优，却较难使三个目标同时实现最优。从实际情况来看，房地产市场的宏观调控目标并不是使每一项政策目标都达到最优，而是要使政策目标的总和能带来社会福利的最大，或者说，使社会福利的损失最小。依据公共选择理论，决策者在确定房地产市场宏观调控的政策目标时要使自己的政绩评价最大化，或者说使自己的政绩损失最小化。

上述目标分析以模型表示如下：

$$L = a_0 + a_1(Y - Y^*)^2 + a_2(P - P^*)^2 + a_3(S - S^*)^2$$

在上式中，L 代表由于实际政策目标变量与最优政策目标变量的背离所带来的政绩评价损失；Y、P、S 分别代表经济增长率、房地产价格与房地产供应结构的实际政策目标变量；Y^*、P^*、S^* 分别代表经济增长率、房地产价格与房地产供应结构的最优政策目标变量；a_1、a_2、a_3 分别代表三项政策目标偏离所带来的损失在社会福利损失中的加权数，$a_1 + a_2 + a_3 = 1$；a_0 代表其他影响决策者政绩的因素所带来的利益或损失。

这个理论模型表明，地方政府在进行房地产市场宏观调控时所关注的不仅是社会总福利状况，而且还要考虑到自己的政绩评价以及选票得失状况。因此，地方政府在房地产市场宏观调控过程中，将从经济增长目标、价格稳定目标和供应结构目标三个方面寻找平衡点，以实现政府政绩最大化和社会福利损失的最小化。

（二）房地产市场宏观调控机制分析

房地产市场宏观调控机制是指各级政府利用各种宏观调控政策最终影响房地产市场需求、供给及价格水平的过程。在市场经济条件下，对房地产市场的宏观调控不宜采取直接规定产量和价格的做法，而是间接运用宏观调控政策实行市场干预，从而实现政府预定的宏观调控目标。这一过程被称为政策机制，包括运用政策工具直接作用于中间变量，通过中间变量影响来达成最终目标。对房地产市场宏观调控政策机制的分析探讨，旨在研究确定政策工具与中间变量，以及分析中间变量与最终目标之间的关系，揭示政策工具是如何影响中间变量，中间变量又是如何影响最终目标的。房地产市场宏观调控机制如图 6－1 所示。

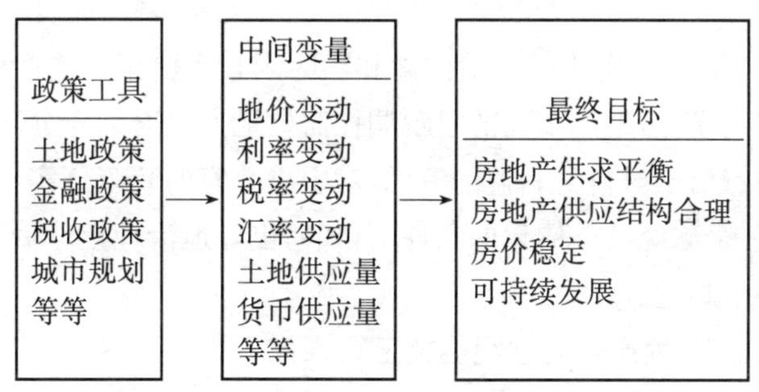

图 6－1　房地产市场宏观调控的政策与目标

房地产市场宏观调控机制的运行过程中，各种政策工具主要包括土地政策、金融政策、税收政策及城市规划等，借助于中间变量的变化而发挥作用，这些中间变量包括地价、利率、汇率、税率和土地供应量、货币供应量等，进而影响和决定房地产市场宏观调控目标的实现程度。当然，在房地产市场宏观调控的过程中，还存在一些影响房地产市场宏观调控政策效应的因素，这些因素使房地产市场宏观调控目标的实现程度大打折扣。

（1）政策效应的时滞。从分析市场形势做出正确判断并做出政策决策，到政策付诸实施，再到政策真正发挥作用之前，总是存在一定的时间间隔，这种时间间隔被称为“时滞”。这种政策时滞的时间长短虽有所不同，但都将对政策效应造成一定的影响。

(2) 心理预期作用。在房地产市场宏观调控过程中，政府和房地产开发商、消费者、银行等多个利益主体都将对未来的市场走向和宏观调控的政策效应做出预期，并根据各自的预期来决定自己的经济行为。根据理性预期假说，如果市场参与主体已对宏观调控政策产生预期，则很难充分发挥政策预想的功能。

(3) 各种宏观调控政策的协调与配合。在房地产市场宏观调控过程中，各种政策的合理搭配与相互协调对政策效应的影响至关重要。

(4) 政策实施中的政治因素和国际因素。由于房地产的地域性非常明显，房地产市场的宏观调控需要地方政府的充分配合，而地方政府出于对自身利益的考虑，对中央政府的政策落实不到位。此外，在全球经济一体化的条件下，如何更好地治理全球资产泡沫也是一个难题。

(三) 房地产市场宏观调控工具

当房地产市场出现剧烈波动时，政府可以通过经济手段(如土地政策、金融政策和税收政策)、行政手段和法律手段等对房地产市场实行宏观调控，“熨平”房地产周期波动。

(1) 经济手段。经济手段包括土地政策、金融政策、税收政策等。

在土地政策方面，中国实行土地公有制，城市土地所有权归国家所有，转让的是一定年限的土地使用权。政府作为土地供给者，在土地一级市场上处于垄断地位，政府可以通过土地政策来影响土地供给量从而影响房地产供给和调节房地产市场。

在金融政策方面，灵活运用金融政策，可以对房地产市场实行有效调控。一是调节货币供应量，调整存款准备金率，将影响房地产市场的供给和需求。二是运用利率政策，如降低贷款利率，可以刺激房地产开发商增加供给；反之，则房地产开发商减少供给。降低房地产抵押贷款利率，可以刺激房地产需求；反之，则抑制房地产需求。三是通过信贷政策，增加房地产开发贷款和房地产抵押贷款规模，可以提高房地产市场交易规模；反之，可以限制房地产市场交易规模。

在税收政策方面，政府通过征收或禁止交易环节征税来减少或增加住房交易成本，从而调控房地产市场。如运用税收杠杆，通过提高高档商品房税率抑制其需求，降低普通商品房的税率刺激其供求，从而改善房地产市场的供求结构。开征房地产税，通过调整房地产税税基和税率，改变房地产保有成本，从而影响房地产投资行为。

(2) 行政手段。根据房地产市场的运行状况，政府可以运用多种行政手段对房地产市场实行宏观调控。

一是价格指导和价格管制。所谓价格指导，是指政府确定一个指导价格，由房地产开发商参照执行。价格管制，分为最高限价和成本加成定价。最高限价，是由政府确定一个最高价格，所有房地产开发商定价不能超过这个指标；成本加成定价，是政府根据房地产开发建设的平均成本加上一个合理的利润，来指导开发商确定房地产的价格。

二是规划引导。规划一般分为中长期规划和年度计划。政府组织力量加强房地产业发展战略规划研究，制定年度建设用地计划和年度信贷计划，根据房地产供求状况及城市发展要求，确定科学、合理的土地供应计划，根据不同时机投放土地，以达到调控房地产市场实现房地产供求平衡的目的。规划一般包括三个层次：国土规划、区域规划和城市规划。制定国土规划目的是明确土地开发利用的方向和规划目标，它主要从合理利用资源的角度研究经济发展和生产力布局，以协调好经济发展与人口、自然资源、环境之间的关系。区域规划侧重于发挥区域优势，从总体上规定和指导区域房地产开发的区位、规模和结构。城市规划是对城市建设的综合布局，主要通过各种法律条例、政府政策及技术控制参数，为城市布局调整和开发建设提供指导，在不断提高土地利用效率的同时，满足房地产投资开发的需求。城市规划对房地产市场调控的作用最直接、最具体也最具有影响力，它对房地产业的发展规模、发展时序、发展结构进行安排，决定着房地产开发的方向和深度。

三是加强房地产市场的制度建设，健全信息披露制度，以消除逆向选择和道德风险。政府确保房地产市场的信息公开、透明，合理引导消费者的心理预期。

(3) 法律手段。市场经济是法制经济。通过立法，禁止房地产开发商形成价格同盟，促进市场竞争，是实行房地产市场宏观调控的重要手段。发达的市场经济国家都制定和实施了完善的房地产法律制度，规范房地产市场秩序。根据房地产市场特有的区域垄断性和房地产作为所有居民生活必需品的特性，政府运用法律手段，制定和实施反垄断法，以提高房地产市场运行效率，防止房地产市场势力泛滥，创造竞争环境，实现公平竞争。中国正处于转型期，人口众多，土地资源匮乏，必须加强制定和完善房地产法律法规，不断提高房地产纠纷仲裁和司法水平，充分运用法律手段，调节房地产市场的运行，提高房地产资源配置的社会总福利。

四、中国房地产市场宏观调控：历程、效果及问题

房地产市场与国民经济的运行态势密切相关，房地产市场的宏观调控也是宏观经济调控的有机组成部分。从改革开放初期到2011年，中国政府根据经济运行态势和体制环境不同，共进行了六次紧缩型的宏观调控和两次扩张型的宏观调控。与此相对应，

在房地产市场成长过程中，针对房地产市场的宏观调控也充当了重要角色（高波，2010）。

（一）中国房地产市场宏观调控的历程与效果

中国政府实施的六次紧缩型的宏观调控和两次扩张型的宏观调控的具体原因是有差异的。前四次的宏观调控都是紧缩型的宏观调控：第一次宏观调控针对的是1978年的经济过热。第二次宏观调控针对的是1984年的经济过热。第三次宏观调控针对的是1987年至1988年的经济过热。第四次宏观调控针对的是1992年到1993年上半年的经济过热。1993年6月，发布了《中共中央、国务院关于当前经济情况和加强宏观调控的意见》，采取16条措施，是以整顿金融秩序为重点、治理通货膨胀为首要任务的宏观调控。但同时，一些地方和企业要求放松银根的呼声也不断。经过3年多的努力，到1996年经济成功地实现了"软着陆"。第五次宏观调控是一次扩张型的宏观调控。1998—2002年的宏观调控是为了治理国内的内需不足、通货紧缩，应对亚洲金融危机和国际经济衰退，自1998年10月开始，中国又连续近7年对国民经济实施以积极财政政策为主旋律的宏观经济调控政策。第六次宏观调控，2003年下半年开始，针对的不是全面过热和严重通货膨胀，而是见势快、动手早、防患于未然的一次调控。第七次宏观调控是在美国次贷危机演变为全球金融危机背景下，针对美欧等主要经济体和中国主要出口市场经济出现衰退，外需不足的问题更加突出，2008年11月9日，国务院宣布对宏观经济政策进行重大调整，实施积极的财政政策和适度宽松的货币政策，进一步扩大内需，促使中国经济平稳较快增长。第八次宏观调控主要针对中国经济在成功实现V型反转后，国内房价再度飙升，通胀压力加大而实施的新一轮紧缩性宏观调控。从2010年1月18日开始第1次上调大型金融机构人民币存款准备金率到2011年6月20日，已连续12次上调大型金融机构和9次上调中小型金融机构存款准备金率。

2010 年 10 月 20 日开始第 1 次上调金融机构人民币存贷款基准利率到 2011 年 7 月 7 日，已连续 5 次上调存贷款基准利率。这表明中央政府实施稳健的货币政策，治理通货膨胀的态度坚决。

在上述八次宏观调控中，对于房地产市场具有重大影响或者说直接针对房地产市场的宏观调控有五次：1993—1997 年、1998—2003 年上半年、2003 年下半年到 2008 年 8 月、2008 年 9 月到 2009 年底和 2010 年 1 月以来的新一轮宏观调控。下面就这五次房地产市场宏观调控的具体原因、政策选择和政策效应加以分析。

1. 1993—1997 年房地产市场的紧缩型宏观调控

针对 1992 年、1993 年房地产开发投资超常增长带来的问题，为了促进房地产市场持续、稳定、健康发展，根据中共中央、国务院 1993 年 6 月 24 日印发的《关于当前经济情况和加强宏观调控意见》，开始对房地产市场进行大规模清理整顿，治理房地产泡沫。国务院要求建设部牵头土地、工商、税务等部门对房地产开发企业展开全面检查；对金融机构和土地部门开办的房地产开发企业限令其脱钩；对注册资金虚假、没有开发能力及偷税漏税的经营单位予以查处；对所有房地产开发公司都要求其承担 20%以上微利居民住宅建设任务，如果购地后 1 年内投入的开发资金不足购地费的 25%，立即收回土地。此前，国家宣布终止房地产公司上市，对银行资金进入房地产开发领域采取了釜底抽薪的做法。

第一次房地产市场的宏观调控，中央政府主要采取了双紧政策，即紧缩财政支出、收紧银根（提高利率、减少贷款、提前收贷）。甚至强调，国有银行一律不能对房地产开发进行贷款。其目的是压缩固定资产投资（包括房地产开发投资），减少社会总需求，保持总需求和总供给的基本平衡。中央政府管理部门采取控制用于房地产开发的土地出让、停止高档楼宇的建设立项、规范市场行为等具体手段进行调控，通过减少对房地产的开发投资达到抑制社会总需求，减少社会总供给的目的。

经过几年的努力，第一次房地产市场的宏观调控基本上达到了治理房地产过热的预期目标，取得了一定成效。房地产开发投资增长过快问题得到解决，房地产价格猛涨的势头得到抑制，房地产供应结构得以调整，房地产开发企业和房地产市场秩序也得到了整顿。经过房地产市场的宏观调控，房地产业进入调整发展阶段，全国有近三分之一的开发区停办，三分之一的房地产开发企业关门，三分之一的房地产开发企业缩小规模。

2. 1998—2003 年上半年房地产市场的扩张型宏观调控

1993 年开始的一轮房地产市场的紧缩型宏观调控，使房地产市场出现了一次程度较深、时间较长的房地产中周期调整，房地产市场十分低迷，1996 年房地产销售出现负增长，1997 年房地产开发投资出现负增长，1999 年房屋平均销售价格出现负增长。1997 年爆发的亚洲金融危机及其国际经济衰退，加深了中国房地产市场的调整。

伴随着 1998 年中国第五次以扩大内需为内容的扩张型的宏观调控政策的实施，对房地产市场也实行了扩张型的宏观调控。政府采取的房地产市场宏观调控的方法、手段主要有：(1) 中央政府鼓励各地建造低价住房，满足大量中低收入群体的住房需求。(2) 用宽松的住房金融政策，刺激住宅消费需求。在住宅消费公积金按揭贷款的基础上，推出和扩大实施商业银行的住房按揭贷款，并降低贷款利率，加大贷款成数，拉长还款年限。(3) 减免税金，降低购房负担。对空置商品住宅免收营业税；居民出售自住旧公房购买新房，只交纳契税的差额部分；普遍降低新房购买契税；个别城市实行购买住房的款项可以抵扣个人所得税。(4) 调整相关政策，降低房地产交易费用。(5) 促进存量住房进入市场，推动增量住宅市场发展。而 1999 年底基本取消住房实物分配，实行住房分配货币化，对于房地产市场的活跃起到了关键作用。

在房地产市场宏观调控过程中，地方政府积极配合中央政府，并根据各地特点推出各种既符合中央精神又有地方特色的政策举措。从所采取的房地产市场宏观调控手段来看，比1993年显然是大大丰富了。除了采用金融工具和金融政策调控（放松银根）之外，大量地采用了财政税收手段。这显示了政府对房地产市场的宏观调控不断走向成熟。

1998年开始的房地产市场扩张型的宏观调控，很快就取得了预期的效果，房地产市场的供求关系发生了本质性转变，个人买房取代集团购房成为市场主体，消费者的住房消费信心大增，房地产市场出现了繁荣景象。

3. 2003年下半年至2008年8月对房地产市场的紧缩型宏观调控

2003年下半年开始，房地产市场日趋繁荣，存在市场过热的风险，随着国民经济紧缩型宏观调控政策的实施，专门针对房地产市场的宏观调控逐步升温。这一轮房地产市场的紧缩型宏观调控一直延续到2008年8月，房地产市场出现了明显的调整迹象。2003年下半年至2008年8月房地产市场的宏观调控，无论是从所出台的宏观调控政策内容之多，还是从对房地产市场的调控程度来看，都是历史上没有的。

回顾这5年房地产市场的宏观调控政策，各个年份的调控思路是有所不同的，调控的重点和方向也在逐步转变。2003下半年至2004年主要是从加强信贷业务治理、规范土地市场交易等层面切入。2005年，宏观调控目标明确为稳定房价，除了继续强化土地政策和金融政策外，还对房地产交易环节进行调节，个人将购买不足2年的住房对外销售的，全额征收营业税，以抑制投机行为。2006年，进一步完善和细化了房地产市场的宏观调控政策，涵盖了调控楼市供给结构的“90/70”政策，房地产交易环节的税收政策调整为对个人将购买不足5年的住房对外销售的全额征收营业税，实施新的营业税、个人所得税、土地增值税“三税并进”的税收政策，限制外资进入，制定行业规范等各个方面。2007 年，除了落实前几年出台的各项政策措施外，更加重视住房保障制度的建设，更加强化了抑制投机行为和稳定房价。8 月 13 日，国务院出台《关于解决城市低收入家庭住房困难的若干意见》(24 号文)，旨在建立和完善住房保障体系。9 月 27 日，央行、银监会联合颁布《关于加强商业性房地产信贷治理的通知》，明确规定贷款购买第二套房，首付不低于四成，利率为基准利率的 1.1 倍。2008 年上半年，没有再出台专门针对房地产市场宏观调控的政策，而国民经济宏观调控政策的调整和实施，直接对房地产市场产生了影响。

国家这一轮房地产市场的宏观调控，主要运用了经济和法律手段，同时采取了一些必要的行政手段，力度之大是前所未有的。这些政策包括土地政策、金融政策、税收政策以及行政法规等调控手段。这一轮房地产市场的宏观调控，是在房地产业快速增长，房地产市场上升期进行的，宏观调控延续的时间长，不断积累经验，不断细化政策，涉及的领域广，运用的宏观调控政策、手段复杂，取得了一定的效果。(1) 实现了房地产市场的供求基本平衡。这一轮房地产市场的宏观调控，从单纯抑制房地产供给转变为对房地产市场供求实行双向调控，促使房地产市场供求趋于平衡。(2) 有效抑制了房地产投机需求。从多方面抑制房地产需求，包括全面禁止投机需求，限制投资需求和住房消费需求，特别是房地产投机需求得到有效抑制，降低了房地产市场的风险。(3) 合理调整住房的供给结构。增加了套型面积 90 平方米以下住房的供给，减少了别墅等高档房的建设。(4) 遏制了房价上涨势头，部分地区房价趋于稳定。2004 年、2005 年、2007 年房价上涨达两位数，其他年份房价比较平稳。(5) 规范了房地产市场的交易秩序。一系列土地政策、金融政策、税收政策和行政法规的出台和实施，规范了房地产市场交易秩序。(6) 建立健全住房保障体系。增加了经济适用房和廉租住房的建设规模，扩大了住房保障的覆盖范围。

4. 2008年9月到2009年12月房地产市场的扩张型宏观调控

2008年下半年以来，由美国次贷危机引发的全球金融风暴，不仅对世界一些主要国家和地区的金融市场和实体经济产生冲击并造成巨大损失，也对中国的金融市场和实体经济部门产生了巨大冲击，世界经济的颓势，加深了中国经济的调整。在这种背景下，中国房地产市场出现低迷，并对经济增长产生了一定影响，而经济增长的下滑，又进一步加深了房地产业的调整。

因此，从2008年9月起，各级地方政府陆续推出了包括减免税收、购房补贴等多条"救市"措施。中央政府推出了下调住房交易税费和下调利率等措施，鼓励住房消费需求，促进房地产交易。特别是2008年11月9日国务院宣布对宏观经济政策进行重大调整，实施积极的财政政策和适度宽松的货币政策，更加明确了房地产市场扩张型宏观调控的政策方向。扩大住房消费需求，对于"扩内需、调结构、保增长"起着关键性的作用。

在很短时间内，中央政府密集出台了多种房地产市场宏观调控的政策措施，显示了调控的决心。财政部出台契税减免政策，鼓励首次购买普通住房。根据这项政策，从2008年11月1日起，对个人首次购买90平方米及以下普通住房的，契税税率暂统一下调到1%；对个人销售或购买住房暂免征收印花税；对个人销售住房暂免征收土地增值税。个人将购买满2年的住房对外销售的，免征收营业税。

央行宣布新的房贷政策，以支持首次购买普通住房。2008年10月27日房贷新政开始执行，根据房贷新政，市民在首次购买普通住房时，商业性个人住房贷款利率的下限可扩大为贷款基准利率的0.7倍，最低首付款比例调整为20%。同时对改善住房消费需求的，也给予一定的优惠。央行自 2008 年 9 月 16 日到 2008 年 12 月 23 日，连续 5 次降息，共下调一年期人民币存贷款基准利率各 2.16 个百分点，大大降低了消费者的购房成本。2008 年 9 月 25 日部分中小金融机构存款准备金率从 17.5%下调至 16.5%。2008 年 10 月 15 日，工行等六家商业银行存款准备金率从 17.5%下调至 17.0%，部分中小金融机构存款准备金率从 16.5%下调至 16.0%。2008 年 12 月 5 日，部分中小金融机构存款准备金率从 16.0%下调至 14.0%，工行等六家商业银行存款准备金率从 17.0%下调至 16.0%。2008 年 12 月 25 日，部分中小金融机构存款准备金率再从 14.0%下调至 13.5%，工行等六家商业银行存款准备金率从 16.0%下调至 15.5%。存款准备金率的连续下调，增强了市场的流动性。

2008 年 12 月 17 日，国务院常务会议研究部署促进房地产市场发展的三方面政策之后，国务院办公厅下发《关于促进房地产市场健康发展的若干意见》，进一步将国务院精神细化为 13 条意见，全面促进房地产市场健康发展。

为了应对全球金融危机，2008 年 9 月到 2009 年 12 月实行的房地产市场的扩张型宏观调控，取得了明显成效，对于实现“保增长、扩内需、惠民生”的目标，发挥了重要作用。房地产市场迅速走出低迷，并出现短期偏热现象。

5. 2010 年初以来房地产市场的紧缩型宏观调控

随着中央政府 4 万亿元投资救市计划的落实，尤其是适度宽松的货币政策的实施，2009 年中国经济出现了 V 形反转，房地产市场更是日趋活跃。2009 年全国商品房销售面积增长了 42.1%，平均销售价格上涨了 23.55%，远远超过了金融危机发生前 2007 年的峰值，相当一部分城市在一年之内房价几乎翻倍。针对中国房地产市场的短期偏热问题，中央政府及时做出了对房地产市场实行新一轮紧缩型宏观调控的决策。

从2009年12月,中国房地产市场宏观调控的政策开始转向。2009年12月9日,国务院常务会议决定,自2010年1月1日起个人住房转让营业税征免时限由两年恢复到五年。12月14日,国务院颁布"国四条",提出加快保障性住房建设,遏制部分城市房价过快上涨的势头。2010年1月7日国务院办公厅发布《国务院办公厅关于促进房地产市场平稳健康发展的通知》(国办发〔2010〕4号),提出增加保障性住房和普通商品住房有效供给,合理引导住房消费抑制投资投机性购房需求,加强风险防范和市场监管,加快推进保障性安居工程建设,落实地方各级人民政府责任等十一条措施,明确对部分城市出现的房价上涨过快等问题进行治理,规定购买第二套以上住房的家庭,贷款首付款比例不得低于40%。2010年1月18日,中国人民银行将大型金融机构存款准备金率从15.5%上调至16.0%,货币政策事实上出现转向。

2010年4月17日国务院办公厅再次下发通知,《国务院关于坚决遏制部分城市房价过快上涨的通知》指出,部分城市房价、地价出现过快上涨势头,投机性购房活跃,需要引起高度重视。要严格限制各种名目的炒房和投机性购房。对贷款购买第二套住房的家庭,贷款首付款比例不得低于50%,贷款利率不得低于基准利率的1.1倍。商品住房价格过高、上涨过快、供应紧张的地区,商业银行可根据风险状况,暂停发放购买第三套及以上住房贷款;对不能提供1年以上当地纳税证明或社会保险缴纳证明的非本地居民暂停发放购买住房贷款。地方人民政府可根据实际情况,采取临时性措施,在一定时期内限定购房套数。明确提出发挥税收政策对住房消费和房地产收益的调节作用。

2011年1月26日,国务院办公厅发布《国务院办公厅关于进一步做好房地产市场调控工作有关问题的通知》(国办发〔2011〕1号),明确提出进一步落实地方政府责任,加大保障性安居工程建设力度,调整完善相关税收政策,加强税收征管,强化差别化住房信贷政策，严格住房用地供应管理，合理引导住房需求，落实住房保障和稳定房价工作的约谈问责机制，坚持和强化舆论引导等八条措施。要求地方政府合理确定本地区年度新建住房价格控制目标；2011 年全国建设保障性住房和棚户区改造住房 1 000 万套；调整个人转让住房营业税政策，对个人购买住房不足 5 年转手交易的，统一按其销售收入全额征税；对贷款购买第二套住房的家庭，首付款比例不低于 60%，贷款利率不低于基准利率的 1.1 倍。2011 年 1 月 28 日，上海和重庆分别公布了房产税改革的试点方案，正式开征房产税。

这一轮房地产市场的宏观调控，货币政策发挥了重要作用。2010 年 10 月 20 日中国人民银行开始上调金融机构人民币存贷款基准利率。2010 年 11 月 16 日，中国人民银行已连续 4 次将大型金融机构存款准备金率上调至 17.5%，并将中小型金融机构存款准备金率从 13.5%上调至 14.0%。2010 年 12 月 3 日中共中央政治局召开会议，分析研究 2011 年经济工作，明确指出要实施积极的财政政策和稳健的货币政策，增强宏观调控的针对性、灵活性、有效性。2010 年 12 月 20 日，大型金融机构存款准备金率已经上调至 18.5%，中小型金融机构存款准备金率已上调至 15.0%。2010 年 12 月 26 日中国人民银行再次上调金融机构人民币存贷款基准利率。到 2011 年 7 月 7 日中国人民银行已连续 5 次上调金融机构人民币存贷款基准利率。到 2011 年 6 月 20 日，中国人民银行已连续 12 次将大型金融机构存款准备金率上调至 21.5%，将中小型金融机构存款准备金率连续 9 次上调至18.0%。货币政策日趋收紧，对房地产市场的影响逐步显现。

这些紧缩型宏观调控政策的实施，对趋热的房地产市场产生了直接的影响，一些城市的房地产交易量大幅萎缩，并出现房价下跌，市场进入观望期。这一轮房地产市场的宏观调控，再一次引起了房地产市场的调整，房地产市场宏观调控的进程和效应有待进一步观察。

(二) 中国房地产市场宏观调控存在的问题

对于中国政府来说,实行房地产市场的宏观调控是一个新课题,这五轮房地产市场宏观调控都面临着不同的难题,取得明显的成效,但也存在一定的问题。

第一次房地产市场宏观调控存在的问题是:(1) 货币政策实行一刀切,带来了一定的损失。1993 年、1994 年,在推行紧缩银根的货币政策时,规定一律不准对房地产开发项目发放贷款,已经发放的要收回。这一政策没有考虑不同房地产产品和同一产品不同开发阶段对于银行贷款需要的实际情况,采取一刀切的做法,造成了一些不必要的混乱和被动局面,并留下了大量烂尾楼,也给银行带来了巨大损失。(2) 在确立房地产市场宏观调控的指导思想和制定政策时,对房地产业在国民经济中的地位和作用缺乏正确的认识。

1998—2003 年上半年房地产市场的扩张型宏观调控,也暴露出一些问题。如房地产业扩张过快,产业集中度不高,产业组织程度低,市场秩序混乱,土地市场不规范,存量住宅市场和房地产租赁市场不活跃,以及政府干预市场过度等。

回顾后来三轮房地产市场宏观调控过程,主要存在以下问题:

(1) 对房地产市场走势缺乏科学判断,政策调整不够及时,错过了最佳的调控时机。2003 年 6 月 5 日中国人民银行基于对房地产投资过热的判断,出台了颇具争议的 121 号文件。该文件在房地产市场引起了轩然大波,开发商普遍对此持反对态度,认为是近 10 年来对房地产行业最严厉的政策。从此,社会各界对房地产是否过热、有没有泡沫就开始了激烈的争论。鉴于此,2003 年 8 月 12 日国务院发布了《国务院关于促进房地产市场持续健康发展的通知》(18 号文件)。该文件首次明确提出了房地产业是国民经济的支柱产业,而被误读为否定了 121 号文件的精神,结果政府部门屈从于利益群体的压力，从而错失了调控房地产市场的最佳时机。2008 年宏观经济和房地产市场形势发生逆转并不断恶化，但为了治理通货膨胀，2008 年 6 月 25 日，中国人民银行仍将金融机构存款准备金率从 16.50％上调至 17.50％，一次性上调 1 个百分点。到 2008 年 9 月 16 日，央行才开始降低贷款利率，9 月 25 日央行仅将中小金融机构存款准备金率下调 1 个百分点。到 10 月底，中央政府才做出对房地产市场实行扩张性调控的决策，稳定房地产市场的政策姗姗来迟。

（2）中央政府与地方政府实行房地产市场宏观调控的目标发生背离，中央政府的宏观调控措施得不到地方政府的有力配合。中央政府遏制房价过快上涨，是要抑制房地产泡沫膨胀，防范金融风险，而对于地方政府来说，一定程度的房价上涨可以吸引投资，有利于地区经济增长。从博弈论的角度来看，在经济过热期间，地方政府不配合中央政府是上策均衡也是纳什均衡。谁要是最先配合中央政府的调控，谁往往在随后的经济增长竞赛中处于劣势。这种情形在过去数轮中国经济宏观调控中已经被一再证明。所以，中央政府在楼市过热期间不得不充当宏观调控的主力军是有道理的，中央政府承担防止经济过热和实现社会稳定的重要责任。相反，一旦楼市遇冷，地方政府通常会提前出手，谁最先主动刺激楼市，谁就有可能率先走出泥潭。而地方政府之间的竞争和模仿，必然导致某城市的楼市刺激方案对其他城市产生示范效应。这就形成了一个不对称的动力分布。在楼市过热期间，中央政府稳定楼市的压力大、动力强，但地方政府动力不强，地方政府甚至声称本地楼市不过热；相反，在楼市过冷期间，地方政府稳定楼市的压力大、动力强，而中央政府相对缺乏动力。在现实中，2003 年下半年至 2008 年上半年，中央政府频繁出台政策抑制房地产市场，而地方政府却隔岸观火，似乎无动于衷。随着 2008 年房地产市场形势发生逆转，地方政府率先出台政策刺激楼市，2008 年 9 月相当一部分城市都出台了地方性的楼市刺激方案，此后中央政府才进一步明确调整房地产市场宏观调控的方向，实施扩张性的宏观调控政策。

(3) 房地产市场宏观调控过程中过多地运用行政手段，习惯于一刀切，影响了宏观调控的效果。长期以来，中国的房地产市场宏观调控，缺乏一套完善的制度规范和法律保障。房地产行业涉及国民经济的多个行业，房地产开发商、土地管理部门、房地产管理部门、金融机构、地方政府等多个环节脱节，在日常运行中各自为政。考虑到行政手段比较直接和容易见效，中国的房地产市场宏观调控试图用行政权威而不是法律制度、用部门通知而不是法律法规来下达指令。当出现危机时，仅靠一家单位牵头或由几家单位联合发文、发布通知对房地产市场实行调控，劳师动众，难免效果欠佳。而习惯于一刀切的做法，忽视了房地产市场具有地域性、差别性的特征，同一项政策很难在全国奏效。

在对房地产市场实行的信贷调控中，很大程度上有关部门是靠行政手段来实现的。如要求商业银行限制发放房地产信贷资金、提高首付款比例、禁止发放三套房贷款和清理银行贷款项目等等。房地产贷款往往普遍被商业银行视为优质资产，而房地产信贷风险常常在5—7年甚至更长的时间后才会出现，所以商业银行具有扩大信贷的内在冲动和维持高房价的动力。而在现有财政体制和政绩考核机制下，地方政府具有推动本地房地产业发展的强烈动力。事实上，银行很容易与地方政府和房地产开发商结成利益同盟，对中央政府的紧缩性宏观调控政策寻求对策。

限购令是一个纯粹的行政手段，对部分一、二线城市实行限购，误伤了改善型需求，对房地产投资、投机需求产生挤出效应，大量房地产投资、投机资金涌向不实行限购的二、三、四线城市或小城镇，推高了这些地区的房价，导致市场扭曲。

五、结论

正如诺贝尔经济学奖获得者刘易斯(1988)在其《发展计划：经济政策的本质》一书所说的那样，“再也没有任何一方面的公共政策比住宅政策带来的挫折和失望更多了。几乎每一个地方，计划的意图和实际成就之间的差距都大得令人愤慨”。又如唐尼森和翁格松(Donnison & Ungerson，1982)所说，“住房问题是永远无法解决的——它只是变化而已”。对于政府来说，对房地产市场实行宏观调控和政府干预是极具挑战性的。本章针对房地产市场的周期波动，论述了房地产市场宏观调控的必要性，探讨了中国房地产市场宏观调控的目标和工具，阐述了中国房地产市场宏观调控的历程与效果。

本章的主要结论是：(1) 由于房地产业在国民经济中的支柱产业地位和住房商品的复杂性，而且房地产市场普遍存在市场失灵和羊群行为以及由此引发社会问题，政府有必要加强对房地产市场的宏观调控。(2) 中国房地产市场宏观调控的总体目标是实现房地产业的持续、稳定、健康发展。这个目标具体细化为房地产市场供求总量基本平衡，房地产供应结构合理，房地产交易平稳增长，房地产价格稳定，住房资源合理配置和房地产业可持续发展。为实现房地产市场宏观调控的目标，政府可以通过运用土地政策、金融政策和税收政策等经济手段，价格指导、价格管制和规划引导等行政手段以及法律手段等对房地产市场实行宏观调控，熨平房地产周期波动。由于存在时滞、心理预期、政策的协调和配合以及政治因素和国际因素等的影响，降低了房地产市场宏观调控的政策效应，使房地产市场宏观调控目标的实现程度大打折扣。(3) 20世纪 90 年代以来，中国政府根据经济运行态势和房地产市场的表现，直接针对房地产市场实行了五轮宏观调控：1993—1997 年房地产市场的紧缩型宏观调控；1998—2003 年上半年房地产市场的扩张型宏观调控；2003 年下半年到 2008 年 8 月的紧缩型宏观调控；2008 年 9 月到 2009 年底的扩张型宏观调控和 2010 年 1 月以来的新一轮紧缩型宏观调控。五轮房地产市场的宏观调控都取得了较好的效果。但是，在房地产市场宏观调控过程中，也存在一些问题，亟待完善。

第七章　土地政策：传导机制与区域效应

一、引言与文献回顾

土地作为最重要的生产要素和房地产市场的交易对象，土地供给量的大小、价格的高低对房地产开发商的生产行为产生重要影响。也正因为如此，中央政府将土地政策、货币政策和税收政策组合在一起，共同作为实行房地产市场宏观调控的主要手段。在房地产市场宏观调控过程中，政府调整土地政策或实施一定的土地政策，除了直接确定土地供应量和影响土地价格外，还将借助土地政策信号向市场释放出政府的意图，影响供求双方的行为选择，从而熨平房地产周期波动。从表面上看，中国的土地供给制度比较简单，土地市场上经营性土地使用权政府一律采用招拍挂方式出让，地方政府借助土地储备制度，制定土地供应计划，确定土地供应的数量和结构，来贯彻和落实中央政府的土地政策，从而达到调控房地产市场的目的。但是，在实际操作过程中，由于房地产开发商大量囤地、地方政府暗中托市、消费者普遍存在羊群行为以及一些非市场因素的干扰，中央政府制定的土地政策很难达到预期目标，甚至事与愿违。因此，弄清房地产市场土地政策的传导机制，特别是根据中国不同区域市场的差异性，研究房地产市场土地政策的区域效应，对于提高土地政策调控房地产市场的针对性和有效性，促进房地产市场持续稳定健康发展具有重要的理论价值和现实意义。

20 世纪 90 年代以来，中国政府对房地产市场实施了五轮宏观调控，前两轮较少使用土地政策，而从第三轮(2003 年下半年至 2008 年 8 月的紧缩性宏观调控)开始，较多地使用了土地政策进行房地产市场的宏观调控。鉴于 2003 年下半年房地产市场逐步趋热，中央政府连续出台宏观调控措施，但当时的货币政策面临内外目标失衡的困境：一方面要抑制国内房地产市场投资过热，这需要紧缩信贷规模；另一方面要对外维持人民币的币值稳定，又不得不增大货币供应量，因而降低了货币政策在房地产市场宏观调控中的效能。根据丁伯根(Tinbergen, 1952)法则，政府在内外均衡问题上有时会处于一种尴尬的境地，以牺牲内部均衡为代价的外部均衡调节思想很难实现，国家经济调节政策和经济调节目标之间的关系应满足如下法则：政策工具的数量或控制变量至少要等于目标变量的数量，而且这些政策工具必须是相互独立(线性无关)的。因此，更多地使用土地政策对房地产市场实行宏观调控，可以弥补货币政策和税收政策调控的不足。

土地政策对房地产市场宏观调控的机理和效果受到学者的广泛关注(卢为民，2008；王家庭、张换兆，2008)。丁成日(2006)实证研究表明，中国的土地市场正在趋向成熟，市场机制影响土地利用的决策，房地产开发商对土地价格的任何变化都是有反应的。还有研究表明，城市土地制度及土地供应市场化改革，使中国城市土地市场与房地产市场日益成熟，无论土地供应总量、有偿出让土地供应量以及招标、拍卖、挂牌土地供应占出让土地供应的比重等土地政策因素，都对房地产市场及房价产生显著影响，中国土地供应对房地产市场的调控作用已日益显著(张洪，2007)。由于中央政府对地方政府在土地市场上的投机行为不可能百分之百查处，加之官员任期存在阶段性，现有的成本收益格局决定了地方政府会在土地调控中采取欺骗行为，造成中央政府土地政策调控的梗阻

（唐在富，2007）。当前，地方政府在土地市场上的收益远远超出了其应承担的责任付出，基于这种情况，张亚明、张文长（2008）建议，中央政府应该考虑限制地方政府在土地审批和土地财政支配等领域的权力，平衡地方政府的责任与权力，避免出现两败俱伤的纳什均衡。由于土地资源日趋紧缺，土地集约化利用问题受到越来越多的关注。盖瑞特·J. 耐普（Gerrit J. Knaap, 2003）强调城市的理性发展，控制城市向外扩张，保护农田，合理、高效、持续利用土地。作为成熟市场经济国家的美国，对土地的规划原则考虑了社会效应，坚持经济、社会、资源、环境协调发展。在本质上这是土地政策介入社会管理领域。

本章第二部分探讨土地政策的传导机制和作用机理，进而从理论上分析土地政策效应。第三部分对土地政策的区域效应做实证检验，在此基础上，对实证结果做更深入的分析。最后是本章的结论。

二、土地政策的传导机制与效应分析

小罗伯特·E. 卢卡斯（2003）把经济发展的机制描述为一个有相互作用的机器人构成的机械的人工世界，这些机器人是经济学进行典型研究的对象。这个虚拟世界能模拟真实世界行为的主要特征。而土地政策传导机制主要是指政府运用土地政策工具，直接或间接地调节土地市场的供求关系，通过控制土地供应量、供应结构和供应速度，使微观主体根据政策信号不断调整自己的经济行为，达到国民经济均衡的过程。或者说，土地政策信号变化而产生的脉冲所引起的经济过程中各中介变量的连锁反应，最终引起实际经济变量反应（卢为民，2010）。土地政策的传导方式包括：行政机关的命令式传导和市场的机械式（机器人世界）传导，我们更多地关注市场传导及其效应。

本节基于投资的弹性加速模型（Flexible Aceelerator Model）（Chenery, 1952; Koych, 1954），并进行修改，用于分析房地产市

场土地政策的传导机制和政策效应。对房地产市场产生冲击的因素较多，如土地供应的数量、产出水平的变化、资金使用成本（利率）、信贷规模等等。假设房地产开发商根据以下最优规划来确定最优土地资本存量：

$$\max F(K,\ L) - (r+\delta)PK - WL \tag{7.1}$$

其中，$F(K,\ L)$为生产函数；K 为资本存量；L 为劳动投入；r 为利率；δ 为资本折旧率；P 为资本相对产品的价格；W 为工资水平。上述最优规划的一阶条件为：

$$F_k = (r+\delta)P \tag{7.2}$$

（7.2）式表明，利润最大化要求资本边际生产率等于资本租赁价格，资本租赁价格包括了单位资本的利息和单位资本的折旧两个部分。对房地产开发商而言，作为资本存量的 K 中的一个很重要的部分是土地储备。持有土地需要承担资金占用成本以及因长时间不开发而被政府收回的风险，而土地的折旧存在两种情况：升值或贬值。如果土地升值，则 δ 前的系数为负，在房地产市场繁荣期，土地可能随房价上涨而升值，从长期来看，土地的稀缺性决定了土地价值的上升趋势，在资本边际生产率一定的条件下，δ 绝对值的上升要求资本利率 r 也随之上升，即政府会增加土地的持有成本。反之，当政府对 r 进行主动的向上调整时会对 δ 产生相应的向上推力，否则，土地价格就要下降。此时，政府的土地政策开始发生传导，我们注意到（7.2）式中的 P 是资本相对产品的价格，对土地资本来说，就是地价对于房价的相对值，即 $P = P_l/P_h$，P_l是土地价格，P_h是房价。于是，（7.2）式成为：

$$F_k = (r+\delta)P_l/P_h \tag{7.3}$$

假定地价及其升值幅度不变，则当政府出台政策增加土地的持有成本时，客观上要求房价 P_h上升才能使（7.3）式保持平衡。

这就是我们看到的政府收紧“地根”时，房价上涨的机理。以上分析假定其他条件不变，考察政府的土地政策如何在房地产市场传导。而现实情况往往是各种变量同时变动，究竟哪个变量的效应最为明显，则要看当时的市场环境和其他配套政策的着力点。

进一步，我们假定土地资本的产出弹性为 α，$\alpha \in (0, 1)$，即：

$$F_k \times \frac{K}{Y} = \alpha,$$

于是(7.3)式可以写成：

$$K = \frac{\alpha}{(r+\delta)P_l/P_h}Y = \theta Y \tag{7.4}$$

(7.4)式表明，房地产开发商最优土地存量是产出的一个固定比例。这个比例等于土地资本的最优产出弹性除以土地资本的租赁价格。用 Y_t 表示 t 期的产出，则第 t 期的最优土地资本存量为：

$$K_t = \theta Y_t \tag{7.5}$$

假设房地产开发商当期购置的土地资本可以在下一期投入开发，则其投资额为：

$$I_t = K_t - (1-\delta)K_{t-1} \tag{7.6}$$

其中，I_t 为第 t 期的投资，即当期用于购地的资本减去上一期土地储备的折旧。如果土地发生贬值，即 $1 > \delta > 0$，此时当期投资大小由前后两期投资相对大小决定；如果土地升值，即 $\delta < 0$，此时，可能会出现 $I_t < 0$ 的情况，这就是房地产开发商通过土地储备获得的丰厚收益。

将(7.5)式代入(7.6)式，得到：

$$I_t = \theta[Y_t - (1-\delta)Y_{t-1}] \tag{7.7}$$

(7.7)式为根据加速原理得到的投资函数，投资水平主要由产出的变化决定。根据弹性加速理论，当期实际资本存量只能对意愿资本存量的变化进行部分调节。用K_t^*和K_t分别表示第t期的意愿资本存量和实际资本存量，每期实际资本存量的调整服从：

$$K_t - K_{t-1} = \lambda(K_t^* - K_{t-1}) \tag{7.8}$$

其中，λ是常数，且$\lambda \in (0, 1)$，由(7.8)式递推可得到：

$$K_t = \lambda \sum_{i=0}^{\infty} (1-\lambda)^i K_{t-i}^* \tag{7.9}$$

(7.9)式表明，房地产开发商本期土地储备数量取决于过去的意愿土地储备数量。将(7.9)式代入(7.6)式，可求出各期的房地产开发投资水平：

$$I_t = \lambda \sum_{i=0}^{\infty} (1-\lambda)^i [K_{t-i}^* - (1-\delta)K_{t-i-1}^*] \tag{7.10}$$

再假设房地产开发商意愿土地储备量由(7.5)式决定，这样，(7.10)式可以改写成：

$$I_t = \theta\lambda \sum_{i=0}^{\infty} (1-\lambda)^i [Y_{t-i} - (1-\delta)Y_{t-i-1}] \tag{7.11}$$

(7.11)式为由弹性加速模型推导出来的房地产开发商开发投资函数。为简单起见，令$\delta = 0$，则(7.11)式可表示为：$I_t = \theta\lambda \sum_{i=0}^{\infty} (1-\lambda)^i \Delta Y_{t-i}$。这是一个无限滞后模型，在现实中远期产出对本期投资的影响会逐渐减小。从房地产开发投资的实际情况来看，当期和滞后一期的增量产出对本期的投资影响较大。综合(7.6)式和(7.11)式，设定回归模型为：

$$I_{it} = C + \beta_1 \Delta Y_{it} + \beta_2 \Delta Y_{i,t-1} + \beta_3 LD_{it} + \beta_4 LD_{i,t-1} + \varepsilon_{it} \tag{7.12}$$

其中，I是被解释变量，为房地产开发投资水平；ΔY为房地产产出增量；LD 是土地投入量；C 是常数；β 是回归系数（其中，β_1 和 β_2 用来反映产出量对投资的影响；β_3 和 β_4 用来反映土地投入量对投资的影响）。

以上数理推导过程表明，房地产开发商的土地储备决定于产出、土地租赁价格、土地资本最优产出弹性，房地产开发商当期购置的土地资本在未来投入开发，形成未来的投资水平。对房地产开发商而言，作为资本存量的一个很重要的部分是土地储备。持有土地需要承担资金占用成本和政策变动风险，政府通过政策调整增加或减少土地的持有成本——无论是土地供应量、供应结构还是供应速度的变化，最终都反映到开发商的土地持有成本上——此时，政府的土地政策开始向外传导，并通过房地产市场传导到整个经济系统。

三、土地政策区域效应的实证分析

一般而言，通过对经验数据进行实证检验，确认上述理论推导的结论与现实是否吻合。本节将对上一节土地政策的传导机制与效应进行实证检验和分析。

（一）数据说明

采用中国 31 个省市区的年度数据，即面板数据，对土地政策区域效应进行实证检验。模型涉及的变量包括：房地产投资水平用房地产开发商开发投资量代替，单位万元；房地产产出水平用商品房销售额代替，单位万元；土地投入量用房地产开发商完成开发土地面积代替，单位万平方米。由于各省市区的房地产开发商完成开发土地面积只能得到 1999 年以后的数据，故面板数据的时间区间是 1999—2008 年。为了去除价格因素对结论的影响，用固定资产投资价格指数将房地产开发投资额换算成用 2000 年价格表示的可比值；用居民消费价格指数将商品房销售额换算成 2000 年价格表示的可比值。所有数据来源于历年《中国统计年鉴》、中经网数据库和中宏网数据库。

(二) 变量序列的单位根检验

在进行正式的计量分析之前,必须对所用变量序列进行平稳性检验,否则,误用非平稳序列将导致伪回归,使结果不可信。本节首先采用 Eviews 6.0 软件对各变量进行 ADF 检验,由于所检验序列均值不为零,故检验时应包含常数项,采用 Schwarz 准则确定消除序列相关所需滞后的阶数,检验结果如表 7-1 所示。

表 7-1 各变量序列的 ADF 检验结果

变量	差分阶数	滞后阶数	ADF 统计值	Prob.	结论
I	0	1	13.237 2	1.000 0	非平稳
ΔI	1	1	94.493 2	0.004 9	平稳
Y	0	1	71.089 5	0.200 8	非平稳
ΔY	1	1	273.207	0.000 0	平稳
LD	0	1	66.174 4	0.334 9	非平稳
ΔLD	1	1	196.795	0.000 0	平稳

由表 7-1 可知,三个变量原序列都是非平稳的,一阶差分后变为平稳序列,即为一阶单整过程。当模型的变量含有非平稳序列时,不能直接进行回归,对其处理办法有两种:一是经过差分后再进行回归;二是通过协整检验分析变量间的长期趋势。协整检验的条件是所有变量都是同阶单整过程。方程(7.12)的各变量都是一阶单整,可以进行协整关系检验。Eviews 6.0 软件可以对面板序列进行协整检验,采用的是基于 Engle-Granger 两步法的 Pedroni 面板协整检验方法。根据 Pedroni(2001)的相关分析,原假设 H0:没有协整关系,对方程(7.12)的变量序列协整检验结果如表 7-2 所示,拒绝了变量间不存在协整关系的原假设,表明方程变量序列之间存在着协整关系,可以进行回归并分析变量间的

长期均衡关系。

表 7-2 方程(7.12)变量序列协整检验结果

变量	组内统计量	组间统计量
I_t、Y_t、Y_{t-1}、LD_t、LD_{t-1}	*Panel v-Stat.* = 4.654 173 (0.000 0)	*Group rho-Stat.* = 8.879 000 (0.010 0)
	Panel rho-Stat. = 6.808 448 (0.010 0)	*Group PP-Stat.* = 4.487 106 (0.000 0)
	Panel PP-Stat. = −4.249 363 (0.000 0)	*Group ADF-Stat.* = −1.573 588 (0.057 8)
	Panel ADF-Stat. = 0.139 374 (0.005 5)	

注：( )内是对应统计量的伴随概率。

(三) 模型的识别

为避免模型设定错误带来的估计结果与真实经济现实的偏差，需要对模型的具体形式进行设定。面板数据模型有三种基本类型：无个体效应的不变系数模型、变截距模型和变系数模型；若存在个体效应时，则又分为固定效应（Fixed Effect）和随机效应（Random Effect）。本文采用构建于 F 统计量基础上的协方差检验来判定模型形式；采用 Hausman 检验来判定固定效应还是随机效应。根据高铁梅(2006)所给出的方法，计算得到 F_1、F_2 的值及查表得它们在相应的置信度下的临界值(表 7-3)。首先检验 F_2，若 F_2 的值不小于给定置信度下的相应临界值，则继续检验 F_1，否则采用无个体影响的不变系数模型；若 F_1 的值仍不小于给定置信度下的相应临界值，则采用无约束模型，否则，采用变截距不变系数模型。Hausman(1978)首先提出了检验固定效应还是随机效应的方法，称为 Hausman 检验。它的基本原理是，假定 H0：随机效应成立，H1：固定效应成立。然后将随机效应和固定效应的回归结果进行比较,如果两种回归结果出现显著性差异,则否定原假定,选择固定效应模型;如果两种回归结果没有显著性差异,则不能否定原假定,选择随机效应模型。检验形式是:

$$H=\chi^2[K]=[F-R]'\widehat{\sum}^{-1}[F-R]$$

其中,F 是固定效应模型的估计系数;R 是随机效应模型的估计系数;$\widehat{\sum}=Var[F]-Var[R]$。$H$ 服从一定自由度的卡方分布(Chi-squared),若 H 大于临界值则接受固定效应,反之接受随机效应。

表 7-3 模型形式设定检验

方程	F 统计值	自由度	临界值		
			(α=0.1)	(α=0.05)	(α=0.01)
方程(7.12)	F_2=3.046 32	F(150, 155)	1.25	1.33	1.50
	F_1=1.008 333	F(120, 155)	1.21	1.27	1.41
方程(7.14)	F_2=1.497 159	F(180, 93)	1.26	1.32	1.44
	F_1=0.760 909	F(150, 93)	1.27	1.38	1.46

由表 7-3 的结果可知,方程(7.12)是存在个体效应的变截距模型。考虑到中国经济发展的横向不均衡性和纵向周期波动性,省市区间的差异很可能导致存在区域效应;宏观经济的周期波动很可能导致存在时间效应。因此,我们采用包含时期个体恒量的变截距模型,用以观察区域效应和时间效应。对方程(7.12)进行 Hausman 检验,结果如表 7-4 所示。

表 7-4 方程(7.12)的 Hausman 检验结果

Test Summary	Chi-Sq. Statistic	Chi-Sq. d. f.	P 值
Period random	3.264 063	4	0.514 6
Cross-section random	87.734 202	4	0.000 0

由表 7－4 可知，时间效应检验的卡方值 3.264 063 小于临界值 4，得到的 P 值为 0.514 6，不能拒绝采用随机效应的原假设；区域效应的卡方值 87.734 202 大于临界值 4，得到的 P 值为 0.000 0，说明固定效应模型更为合适。综合来看，我们需要控制区域固定效应。

根据模型形式设定，把方程(7.12)的具体形式表达为：

$$I_{it} = C + \beta_1 \Delta Y_{it} + \beta_2 \Delta Y_{i,t-1} + \beta_3 LD_{it} + \beta_4 LD_{i,t-1} + \alpha_t + \mu_i + \varepsilon_{it} \qquad (7.13)$$

这里 C 表示各截面省市区各时期的平均效应；α_t 是时间效应，表示某一年份对平均效应的偏离，用以反映不同年份房地产开发投资的差异性；μ_i 是省市区个体效应，表示个体对平均效应的偏离，用以反映样本省市区间的房地产开发投资差异；ε_{it} 服从独立同分布。

对具有协整关系的方程(7.13)进行回归，采用的是基于 Engle-Granger 两步法的误差修正模型。由戴维森等人(Davidson，1978)提出的误差修正机制(Error Correction Mechanism)模型假定变量间存在长期稳定关系(均衡关系)，而短期内当被解释变量与解释变量发生偏离时，被解释变量的短期动态变化就会依据前一期对长期稳定关系的偏离程度不断进行调整。首先对具有长期均衡关系的方程(7.13)进行协整回归，并对回归残差进行平稳性检验，ADF 检验结果(为节省篇幅，未报告，下同)显示，残差序列是平稳的，这进一步印证了方程(7.13)的变量具有协整关系的结论。用残差序列表示误差修正项，以 ECM_{it} 表示，令：

$$\varepsilon_{it} = ECM_{it} = I_{it} - C - \beta_1 \Delta Y_{it} - \beta_2 Y_{i,t-1} - \beta_3 LD_{it} - \beta_4 LD_{i,t-1} - \alpha_t - \mu_i$$

再对方程(7.13)建立如下误差修正模型：

$$\Delta I_{it} = C' + \beta'_1 \Delta\Delta Y_{it} + \beta'_2 \Delta\Delta Y_{i,t-1} + \beta'_3 \Delta LD_{it} + \beta'_4 \Delta LD_{i,t-1} + \alpha_t + \mu_i + \lambda ECM_{i,t-1} \qquad (7.14)$$

方程(7.13)和(7.14)一起构成了反映房地产销售量和土地开发面积对房地产开发投资影响的动态模型。方程(7.13)反映了房地产开发投资与其影响因素之间的长期均衡关系;方程(7.14)表示房地产开发投资的短期波动不仅受短期因素的影响,还受投资偏离均衡趋势程度的影响。经模型设定(表7-3)及Hausman检验,方程(7.13)为区域固定效应、时间随机效应变截距模型。对方程(7.14)的Hausman检验发现(表7-5),时间效应和区域效应都拒绝了随机效应的原假设,采用固定效应为宜,即方程(7.14)为双向固定效应模型。固定效应是在每一个截面上除去时间均值的组内变换。

表7-5 方程(7.14)的Hausman检验结果

Test Summary	Chi-Sq. Statistic	Chi-Sq. d.f.	P值
Period random	11.933 136	5	0.035 7
Cross-section random	170.679 242	5	0.000 0

(四) 回归结果分析

方程(7.13)的回归结果如表7-6所示。

表7-6 方程(7.13)的回归结果

被解释变量 I				
解释变量	系　数	标准差	T值	P值
C	615 371.2*	343 300.1	1.792 517	0.074 3
ΔY_t	0.180 336***	0.062 205	2.899 070	0.004 1
ΔY_{t-1}	1.201 459***	0.096 151	12.495 59	0.000 0
LD_t	1 315.488***	506.299 3	2.598 243	0.009 9
LD_{t-1}	3 132.799***	564.304 1	5.551 615	0.000 0
R^2	0.899 624			

续　表

被解释变量 I					
解释变量	系　数	标准差	T 值	P 值	
$Adj\ R^2$	0.885 637				
F-$stat.$	64.319 43				
$Prob(F)$	0.000 000				
$D.W.$	1.602 808				
区域固定效应					
北京	天津	河北	山西	内蒙古	辽宁
6 591 538	−2 140 787	−307 771.1	−457 705.5	−662 529.3	780 088.2
吉林	黑龙江	上海	江苏	浙江	安徽
291 206.2	−341 556.9	4 281 922	1 833 592	1 985 375	−71 493.6
福建	江西	山东	河南	湖北	湖南
318 989.1	−1 669 979	−1 827 715	−1 057 237	−1 155 301	−1 085 240
广东	广西	海南	重庆	四川	贵州
938 911.9	−941 332.3	−388 411.5	−472 889.4	1 757 013	187.7
云南	西藏	陕西	甘肃	青海	宁夏
−1 072 855	−676 299.8	284 460.1	−818 841.3	−715 430.7	−424 258.2
新疆					
−1 480 835					
时间随机效应					
2000	2001	2002	2003	2004	2005
−632 565	−757 877	−834 120	−747 664	−309 773	187 536.8
2006	2007	2008			
−714 800	1 706 691	2 102 570			

注：***、** 和 * 分别表示在 1%、5%和 10%的水平上显著。

鉴于本章的研究目的是分析房地产市场宏观调控土地政策传导的区域效应，表 7－6 中的 LD_t、LD_{t-1} 以及区域固定效应是这里重点关注的内容。

从全国总体的长期趋势来看，商品房销售额每增加 1 000 万元，将使本期房地产开发投资增长 180 万元，将使下一期房地产开发投资增长 1 200 万元。房地产开发投资的滞后效应比较明显。房地产开发商完成土地开发面积每增加 1 万平方米，将使本期房地产开发投资增长 1 315 万元，将使下一期房地产开发投资增长 3 133万元。一个内在的逻辑是，商品房销售增加会带动房地产开发投资，房地产开发商会增加拿地的动力，本期拿地一方面会促进房地产开发商对已有土地储备的开发，即增加本期投资，同时会在后期增加开发投资力度。因此，从长期来看，在销售—拿地—开发的过程中，销售是逻辑起点，它决定了房地产开发商在其他两个环节中的行为。当然，鉴于土地资源在房地产业中的特殊地位，在短期，对土地的囤积很容易造成整个开发、销售系统的紊乱，影响市场秩序。即使在实行土地私有制的国家，对土地的规划用途也有严格的限定。一般意义上的宏观调控措施主要体现为货币政策和税收政策的不同搭配，由于我国正处于特殊的体制环境和历史发展阶段，土地政策调控已经成为宏观调控的标志性手段之一。这是因为：第一，我国正处于城市化中期阶段，城市建设和重工业化的主要载体是土地，从某种意义上讲，控制了土地的开发速度，也就控制了固定资产投资增速和 GDP 增速。第二，我国商品市场已基本放开，但资源性产品和要素市场化改革进展相对滞后。土地一级市场还完全控制在地方政府手中，土地成为地方政府唯一可自主配置的要素资源。第三，房地产业已成为影响我国宏观经济发展的重要支柱产业，房地产市场对土地市场的依赖性最强，因此国家可通过调控土地市场来影响宏观经济发展。

由于固定效应模型是去除了截面时间差异的组内估计，因此

表 7－6 中区域固定效应反映的是在考察区间内，不同省市区的房地产开发投资的差异情况。在控制土地投入量不变的情况下，房地产开发投资在趋势上对均值发生正偏离的省市区由高到低排序是：北京、上海、浙江、江苏、四川、广东、辽宁、福建、吉林、陕西。在这 10 个地区中，有 7 个在东部，一个在中部，两个在西部。这说明东部地区更具有房地产开发投资冲动，更容易偏离正常的趋势线。

方程(7.14)的回归结果如表 7－7 所示。

表 7－7　方程(7.14)的回归结果

<table>
<tr><td colspan="6">被解释变量 ΔI</td></tr>
<tr><td>解释变量</td><td>系　数</td><td>标准差</td><td>T 值</td><td colspan="2">P 值</td></tr>
<tr><td>C</td><td>805 086.3***</td><td>54 013.21</td><td>14.905 36</td><td colspan="2">0.000 0</td></tr>
<tr><td>$\Delta\Delta Y_t$</td><td>0.082 349***</td><td>0.025 019</td><td>3.291 398</td><td colspan="2">0.001 2</td></tr>
<tr><td>$\Delta\Delta Y_{t-1}$</td><td>0.196 890***</td><td>0.052 036</td><td>3.783 751</td><td colspan="2">0.000 2</td></tr>
<tr><td>ΔLD_t</td><td>1 030.803***</td><td>204.161 1</td><td>5.048 966</td><td colspan="2">0.000 0</td></tr>
<tr><td>ΔLD_{t-1}</td><td>1 513.064***</td><td>242.352 2</td><td>6.243 246</td><td colspan="2">0.000 0</td></tr>
<tr><td>$RESID$</td><td>0.283 842***</td><td>0.035 205</td><td>8.062 584</td><td colspan="2">0.000 0</td></tr>
<tr><td>R^2</td><td>0.755 468</td><td></td><td></td><td colspan="2"></td></tr>
<tr><td>$Adj\ R^2$</td><td>0.705 369</td><td></td><td></td><td colspan="2"></td></tr>
<tr><td>$F\text{-}stat.$</td><td>15.079 43</td><td></td><td></td><td colspan="2"></td></tr>
<tr><td>$Prob(F)$</td><td>0.000 000</td><td></td><td></td><td colspan="2"></td></tr>
<tr><td>$D.W.$</td><td>1.620 022</td><td></td><td></td><td colspan="2"></td></tr>
<tr><td colspan="6">区域固定效应</td></tr>
<tr><td>北京</td><td>天津</td><td>河北</td><td>山西</td><td>内蒙古</td><td>辽宁</td></tr>
<tr><td>808 057.9</td><td>−372 773.1</td><td>41 322.84</td><td>−579 383.2</td><td>−314 801.2</td><td>886 770.9</td></tr>
<tr><td>吉林</td><td>黑龙江</td><td>上海</td><td>江苏</td><td>浙江</td><td>安徽</td></tr>
<tr><td>−202 009.2</td><td>−500 948.4</td><td>182 710</td><td>2 124 624</td><td>854 627.7</td><td>317 248.7</td></tr>
</table>

续 表

区域固定效应					
福建	江西	山东	河南	湖北	湖南
152 205.9	−354 678.5	822 452.1	197 313.3	−65 267.21	−26 945.09
广东	广西	海南	重庆	四川	贵州
1 372 647	−275 692.6	−636 992	−85 371.69	448 160.4	−531 283.3
云南	西藏	陕西	甘肃	青海	宁夏
−378 235.4	−801 415.8	−105 628.7	−714 659.1	−781 343.6	−741 586.6
新疆					
−739 126.2					
时间固定效应					
2001	2002	2003	2004	2005	2006
−399 296.7	−402 185.2	−140 525.7	144 464	−112 955.1	57 596.47
2007	2008				
428 305.1	424 597.1				

注：*** 、** 和 * 分别表示在 1%、5%和 10%的水平上显著。

表 7 - 7 显示的是短期内各自变量对因变量的影响效应。短期来看，房地产销售额每增加 1 000 万元，会在本期使房地产开发投资增长 82 万元，会使滞后一期的房地产开发投资增长 197 万元。与长期相比，房地产销售额对开发投资的影响要小一些。这主要是因为房地产开发投资具有周期性，需要一定的反应时间，在更长的时间内才能看出这种销售额对投资的影响。土地开发面积每增加 1 万平方米，会使房地产开发投资增长 1 030 万元，会使滞后一期的房地产开发投资增长 1 513 万元。短期内土地投入量对

开发投资影响的滞后效应不如长期明显，而且影响系数也都小于长期。说明通过控制土地投入量来调节房地产开发投资水平的政策效果，长期会更加明显。

土地政策对房地产市场的调控效果明显，但主要表现在供给层面。土地政策对房地产市场的影响主要通过两个途径：第一，通过调节土地供应量影响房地产价格。土地供应量决定房地产开发商可开发的土地量和产品结构，影响房地产开发商的投资规模，从而影响房地产市场的供给数量和结构，最终影响房地产价格。第二，通过调节土地价格影响房地产价格。土地价格是房价的最重要成本之一，土地价格的上涨会引起房地产开发商的生产成本增加，房地产开发商的投资规模下降，房地产市场的供给减少，最终影响房价。从我们的实证结果来看，土地投放量对房地产开发投资的影响具有滞后性，且长期影响大于短期。这是因为，在房地产市场中，土地供给对房地产价格的影响并不是同步的，在一定程度上存在“时滞”。政府通过调整土地供应来规范和稳定房地产市场的运行，而与金融政策、税收政策等调控措施相比，土地政策调控对增量市场的影响最为直接，但是效果显现的时间更长。无论是土地总量调控还是结构调控，土地供应时滞都是影响调控效果的重要因素。忽视土地供应时滞的存在，就无法清楚地把握调控的影响效应，达不到预期的效果。因此，在确定土地投放量时，要充分考虑土地供应的时滞因素，适当增加土地投放。土地政策这一调控手段对房地产供给的影响是很有效的，因为土地是房地产开发商的第一资源，拥有了土地就可通过土地储备抵押贷款，获得资金，形成开发能力。中央政府为了抑制房价过快上涨，对房地产市场宏观调控的重点是打击和控制房地产投机和投资，这属于需求管理。土地政策难以对房地产市场的土地需求实行调控，只能通过增加或减少土地供应量，来满足土地需求。因此，作为房地产市场的需求管理，必须更多地动用货币政策和税收政策工具。

四、对实证结果的进一步分析

上述对土地政策区域效应实证检验的结果，对于更好地发挥土地政策在房地产市场宏观调控中的有效性具有启发意义。

首先，土地供应量确实是影响房地产开发投资的重要因素。当土地开发量增大时，会引起房地产开发投资的增长，但这种影响具有滞后效应，滞后一期的影响大于本期，长期影响系数大于短期。在经济系统中，房地产开发投资增长带动经济增长，经济增长推动楼市繁荣，房价上涨引致土地升值，房地产开发商增加土地储备，在政府限定土地开发时间的政策作用下，增加土地储备则增加了土地开发的基数，促使房地产开发投资增加，这是一个传导过程。因此，政府确定土地供应量并投放市场，可以调节经济的冷热程度。政府增加土地供应量，是撬动经济由冷转热的引擎。反之，当土地供应量减少时，则会抑制房地产开发投资增长的速度，投资增速降低又是经济紧缩的信号，因此严格控制土地供应规模是促使房地产市场由热向冷转变的制动措施。拉姆齐(Ramsey, 1995)的研究发现，那些保持经济稳定快速增长的国家，其产出的波动性也显著降低，由此推断，经济周期稳定性的增强是导致经济快速增长的主要条件之一。剧烈波动的经济增长是动态无效率的，政府宏观调控的目标之一是实现平稳较快地经济增长。房地产业发展对中国经济增长的贡献份额大，避免房地产开发投资的大起大落是保持平稳较快经济增长的重要途径。政府科学确定土地投放量，决定房地产开发投资的力度，进而实现经济增长的目标，所以土地政策是房地产市场宏观调控的重要手段。相对于货币政策和税收政策，房地产市场上土地资源的稀缺性和不可替代性更强，特别是在市场过热的时候，控制土地供应规模，对抑制房地产开发投资可以起到明显的效果。

其次，短期内土地开发对房地产开发投资的影响小于长期，这就要求土地政策具有前瞻性和长远性，而政策效应时滞也影响土地政策对房地产市场宏观调控的效果。由土地投放引致的房地产开发投资需要一个建设周期，如何拿捏土地政策的力度是一个挑战。土地政策反应过慢、过温则难以达到调控的效果；土地政策过急、过猛又容易导致房地产开发投资的过度波动，甚至造成大量的烂尾楼，严重拖累经济增长。

再次，土地政策必须适应房地产市场的区域差异性。从全国来看，房地产市场存在明显的区域差异性，东中西部差距较大。据《中国统计年鉴 2011》的数据，2010 年东部地区房地产开发投资占据中国总量的 59.93%，依然是重点区域，但中西部地区房地产投资增速明显快于东部，成为新的热点。2010 年房地产开发投资，东部地区 28 920.68 亿元，增长 32.3%；中部地区 9 595.38 亿元，增长 33.56%；西部地区 9 743.34 亿元，增长 35.36%。中西部的房地产市场潜力巨大，对房地产企业充满了诱惑。土地政策的制定和实施，必须充分考虑这种区域差异。

从中国近年来的实践来看，伴随着土地招拍挂制度的实行和中央对 18 亿亩耕地红线的严防死守，在房地产市场一轮轮升温的背景下，土地价格出现了大幅度飙升。土地特性、中国的土地制度和土地政策决定了地价走势，高度垄断的土地供给机制推动了地价上涨，房价上涨诱致地价上涨，地价上涨反过来推升房价上涨。中国的土地政策对房地产市场宏观调控的效果不理想，究其原因如下：

第一，房地产业与其他相关产业关联性强，制约了土地政策的调控力度和范围。土地市场地王频现和房价的较快上涨，一度倒逼中央政府连续出台严厉的土地政策，但房地产业对于实现经济增长目标至关重要，一旦出现保增长的要求，就只能放松土地政策对房地产市场的调控。2008 年中央经济工作会议进一步强调房地产业的支柱产业地位，2009 年房地产市场的快速复苏对经济增长做出了重要贡献，2010 年土地市场出现了历史性的突破，土地出让量大幅度上升，促进了房地产开发投资的增长，大大降低了土地政策调控的效能。

第二，地方政府过度依赖土地财政，削弱了地方政府严格执行中央政府的土地政策的动力。当前，地方政府从土地市场获得的收入大约占地方财政收入的 30％—50％。1994 年分税制改革以来，中央上收财权，下放事权，地方财政对土地市场的依赖越来越大，以及房地产业发展对经济增长的拉动，使地方政府很难抵挡高地价的诱惑。中国城乡二元的土地所有权结构、经营性用地招拍挂出让方式、土地出让收益全部归地方政府支配的收益分配制度，以及政府垄断土地一级市场的制度设计，使得城市土地供应商只有地方政府一个，地方政府的利益交织在土地市场中，这正是土地政策在房地产市场宏观调控中落实的难点所在。事实上，追求土地增值的房地产开发商与追求财政收入和 GDP 的地方政府一起推高了房价。

第三，土地政策与货币政策、税收政策配合不当，影响了土地政策的调控效果。在房地产市场宏观调控过程中，土地政策与货币政策、税收政策必须合理搭配，否则，这些政策的调控效果将相互抵消。2010 年国务院政府工作报告明确提出“抑制土地价格过快上涨”，中央政府试图从土地供应源头上抑制房价过快上涨。2010 年 3 月 8 日，国土资源部发布 19 条土地调控新政，在《关于加强房地产用地供应和监管有关问题的通知》（简称国 19 条）中明确规定，开发商竞买土地保证金最少两成、一个月内付清地价 50％、囤地开发商将被“冻结”。但在当时，由于货币市场的流动性十分充裕，土地竞买门槛提高，反而促使资金充足的开发商垄断土地的购买，特别是部分“央企”进入土地市场，结果制造了不少“地王”，吹大了房地产泡沫，加剧了金融风险。随着中国人民银行不断收紧流动性，土地市场过于亢奋的状态才逐步受到遏制。

中央政府的土地政策能否达到预期调控目标，很大程度上取决于中间传导环节的执行情况。中央政府一直在完善制度设计，以强化政策的权威性。在中国土地政策的演进过程中，有两项制度创新具有里程碑意义，它们将影响土地市场的格局。一是被称为“831”大限的土地出让“招拍挂”制度的确立；二是土地出让收支两条线划定。2004 年 3 月，国土资源部、监察部联合下发了《关于继续开展经营性土地使用权招标拍卖挂牌出让情况执法监察工作的通知》，规定从 2004 年 8 月 31 日起，所有经营性的土地一律都要采用招拍挂方式，掀起了地产界的“土地革命”。时隔两年半，国务院办公厅于 2006 年年底下发《关于规范国有土地使用权出让收支管理的通知》，规定土地出让收支全额纳入地方基金预算管理，收入全部缴入地方国库，支出一律通过地方基金预算从土地出让收入中予以安排，实行彻底的“收支两条线”。上述政策实施后，土地招拍挂出让面积占比大幅提升，客观上强化了城市建设用地的“稀缺性”和价格导向，出现了政府垄断土地供给、市场竞争定价的中国土地市场形态。

其实，从世界范围来看，无论实行土地私有制还是公有制的国家，政府都对土地市场运行实行干预。如表 7 - 8 和表 7 - 9 所示，国外土地市场管理模式的主要特点是：第一，注重发挥市场机制作用，合理配置土地资源。虽然政府在土地管理上有诸多行政权力，但这些权力主要侧重于从宏观上控制、引导土地使用，而不是直接干预土地资源配置，政府调控是建立在市场机制的基础之上的。第二，建立了完善的土地资源管理体制。从国际经验来看，多数国家实现的是土地资源的垂直管理体制，即土地市场的管理由独立机构进行。这种管理体制具有集中统一、精干高效、依法行政的特点。

表 7-8 不同国家或地区土地制度比较

代表国家或地区	土地产权制度	土地市场体系	政府调控与价格形成
美国	60%私有,40%公有(联邦32%多,州及地方政府7%多)。法律严格保护土地所有权,但政府拥有土地使用权的终决权(如占有、先买权),因此土地并非绝对的私有。	土地所有权和使用权均可自由交换、买卖、租赁。	政府一般不干涉私有土地的交易,私有土地价格完全由交易双方根据土地经济价值进行估计,或由私人估价公司帮助达成协议,但政府可通过定价权和先买权控制交易价格。为发展公共设施和社会保障,为某些行业提供廉价土地,为低收入者供应优惠住房用地。
德国	绝大部分私有,小部分公有。法律保护土地所有权,但政府拥有土地先买权,因此土地并非绝对的私有。地上房屋建筑是土地的组成部分,从属于土地。居住用地使用权年限一般99年,工业用地70年,土地使用者每年向所有者交付土地出让金。使用期结束后,地上建筑物连同土地使用权一并归还土地所有者,后者支付一定的建筑补偿费。	原则上,土地所有权和使用权可自由交换、买卖、租赁。政府具有先买权:一切土地交易必须向政府申请,政府审核后确定不行使先买权时,买卖才能成交。	征用土地的补偿价格计算标准以当时周边交易价格为准,但凡是因预测土地将被征用而引起的价格投机成分,不算在补偿价格中。因政府先买权的存在,土地价格实际上完全由政府掌握。如果协商价格超过一定水平,政府享有不承认此项交易的权限。

续　表

代表国家或地区	土地产权制度	土地市场体系	政府调控与价格形成
英国	85%私有，15%公有。	土地所有权和使用权交易自由，政府享有征用土地的权利。	价格在律师参与下由买卖双方协商，政府征地补偿价格也为协商价格，但由于公共设施修建计划引起的地价上涨不予考虑。
澳大利亚	72%私有，28%公有。	私有土地所有权和使用权自由交易。政府可以在《地方政府法》规定范围内租赁、购买或收回土地，或通过拍卖和协议方式出让土地。	价格形成机制同英国。政府有权在一定期限内为公共基础设施规定保留用地，制定期内若未建设，到期失效。
台湾	“平均地权”制度：农地农民所有，市地市民所有，富源地全民所有。土地私有权受法律保护，私人在当局法律及土地利用计划限制下拥有土地所有、使用、收益等权利。	土地所有权转让由政府垄断控制，政府对公有土地无偿使用，对私有土地可有偿征收。土地使用权分为政府公有土地使用权纵向出让和私有土地使用权横向流转两类。	以市场地价为基础，实行“规定地价”制。当局设定标准地价，地主在规定期限内申报土地价格，浮动区间不得超过20%。凡已被城市划定为公共设施保留地的申报地价不得高于标准地价。

续 表

代表国家或地区	土地产权制度	土地市场体系	政府调控与价格形成
新加坡	20%私有,80%公有。	对公有土地,所有权与使用权严格分离,政府只出让土地使用权。对私有土地,允许买卖交易,但受政府严格控制。	政府出让公有土地使用权时,先确定标准价格,然后由土地局公开招标或拍卖。私有土地交易价格为协商价格。政府很少将国有土地使用权出让给私人开发商,而是有偿、有期地出让给住房发展局等法定机构,再由这些机构完成土地开发后,以招标等方式转租给私人开发商。私人开发商取得使用权后,其转让受政府严格控制。
香港	100%公有	土地租用制,只租不卖,批租期一般为 75 年。土地使用权由政府批租给土地使用者,土地使用权可在政府调节下横向流转。	根据房地产开发项目预期市场价值,估计土地价值,确定底价后采用招标或拍卖方式出让。土地(批租)价格为一次收取整个出让期限内各个年度地租的贴现值总和(也即"土地出让金")。实行土地登记、查阅制度,为公众所监督。

资料来源:中金公司行业报告。

表 7-9 地价占房价比重的国际比较

代表国家	地价占房价比重	特 点	其 他
美国	全国平均 20%—30%；土地利用控制较严；取得土地和建筑许可较难；经济相对繁荣、城市人口增加较快（外来人口迁入）的地区（如加州）达到 30%—50%。	地价占房价比重较低。原因： 1. 土地资源比较充足； 2. 当地价超过房价的 30%时，银行一般不给贷款。	房屋建造成本与金融成本占房价 50%—70%。
英国	全国平均 30%—35%；伦敦 40%—45%。	英国城市规划要求在城市周围建立“绿带”以限制城市无节制扩张，这一政策提升了地价水平。	开发商近年来开始通过加大容积率规避高地价。
瑞典	全国平均 20%；首都斯德哥尔摩 25%。	地价水平较低。原因： 1. 地广人稀； 2. 居民更注重房屋建筑质量。	近年来住房质量与娱乐设施是影响瑞典房价的主要因素，占房价 70%。
韩国	全国平均 50%—60%；首尔 50%—65%。	近年地价增长率远超 GDP 和 CPI。原因： 1. 工业化和城市化快速发展以及人口快速增长； 2. 政府仿效英国在城市周围设置“绿带”限制城市扩张； 3. 土地投机行为。	

续 表

代表国家	地价占房价比重	特 点	其 他
日本	全国平均60%—75%;东京65%—80%。	日本是世界上地价最贵的国家之一。原因: 1. 日本房屋从属于土地,房地产价值主要看土地价值; 2. 土地资源稀缺; 3. 城市化水平高,城市人口密集。	开发商取得土地后的一项重要工作是拆除原有建筑并设计如何开拓出更大的土地空间。
新加坡	目前50%—55%;20世纪80年代曾高达60%—70%。	地价较高,主要原因是土地资源稀缺。	为充分利用土地,降低地价占房价的比例,政府鼓励开发高层住宅。

资料来源:各国政府网站,中金公司研究部。

中国城市土地归国家所有,城市土地出让的模式在很大程度上也是学习香港的经验。但城市土地国有、农村土地集体所有的二元结构是有别于国际上其他国家的一大特色,相应地形成了城乡土地二元结构以及土地市场的三种基本类型:土地所有权市场,也称"土地征购市场",是指国家为公共目的而强制取得原土地权利人的土地权利并给予合理补偿的行为。农村集体土地征购是这一市场中最主要的组成部分,是城市增量土地的源头,是城市土地市场的基础环节。城市土地使用权初级市场,由国家垄断经营,指国家有偿、有期限地将土地使用权让渡给土地经营者或使用者。城市土地使用权二级市场,也称"城市土地使用权转让市场",指城市土地使用权在不同的使用者之间横向转让形成的市场。土地所有权市场和城市土地使用权初级市场对房地产市场的影响最大。前者是城市增量土地的源头,或者说是城市空间扩张的基础途径;

后者则直接影响房地产开发过程中的土地供应。现有城市建设用地量较少，农村建设用地量虽然较大，但须通过土地所有权市场才能形成城市建设用地供给，这是导致中国特有的城市征地模式以及相关一系列问题的最根本原因。

五、结论与政策建议

本章分析了房地产市场土地政策的传导机制，并对土地政策的区域效应做了实证检验。土地政策的传导机制是指土地政策在房地产市场的机械式传导过程，通过一系列中介变量的连锁反应，对房地产市场产生影响。根据理论模型分析，在市场经济条件下土地作为房地产业的重要生产要素，从“质”和“量”两个方面表现出对房地产开发投资的影响。从“质”的方面来看，土地价值的波动对房地产开发商的投资行为产生影响；而从“量”的方面来看，土地供应量的变化对房地产开发投资水平具有调节功能，借此政府可以调控房地产市场。在此基础上，运用1999—2008年31个省市自治区的面板数据，对土地政策区域效应进行实证检验。结果显示，从全国长期趋势来看，房地产开发投资的滞后效应比较明显。短期内土地投入量对房地产开发投资的影响的滞后效应不如长期明显。因此，从长期来看，调整土地投放量具有调节房地产开发投资水平的政策效应。政府科学确定土地投放量，决定房地产开发投资的强度，进而实现经济增长的目标，所以土地政策是房地产市场宏观调控的重要手段。短期内土地开发对房地产开发投资的影响小于长期，这就要求土地政策具有前瞻性和长远性，而政策效应时滞也影响土地政策对房地产市场宏观调控的效果。从全国来看，房地产市场存在明显的区域差异性，东中西部差距较大。因此，土地政策必须适应房地产市场的区域差异性。

根据上述研究结论，要进一步提高土地政策对房地产市场宏观调控的效果，必须采取治本之策。首先，要破除地方政府对土地财政的依赖。根据国际经验，地方政府的主要财政来源是土地财产税和房地产税，而不是土地出让收入。地方政府钟情于卖地快速获利的做法，实际上是"寅吃卯粮"，这种土地财政是缺乏可持续性的，将对房地产市场造成很大的困扰。因此，必须着手房地产税制改革，从制度上改变地方政府财政收入方式。其次，重新审视土地储备制度。一方面，土地储备制度使土地市场被地方政府玩弄于股掌之间，极易寻租，土地储备领域是滋生腐败的重灾区；另一方面，土地市场被地方政府控制，导致中央政策在地方政府利益面前被有形的手化解。实践证明，中央政府控制建设用地指标，地方政府实际掌握土地支配权的模式，抵挡不住地方政府消耗土地资源促使地区经济发展、获取政治经济利益的热情。因此，应从中央政府层面限制土地储备量，防止地方政府通过土地储备控制土地市场。再次，针对不同区域的市场环境和经济现实，强化主体功能区规划，实行土地政策的分类指导。国家主体功能区规划已经出台，制定和实施不同主体功能区的土地政策，改变土地政策一刀切的状况，在土地利用总体规划指导下，优化建设用地供应结构，促进工业化和城市化协调发展。

第八章　货币政策：行业效应与区域效应

一、问题的提出

货币政策传导机制决定了货币政策对国民经济宏观调控的效果，货币政策是否有效，关键在于其传导机制是否通畅。对这一问题判断的准确程度直接影响到最终目标的实现程度。以总量调节为目标的货币政策往往会引起货币政策反应强烈部门的过度波动(Raddatz and Rigobon, 2003)。因此，要全面、准确地把握货币政策效应，必须深入到行业层面具体探究货币政策对不同行业的影响。在货币政策实施过程中，由于“金融加速器”效应，融资能力不同的企业受货币政策冲击力度是不一样的。在融资过程中，企业的资产负债表状况决定了企业的外部融资升水程度①。而企业的资产负债表状况具有明显的行业特征，不同行业在货币政策实施过程中对利率、货币供给量等变量的敏感程度也会有差异，因而货币政策效应必然存在一定的行业差异。遗憾的是，当前对我国货币政策效应的研究更多地集中在对国民经济的传导机制和影响力上，而忽视了不同行业的差异。事实上，20 世纪 80 年代以来，中国经济发展的一个显著特征是行业的不平衡发展，制造业投资占

---

① 由于信贷市场的信息不对称，企业的外部融资成本高于内部融资成本，两者之差称为外部融资升水。

固定资产投资的比重下降，房地产投资占固定资产投资的比重大幅上升。因此，研究中国货币政策传导机制，必须关注货币政策冲击在部门、产业层面的差异。

从行业层面深入探讨货币政策效应，比从宏观经济层面研究货币政策效应更有价值。这是因为：(1) 货币政策效应的决定因素在一个经济体内部各产业之间是存在差别的。举例来说，资本密集型产业如钢铁、汽车、房地产等行业，对利率的敏感程度要高于劳动密集型产业，如服装、纺织业、家具制造业等。这意味着货币政策在行业间存在分布效应(distributional effects)，选择行业层面的数据可以验证这种效应的存在及大小。伯南克和盖特纳(Bernanke and Gertler, 1995)从信贷传导渠道角度研究了货币政策行业效应问题，货币政策对耐用消费品与非耐用消费品冲击的影响是存在显著差异的。(2) 由于可以收集到更丰富、更翔实的产业数据，从行业维度研究货币政策效应能够更清晰地辨别问题的本质。以测度不同规模的企业所面临的信贷摩擦为例，以往的研究如卡什亚普和斯特恩(Kashyap and Stein, 1994)、盖特纳和吉尔克里斯特(Gertler and Gilchrist, 1994)的假设前提条件是小企业可能所面临的信贷摩擦更大，然而，相同规模的企业由于所属行业不同，在货币政策冲击时所受到的信贷摩擦是不一样的。艾肯鲍姆(Eichenbaum, 1994)的研究发现并不是所有小企业都存在信贷摩擦，信贷摩擦多数情况下存在于与经济周期相关的敏感性行业。利用不同国家(区域)行业层面数据，控制行业层面的相关变量如投资倾向、企业借款能力、企业规模以及企业利息负担等，进行实证研究得出的结论会更精确。(3) 从行业层面定量分析货币政策效应，根据货币政策效应的不同，制定相应的货币政策，具有更强的政策指导价值。中国经济频繁出现的结构性失衡与总量性的货币政策是分不开的："一刀切"的扩张性货币政策将促使部分行业的超速扩张，进而引发整体过热，而"一刀切"的紧缩性货币政策在控制盲目投资的同时，又会限制合理投资的正常进行。

从区域层面探讨货币政策效应，同样是房地产市场货币政策效应研究的一个值得关注的问题。蒙代尔（Mundell，1961）开启了研究货币区理论的先河，认为在最优货币区内部，货币政策不存在区域效应。最优货币区的前提条件是其内部经济具有同质性特征。只要内部经济不具有同质性特征，货币政策就存在区域效应。在一个国家内部经济不完全同质，尤其在大国中，由于自然环境和历史背景的差异，必然存在区域性或行业性的差别，这样一个国家可能就不存在最优货币区（宋旺等，2006）。更为重要的是，在经济快速发展阶段和区域经济差距逐渐拉大时，货币政策区域效应的表现越明显。而房地产市场的货币政策区域效应研究更值得关注。这是因为对于房地产这种不可移动的产品来说，无法跨区域进行交易，房地产市场是一种区域市场。由于区域内部经济并不完全同质，产业结构、收入水平、金融发展水平等差异决定了不同地区房地产市场的市场条件、供求关系、价格水平都具有异质性。如表 8－1 所示，我国三大地带无论是房价、收入还是房地产投资额以及房地产开发贷款都具有明显的地区差异。因此，从区域效应的角度来研究货币政策对我国房地产市场的影响更具有现实性。

表 8－1　2000—2009 年中国房地产市场的区域特征

样本区间	房价（元/平方米）			人均可支配收入（元）			房地产开发投资（亿元）			房地产贷款（亿元）		
2000—2009 年	东部	中部	西部	东部	中部	西部	东部	中部	西部	东部	中部	西部
平均值	4 713	2 961	2 651	15 158	10 828	10 166	408	186	163	466	162	156
标准差	2 863	1 792	1 572	6 087	3 752	3 343	413	176	233	671	177	237
最大值	22 812	13 586	14 615	29 245	20 004	22 295	2 338	779	1 239	5 103	861	1 308
最小值	1 780	1 307	1 332	5 550	5 523	5 469	27	13	9	12	10	3

资料来源：历年《中国房地产统计年鉴》，中国统计出版社。

本章的第二部分对货币政策行业效应和区域效应的相关文献做了回顾。第三部分构建了理论模型分析房地产市场的货币政策行业效应,并做了实证检验。第四部分利用我国35个大中城市2000—2010的面板数据研究货币政策变量对房地产市场影响程度及区域差异。最后是结论。

二、文献回顾

货币政策行业效应的研究始于20世纪90年代。伯南克和盖特纳(Bennanke and Gertler, 1995)最早从货币政策传导机制中引申出货币政策行业效应命题,同时证明了货币政策在传导过程中确实存在行业效应。甘利和萨尔蒙(Ganley and Salmon, 1997)应用VAR模型和冲击响应函数研究了英国货币政策的行业影响,发现货币政策的影响力存在显著的行业差异,不同的行业特征决定了货币政策的传导效力。哈约和乌伦布罗克(Hayo and Uhlenbrock, 2000)考察了德国的货币政策在制造业和采矿业的(含有28个行业)行业效应,分析了不同行业的价格指数和产业指数在同一货币政策下的表现。其中有5个行业对紧缩性货币政策产生负向反应,而有8个行业表现出了明显的正向反应;导致货币政策行业效应存在差异的原因在于各行业的异质性特征,包括各行业的资本要求、出口依赖度和政府补贴等因素。皮尔斯曼和斯密茨(Peersman and Smets, 2005)研究了7个欧元区国家11个行业的货币政策效应,分析货币政策的跨国差异以及在经济周期的不同时期货币政策的行业效应,结果发现不同行业的产品生产期限、投资倾向、企业借款能力、企业规模以及企业利息负担等都是影响这些国家货币政策行业效应的因素。他们还从货币政策传导渠道角度研究了货币政策行业效应的根源,认为金融加速器机制可以部分地解释货币政策效应的行业差异。德多纳和里皮(Dedola and Lippi, 2000)同样从产业层面考察了5个经济合作与发展组织(OECD)国家(德国、法国、意大利、英国和美国)货币政策传导机制的差异，结果显示货币政策对耐用消费品的冲击力度大，同时金融加速器机制在货币政策传导过程中不容忽视。徐涛(2007)研究发现，中国货币政策存在明显的行业效应，行业效应与各行业的产品特征和财务状况等因素有关。

在货币政策行业效应研究中，不少研究将房地产业纳入耐用消费品部门，从产业层面分析货币政策在房地产业与其他产业(非耐用消费品)之间的影响差异。埃雷戈和莱文(Ereg and Levin, 2006)构造了一个两部门的一般均衡模型，根据经验观察选择变量，运用向量自回归模型(VAR)进行分析，对不同部门货币冲击的反应情况做校准，发现货币政策冲击对耐用消费品的影响非常大，比别的消费品的影响大好几倍。最优货币政策应该引入一个概念更加宽泛的通胀目标(由最终产品价格和总劳动成本构成)。崔光灿(2006)在BGG模型的基础上，运用包含金融加速器的两部门动态模型，考察了房地产价格波动对经济稳定影响的金融加速器效应，指出在资产价格(房地产价格)波动较大的时期对不同部门应该采取不同的信贷政策。

货币政策区域效应已成为国内外学者研究的热点之一。美国学者的研究表明，美国存在不同程度的货币政策区域效应。卡里森和常(Carrison & Chang, 1979)研究了1969—1976年美国8个主要的BEA地区制造业的收益状况，发现货币政策的影响在各州之间存在着差异。大湖区(The Great Lakes Region)的影响比较大，而洛基山区的影响比较小。欧旺和瓦尔(Owang & Wall, 2004)对美国各大经济区的研究表明，信贷渠道和利率渠道都对美国货币政策区域效应存在着一定的解释力。欧旺和瓦尔(Owang & Wall, 2006)进一步考察了货币政策区域效应随时间变动的趋势。他们对比研究了美国1960—2002年以及1983—2002年(沃克尔—格林斯潘时代)的两组样本，发现美国货币政策区域效应在沃克尔—格林斯潘时代显著地弱化了。同时，他们还发现在由货币政策引起的经济衰退中，经济衰退深度(Depth)的区域差异和银行部门的集中度相关，而经济衰退总成本的区域差异和工业构成(制造业比重)相关。美国国内的生产要素自由流动程度、经济对外开放度以及金融发展一体化程度已经相当高了，但仍然存在货币政策的区域效应。

同样，不少的实证研究已经证明中国货币政策效应存在区域差异性，这种区域差异性体现在国民经济的各个行业层面。宋旺等(2006)利用 VAR 模型和 IRF 检验，证实中国货币政策存在显著的区域效应，从传导机制上看，信贷渠道和利率渠道是导致中国货币政策区域效应的主要原因。常海滨等(2007)研究表明央行货币政策在中国黄河、西北、长江中游等三个区域不存在有效传导机制，利率政策的传导区域效应时滞为一期。区域贸易和资本流动影响货币政策传导区域效应，区域金融资源外流和金融机构失衡相互影响，是造成货币政策传导区域失效的主要原因。

从货币政策对房地产市场的影响相关研究文献来看，货币政策区域效应的研究也开始凸显。弗拉坦托尼和舒(Fratantoni 和 Schuh, 2003)利用区域代理 VAR 方法(HAVAR)研究了房地产市场货币政策区域效应，货币政策对房地产投资的冲击区域差异很明显。内格罗和奥特罗克(Negro 和 Otrok, 2007)利用贝叶斯估计方法，研究了 1986—2005 年美国房地产价格波动趋势。结果发现，房地产价格长期趋势主要由地区因素决定，而 2001 年以来美国房地产价格波动表现为全国性现象，源于美联储实施的扩张性货币政策。梁云芳等(2007)基于误差修正模型的 panel data 模型讨论了房价区域波动的差异，货币政策对房地产价格影响具有显著的区域性，无论是房价的长期趋势还是短期波动，信贷规模对东、西部地区影响比较大，中部地区较小。而实际利率对各区域影响差异不大，且影响较小。袁科和冯邦彦(2007)认为中国在不满足最优货币标准的区域实行单一货币政策，导致区域房地产市场非对称的效力问题。货币供给对房地产价格的影响效果是从东部到西部依次递增的。

大量研究表明，国民经济的不同行业以及房地产市场存在货币政策区域效应。但是，对于房地产市场货币政策区域效应的研究，仍局限于笼统地分析货币政策对区域房地产价格的影响，而没有采用房地产市场的系统指标来研究货币政策区域效应。房地产市场货币政策效应研究的起点应该是房地产需求和供给，这是因为供求是房地产市场运行的基础，也是房地产价格的基本决定因素。房地产需求反映了消费者和投资者的选择行为和决策过程，而房地产供给则体现了房地产开发企业或房地产所有者对市场的判断和对成本、收益的权衡。米什金（Mishkin，2007）指出，货币政策通过利率变动对房地产市场需求产生直接影响，主要是通过资本使用成本（user cost of capital）与未来房价波动预期来进行的。而资本使用成本决定于实际利率和房地产价格预期增值。同样，利率的变动也会对房地产开发企业融资成本产生影响，进而影响到房地产供给。除了利率因素之外，信贷供给状况决定了资金可得性程度，这一渠道也对房地产供求产生影响。

三、行业效应：理论模型与实证分析

（一）理论模型

与以往的研究（徐涛，2007；Hayo and Uhlenbrock，2000；Georgopoulos and Hejazi，2009）不同的是，本研究的研究对象包括两个部门：耐用消费品部门和非耐用消费品部门。其中，耐用消费品部门选择房地产业作为代表，非耐用消费品部门包括饮料（drink）、服装（clothing）、日用品（daily）和燃料（burning）等行业。用下标 m 表示耐用消费品行业（如房地产业），用下标 s 表示非耐用消费品行业（如服务业）。在每个部门内，由垄断竞争企业组成的统一体(用单位间隔来表示)生产不同的产品 $Y_{j,t}(f)$，其中 $j \in \{m, s\}$ 和 $f \in [0, 1]$。假定家庭拥有相同的迪克西特—斯蒂格利茨(Dixit-Stiglitz)偏好，每个部门只生产一种产品，用一个单一部门产出指数 $Y_{j,t}(f)$ 来表示总产出水平。

$$Y_{j,t} = \left[\int_0^1 Y_{j,t}(f)^{1/(1+\theta_{p,j})} \mathrm{d} f\right]^{1+\theta_{p,j}} \tag{8.1}$$

其中 $\theta_{p,j} > 0$。在每种产品 $Y_{j,t}(f)$ 的价格 $P_{j,t}(f)$ 给定的条件下，生产者选择的产品组合，使得生产给定数量的产出 $Y_{j,t}$ 的成本最小化。生产者按成本价（$P_{j,t}$）卖出产品，将 $P_{j,t}$ 解释为部门价格指数。总价格指数 P_t 可简单地定义为式(8.2)：

$$P_t = P_{m,t}^{\psi_m} P_{s,t}^{1-\psi_m} \tag{8.2}$$

ψ_m 为生产耐用消费品的部门产出占总产出的比重。对每种产品 $Y_{j,t}(f)$ 的总需求，可表示为：

$$Y_{j,t}(f) = \left[\frac{P_{j,t}(f)}{P_{j,t}}\right]^{-(1+\theta_{p,j})/\theta_{p,j}} \times Y_{j,t} \tag{8.3}$$

每种产品由一个单独企业来生产，该企业使用资本 $K_{j,t}(f)$ 和劳动 $L_{j,t}(f)$。每个部门内所有企业都面对相同的 C－D 生产函数，面对一个相同的全要素生产率 $A_{j,t}$。

$$Y_{j,t}(f) = A_{j,t} K_{j,t}(f)^{\alpha_j} L_{j,t}(f)^{1-\alpha_j} \tag{8.4}$$

每个部门的资本总量等于上期的资产存量加上本期的投资总额，即：

$$K_{j,t} = K_{j,t-1} + I_{j,t} \tag{8.5}$$

按照凯恩斯的理论，投资总额与利率(投资的机会成本)成反比，因此可以假定部门的投资总额的函数形式为：

$$I_{j,t}=I_{j,0}-b_j i \tag{8.6}$$

其中，$I_{j,0}$ 表示在第 t 期的自主投资额，一般而言，耐用消费品部门 $I_{j,0}$ 偏大，而非耐用消费品部门 $I_{j,0}$ 偏小；b_j 反映的是部门的投资水平对利率的反应程度，即利率变动对该部门投资的影响程度。需要进一步分析的是，行业的特性 (b_j) 如何影响投资水平。由于金融市场存在信息不对称，与作为资金需求者的企业相比，金融机构处于信息劣势，他们难以判断企业质地的好坏。通常来说，金融机构要求贷款企业提供资产作抵押或根据企业的财务指标作为企业质地的显示信号。当企业拥有的资产，如土地(所有权或使用权)、房屋、机器、股票甚至应收账款、未来收入现金流等，被用作抵押时，这些资产的市场价格变化将影响企业获得的贷款数量。另一方面，若企业的财务指标较好，金融机构将企业作为优质客户，在一定的利率水平下愿意提供更多的资金；反之，则减少资金提供量。耐用消费品部门和非耐用消费品部门的企业在这两个方面很难具有相同的表现，故对利率的反映程度不一样。

根据凯恩斯的理论，利率决定于货币的需求和供给。当货币市场处于均衡状态时，货币市场供求双方的相互作用将决定一个均衡的市场利率，也就是说，在此时的利率水平下货币市场的供求相等。根据流动性偏好理论，货币需求与收入呈正比，与利率呈反比，所以存在式(8.7)。

$$MS=MD=kY-hi \tag{8.7}$$

其中，MS、MD、k 和 h 分别是货币供给、货币需求、货币需求的收入弹性和货币需求的利率弹性。

结合(8.5)、(8.6)和(8.7)式得到：

$$K_{j,t}=K_{j,t-1}+I_{j,0}-b_j\frac{kY-MS}{h} \tag{8.8}$$

综合(8.3)、(8.4)、(8.6)和(8.8)式可以看出,货币政策的行业效应是否显著,取决于不同行业对利率和货币供给量变动的反应程度。$I_{j,0}$ 和 b_j 在不同行业的差异最先影响各行业的投资总额,进而产生了各行业产出的不一致,最后反映到各行业生产的产品的价格水平差异上。

(二) 实证分析

本研究采用 VAR 模型,对货币政策的房地产行业效应进行实证分析。用 VAR 方法估计货币政策对经济的影响,是由西蒙斯(Sims, 1972,1980)首开先河的,从二元到三元,再到越来越大的系统。VAR 模型的优势在于能够动态勾画和比较货币政策对不同部门的影响。每一个部门选择独立的 VAR 模型,模型中其他变量主要是影响该部门的宏观经济变量。参照哈约和乌伦布罗克(Hayo and Uhlenbrock, 2000)的研究,每个模型包括:总产出(GDP)、1 年期的短期利率(*r_short*)、货币供给量(*M*1)和部门产品的价格指数(*price*)。各部门产品的价格放在每个模型的最后。本样本区间为 2000 年 1 季度至 2009 年 4 季度,所有的季度数据来源于中经网、中国人民银行网站和《经济景气统计月报》。为消除样本数据的季节趋势,使用 X-11 法对各变量进行了季节性调整,除利率外,其他变量都进行对数化处理。

1. 单位根检验

格兰杰和纽伯德(Granger and Newbold, 1974)、菲利普斯(Phillips, 1986)指出当使用非平稳序列进行回归时,会造成虚假回归。沃斯顿(Waston, 1989)证明当变量存在单位根即非平稳时,传统的统计量,如 t 值、F 值、DW 值和 R^2 将出现偏差。为了避免变量的不平稳产生虚假回归,首先采用单位根检验来判断数据的平稳性。

采用迪基和福勒(Dichey and Fuller, 1981)提出的 ADF(Augmented Dickey-Fuller)方法进行单位根检验,检验方程根据

是否具有截距项或时间趋势分为三类：方程(8.9)既有截距项又有时间趋势，方程(8.10)中既无截距项又无时间趋势，方程(8.11)中含有截距项但无时间趋势。

$$\Delta y_t = \beta_1 + \beta_2 t + (\rho - 1) y_{t-1} + \alpha_i \cdot \sum_i^m \Delta y_{t-i} + \varepsilon_t \quad (8.9)$$

$$\Delta y_t = (\rho - 1) y_{t-1} + \alpha_i \cdot \sum_i^m \Delta y_{t-i} + \varepsilon_t \quad (8.10)$$

$$\Delta y_t = \beta_1 + (\rho - 1) y_{t-1} + \alpha_i \cdot \sum_i^m \Delta y_{t-i} + \varepsilon_t \quad (8.11)$$

其中，ε_t为纯粹白噪声误差项，滞后阶数的选择使得ε_t不存在序列相关。原假设 H0：$\rho = 1$；备选假设 H1：$\rho < 1$。接受原假设意味时间序列含有单位根，即序列是非平稳的。使用画图的方法来确定各组数据 ADF 检验中是否包含截距项和有时间趋势。通过 AIC 和 SC 来确定最佳滞后项(计量软件为 EVIEWS 6.0)。单位根检验结果如表 8－2 所示。

表 8－2　各变量单位根检验结果

变量	检验形式 (C, T, K)	ADF 统计量	临界值 (5%)	变量	检验形式 (C, T, K)	ADF 统计量	临界值 (5%)
P_h	(C, T, 0)	−1.824	−3.621	ΔP_h	(C, 0, 0)	−4.277	−2.945*
drink	(C, T, 1)	−0.496	−2.938	Δ*drink*	(C, 0, 0)	−2.847	−2.945**
clothing	(C, T, 0)	−3.123	−3.527	Δ*clothing*	(C, 0, 0)	−4.886	−2.945*
daily	(C, T, 1)	−0.785	−3.524	Δ*daily*	(C, 0, 1)	−3.199	−2.945**
burning	(C, 0, 4)	0.868	−1.949	Δ*burning*	(C, 0, 3)	−4.210	−1.849*
GDP	(C, T, 6)	2.504	−2.945	Δ*GDP*	(C, 0, 0)	−3.653	−3.544***
r_short	(C, T, 0)	−2.477	−3.521	Δ*r_short*	(C, 0, 0)	−4.759	−2.945*
M1	(C, 0, 7)	4.145	−1.951	Δ*M1*	(C, 0, 1)	−5.346	−3.548**

注：***、** 和 * 分别表示在 1%、5%和 10%的水平上拒绝原假设。

从表 8-2 可以看出,各变量的时间序列在显著水平为 10%的 ADF 检验中都存在单位根,说明原序列都不平稳,但各变量的一阶差分都在 10%的显著水平拒绝了单位根假设,从而说明各变量都是 I(1)序列。关于货币政策对不同行业的冲击差异及其比较,下面采用脉冲响应函数进行分析。

2. 脉冲响应分析

脉冲响应函数描述一个内生变量对来自另一内生变量的一个单位变动冲击所产生的响应,提供系统受冲击所产生的相应正负方向、调整时滞、稳定过程等信息。在 VAR 模型中,通过变量之间的动态结构,对以后的各变量将产生一系列连锁变动效应,将 VAR 模型改写成向量移动平均模型(VMA):

$$Y_t = \mu + \sum_{k=0}^{\infty} \psi_k \varepsilon_{t-k}$$

其中,$\psi_k = \psi_{k,\ y}$ 为系数矩阵,$k = 0, 1, 2, \cdots$,则对 y_i 的脉冲引起的 y_t 响应函数为 $\psi_{o,\ yi}$,$\psi_{1,\ yi}$,$\psi_{2,\ yi}$,…。

以短期利率和货币供给量作为货币政策的指示器,图 8-1 至图 8-5 分别显示了短期利率的提高带来的各部门价格指数的响应变化。从直观上看,利率对各部门的冲击不尽相同。结合图 8-1 至图 8-5,将利率对各产业冲击的特征汇集在表 8-3 中。

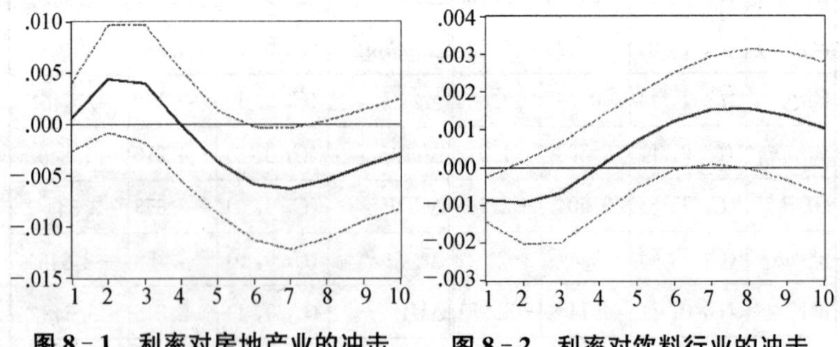

图 8-1 利率对房地产业的冲击　　**图 8-2 利率对饮料行业的冲击**

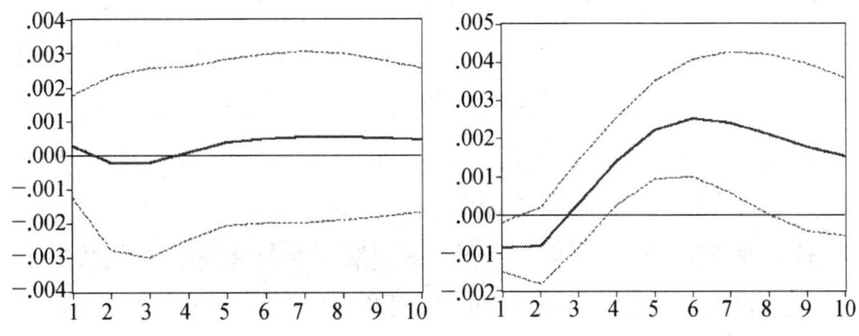

图 8－3　利率对服装行业的冲击　　**图 8－4　利率对日用品行业的冲击**

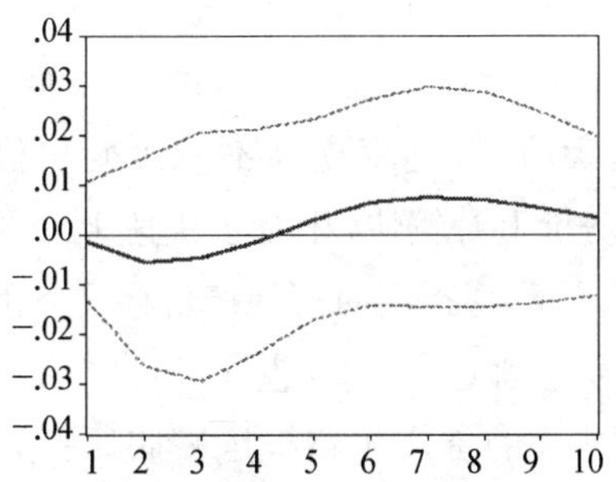

图 8－5　利率对燃料行业的冲击

表 8－3　利率冲击的行业效应

产　业	初始效应	响应最大的时期	最大响应	响应最小的时期	最小响应
房地产业	＋	2	0.43％	7	−0.64％
饮料行业	−	7	0.16％	2	−0.09％
服装行业	−	7	0.06％	2	−0.02％
日用品行业	−	6	0.20％	2	−0.02％
燃料行业	−	7	0.76％	2	−0.54％

利率的一个单位标准差对房地产业的冲击，遵循一种驼峰状模式，即先上升，到达高点后，逐渐下降的态势（也可以表述为影响峰值出现在初始冲击的几个季度之后）。在第 1—4 期中，利率对

房地产业的冲击影响为正，其中在第 2 期时达到最大值，最大值为 0.43%，并持续一段时间。第 4 期之后才开始变为负值，并持续相当长的时间，在第 7 期时达到最小值，最小值为 −0.63%。这种驼峰状模式是一个非常普遍的发现，根据西蒙斯(Sims，1992)对多国数据的研究以及利珀、西姆斯和查(Leeper, Sims and Zha, 1996)对美国数据的研究，利率对产出和价格的冲击呈现驼峰状模式是很普遍的现象。这种房地产价格在利率冲击开始的一段时间出现不降反升的现象，也可以表述为价格难题(price puzzle)，即实施紧缩性货币政策一开始会引起房地产价格水平的升高。房地产业受货币政策冲击出现的价格难题可以从两个方面来解释：其一，房地产市场景气繁荣阶段，利率提高不能改变房价上升趋势。如，2004—2007 年，房价上升较快，相对于快速上升的房价，利率提高的成本较低。所以，利率提高对房地产价格上升的抑制作用有限，根本不能改变房价上涨趋势。20 世纪 80 年代，中国台湾、日本等股票和房地产为代表的资产价格极度膨胀，货币当局采取了相应的紧缩性货币政策，但还是无法阻止泡沫膨胀以至泡沫破灭。其二，货币政策效应存在时滞。房地产价格对利率的变化不能迅速显现出来，而是要经过一段时间，即存在"时滞"问题。

利率对非耐用消费品的冲击特征具有一定的相似性。首先表现为在冲击态势上，没有出现驼峰状模式。在初始时期就存在负向效应，随着时间的推移，利率冲击力度开始减弱，冲击影响力逐渐变为正值。在第 2 期负向冲击达到最大，第 4 期由负向冲击开始转为正向冲击，在第 6—8 期达到正向冲击的最大值，没有发现价格难题。其次，从冲击力度上看，利率对房地产业的冲击力度明显大于对非耐用消费品的冲击力度。利率对房地产业的冲击，最大值为 0.43%，最小值为 −0.64%，而利率对饮料行业、服装行业、日用品行业和燃料行业的冲击最大值分别为 0.16%、0.06%、0.20%和 0.76%，最小值分别为 −0.09%、−0.02%、−0.02%和

－0.54％。除了燃料行业之外，非耐用消费品受到的冲击都明显小于房地产业。根据上面的分析，不难发现，利率对耐用消费品的冲击和非耐用消费品的冲击有着明显的差异。这种差异体现在冲击态势上，前者存在明显的时滞，且发现价格难题，而后者不存在明显的时滞；在冲击力度上，利率对耐用消费品冲击力度大。

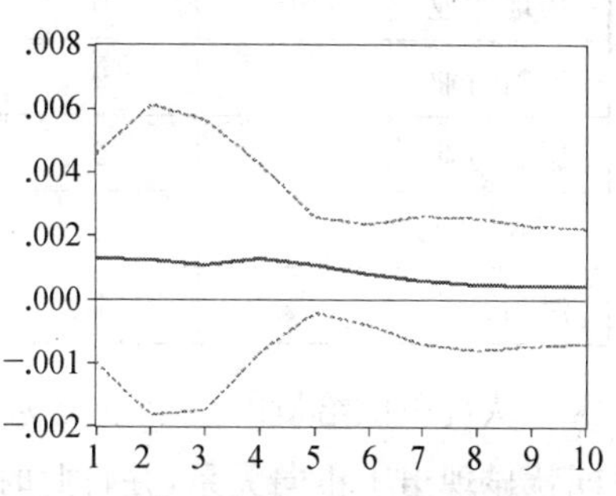

图 8－6　货币供给对房地产业的冲击

图 8－6 至图 8－10 显示了各部门价格指数，对货币供给量冲击的响应变化，将货币供给量对各产业冲击的特征汇集在表 8－4 中。

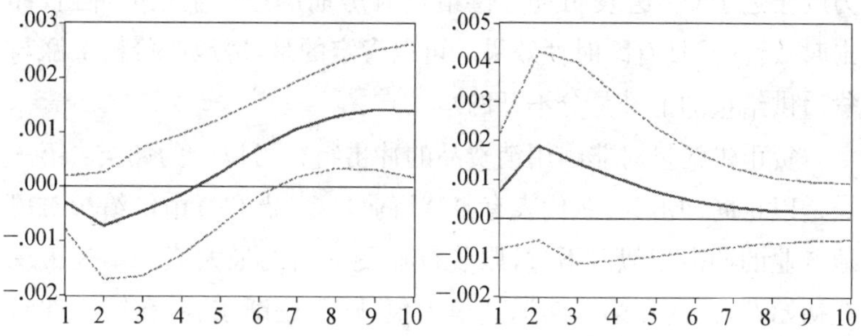

图 8－7　货币供给对饮料行业的冲击　**图 8－8　货币供给对服装行业的冲击**

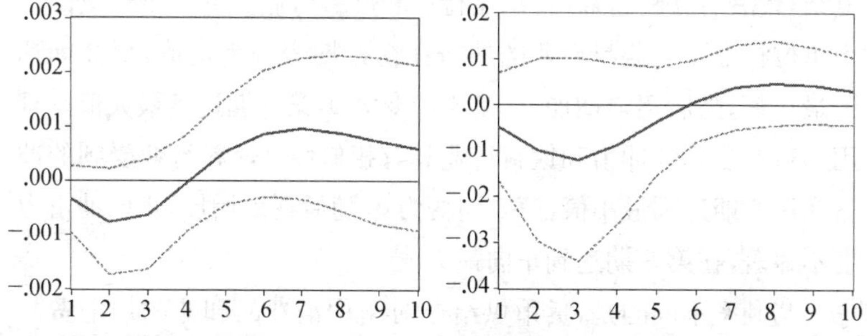

图 8－9　货币供给对日用品行业的冲击　**图 8－10　货币供给对燃料行业的冲击**

表 8-4 货币供给量冲击的行业效应

产　业	初始效应	响应最大的时期	最大响应	响应最小的时期	最小相应
房地产业	+	0	0.13%	10	0.04%
饮料行业	−	9	0.14%	2	−0.07%
服装行业	+	2	0.18%	10	0.01%
日用品行业	−	6	0.11%	2	0.06%
燃料行业	−	7	0.37%	3	−1.20%

从货币供给量的一个单位标准差对房地产业冲击来看，初始期就显现出了正向关系，并且此时冲击力度最大。随后逐渐减弱，前 5 期中，减弱幅度较小，此后，减弱幅度加速，到第 10 期时冲击力度接近于 0。这表明货币供给量对房地产业产生正向冲击，冲击时效性强，具有瞬时性效果。可以肯定的是，房地产价格上涨与货币供给量的上升是分不开的。

货币供给量对非耐用消费品的冲击特征可以分为两类：第一类是以正向冲击为主，代表有服装行业，这一点和货币供给量对房地产业的冲击相似。不过，服装行业受冲击的最大值并不是出现在初始期，而是在第 2 期达到最大值，随后逐渐减弱，在第 8 期时冲击力度接近 0。第二类是正向和负向冲击相互迭代，冲击效应复杂，代表有饮料行业、日用品行业和燃料行业。货币供给量的一个单位标准差对饮料行业的冲击在初始期表现为负值，第 2 期达到最小值，随后逐渐增加，在第 4 期变为 0，第 8 期达到最大值。日用品行业受到的冲击和饮料行业具有相似性。燃料行业受到的冲击在第 3 期达到最小值，第 6 期变为 0，随后逐渐增加，正向冲击力度不显著，在第 8 期达到正向最大值。

与利率不同的是，货币供给量对耐用消费品和非耐用消费品的冲击力度差异较小。从正向冲击来看，货币供给量对房地产业、饮料行业、服装行业、日用品行业和燃料行业的冲击分别为0.13%、0.14%、0.18%、0.11%和0.37%。除了燃料行业之外，房地产业和其他各行业受货币供给量的冲击具有一定相似性。另外，负向冲击也显示同样的规律。这说明货币供给量对所有行业冲击力度差异不大，对各产业冲击差异主要体现在模式以及时滞上。

四、区域效应：模型设立与实证分析

(一) 模型设立

面板VAR是由霍尔茨—埃金(Holtz-Eakin)等首次提出，后经麦考斯基(McCoskey)、乔金(Joakim)等学者的发展，使之成为一个兼时序分析与面板分析优势的成熟模型。定义一个滞后k阶PVAR模型形式如下：

$$Y_{it}=\theta_0+\theta_1Y_{i,t-1}+\theta_2Y_{i,t-2}+\cdots+\theta_kY_{i,t-k}+\varepsilon_t \quad (8.12)$$

其中，Y_{it}表示在t时间地区i的观察值，如同面板数据的观测值。与之不同的是，面板VAR是采用面板矩估计(GMM)来说明变量之间的回归关系。运用向量自回归需要限制各区域存在同样的市场结构，但这样可能与现实不符，一种克服的方法是允许个体非同质性即所谓的固定效应。因为滞后项的影响，固定效应会导致部门依赖，经常运用消除固定效应的均值差分方法可能导致回归偏差。为克服上述问题，我们使用后向的均值差分方法，即Helmet进程。这种方法只是消除后向均值，即每个区域未来观测值的均值，因为这种变换可以保持变换变量与滞后变量的正交性，所以我们使用滞后变量作为工具变量，使用GMM估计参数。

此外，冲击反应图是面板回归分析所无法得到的，面板VAR可以通过动态的冲击反应图，观察各变量的冲击反应情况。通过正交化脉冲—响应函数可以控制其他政策变量的冲击，来度量房地产市场对某一特定政策工具变量的正交化新息(innovation)的响应。

我们全面考察货币政策变量对房地产市场需求、供给和价格等三个层面的影响,设立以下三组面板 VAR 模型。

第一组面板 VAR 模型变量:人均商品房销售面积(*sale*)、人均产出(*y*)、商品房销售价格(P_h)、土地购置面积(*gouzhi*)、房地产信贷(*lb*)和利率(*rate*)。该模型主要用来衡量信贷和利率对商品房销售面积的影响。商品房销售面积是衡量一个地区房地产需求的变量,而影响房地产需求的两个主要变量是人均收入和房地产价格,所以将人均收入和房地产价格作为控制变量。另外,商品房销售面积受到土地市场的影响,将土地购置面积视为土地市场的衡量指标。面板 VAR 方法是多元系统方程,回归方程所有变量滞后项均考察在内,且这种方法尤其对变量没有严格的先后次序的分析有效,因而无需解释这些变量的排列顺序。

第二组面板 VAR 模型变量:商品房竣工面积(*jungong*)、商品房销售价格(P_h)、土地购置面积(*gouzhi*)、房地产信贷(*lb*)和利率(*rate*)。房地产开发商一般根据市场行情(销售价格)和土地储备状况来决定商品房供给,故选择商品房销售价格(P_h)和土地购置面积作为控制变量。该模型主要用来衡量信贷和利率对房地产供给的影响。一般来说,反映房地产市场供给的指标有土地购置面积、土地开发面积、房地产开发投资额、商品房施工面积和商品房竣工面积等。为了获得更好的回归结果,选择房地产开发投资额和商品房施工面积作为商品房竣工面积的备选变量。

第三组面板 VAR 模型变量:商品房销售价格(P_h)、人均商品房销售面积(*sale*)、商品房竣工面积(*jungong*)、房地产信贷(*lb*)和利率(*rate*)。该模型在控制了房地产需求和供给双重影响的基础上,衡量信贷和利率对房地产价格的影响程度。

(二) 实证分析

本章研究样本区间为 2000 年 1 季度至 2009 年 4 季度,所有的季度数据来源于中经网、中国人民银行网站和《中国房地产统计年鉴》。研究区域房地产市场，应以区域的空间位置及经济发展特性相似度为准则，对其进行分组分析（Schnure，1998）。中国的经济发展水平，东部地区与中西部地区存在显著的差异，中西部经济发展特征并没有较大差异，因而将35个大中城市分为东部和中西部两大地区。为消除样本数据的季节趋势，使用X－11法对各变量进行季节性调整，除利率外，其他变量都进行对数化处理。为了避免伪回归，需要对文中各指标进行平稳性检验。使用LLC检验方法，对各指标进行检验，结果表明各对数序列均不平稳，但经过1阶差分变换后均是平稳序列。

1. 货币政策对房地产需求冲击的区域差异

根据设立的第一组模型，分别对全国、东部地区和中西部地区进行实证检验，可以得到三组比较对象（见图8－11、图8－12和图8－13）。实证检验结果表明，房地产信贷对房地产需求存在正向影响，实际利率与房地产需求之间呈现负向关系。从冲击力度上看，全国、东部地区和中西部地区房地产信贷对房地产需求的冲击分别是0.39、0.49和0.75，这说明中西部地区房地产需求对房地产信贷较东部地区要敏感。这是与不同区域房地产市场的发育程度密切相关的。一般来说，房地产市场发育完善，房地产需求对银行信贷支持相对减弱，因为可以通过房地产证券等资本市场获得资金支持。东部地区经济发达、工业化进程较快、金融业发展水平较高，房地产市场发育相对成熟，对信贷支持敏感度比中西部地区要弱。实际利率与房地产需求之间负向关系，说明在一定程度上利率上升将抑制房地产需求，但从冲击态势来看，开始存在明显时滞现象，在第二期达到最大值，随后逐渐减弱，但持续时间很长。从冲击力度上看，利率对全国、东部地区和中西部地区房地产需求分别是－0.07、－0.08和－0.05。房地产需求分为消费需求和投资、投机需求。一般来说，投资需求对利率更敏感。西部地区房地产市场发展相对落后，以及城市化水平和经济发展水平相对滞后，房地产需求的投资和投机成分少，消费需求比重大，所以受利率冲击影响也相应变小，而东部地区，由于各种因素导致房地产升值空间大，房地产投机成分也大，利率影响房地产需求的程度相对较高。

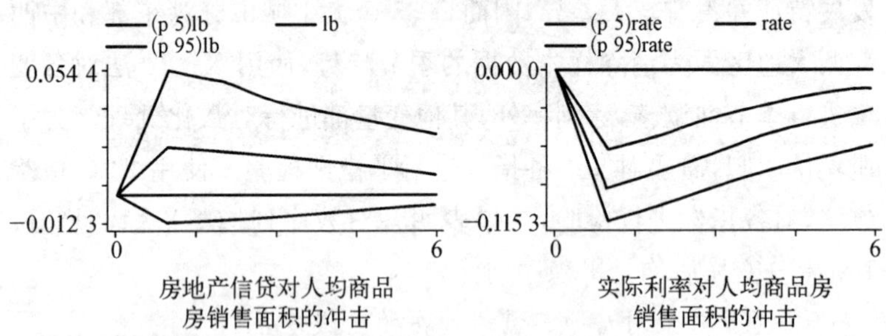

图 8－11　全国层面货币政策对房地产需求的冲击

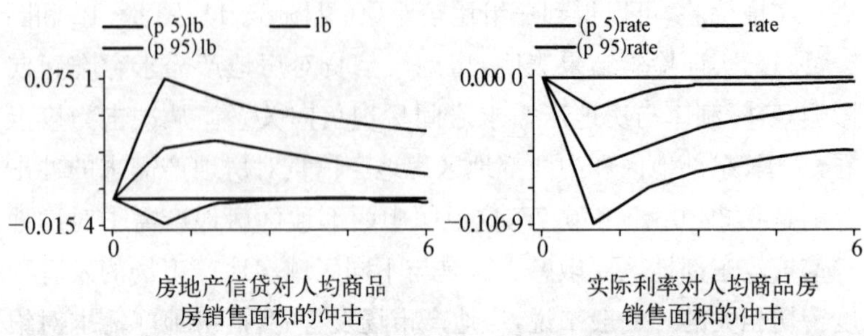

图 8－12　东部地区货币政策对房地产需求的冲击

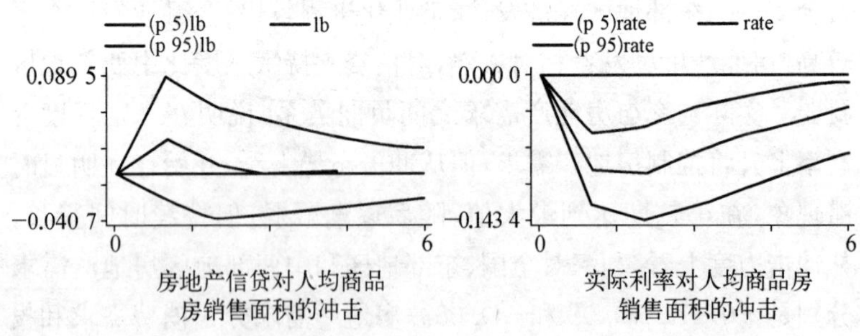

图 8－13　中西部地区货币政策对房地产需求的冲击

2. 货币政策对房地产供给冲击的区域差异

根据设立的第二组模型，分析全国层面、东部地区和中西部地区房地产供给受货币政策冲击的态势，结果如图 8-14、图 8-15 和图 8-16 所示。从全国层面来看，房地产信贷扩张促进了房地产供给的增加，而利率提高将导致房地产供给降低，这一结论同理论分析是一致的。相对而言，对于区域层面的分析，结果并不理想。结果显示，东部地区房地产信贷对房地产供给影响不显著，利率调整在很长一段时间不能反馈到房地产供给。西部地区房地产信贷扩张能有效增加房地产供给，利率调整将对房地产供给产生显著影响，与全国层面观察的结果是一致的。

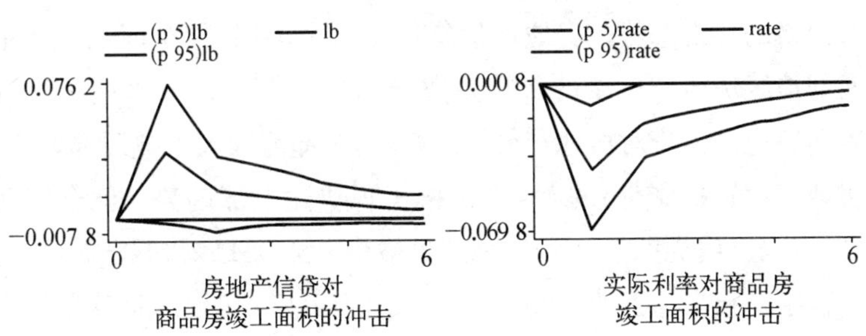

图 8-14　全国层面货币政策对房地产供给的冲击

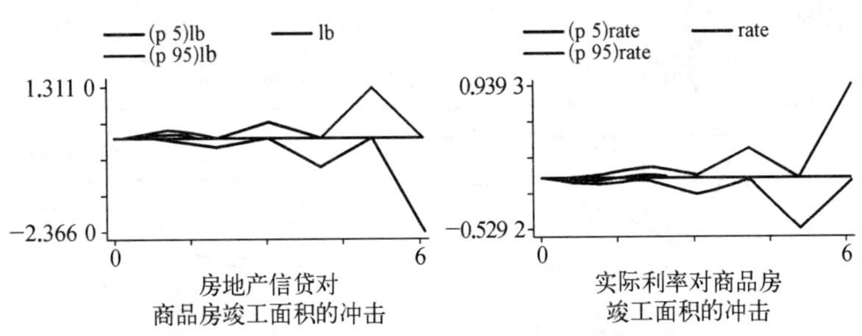

图 8-15　东部地区货币政策对房地产供给的冲击

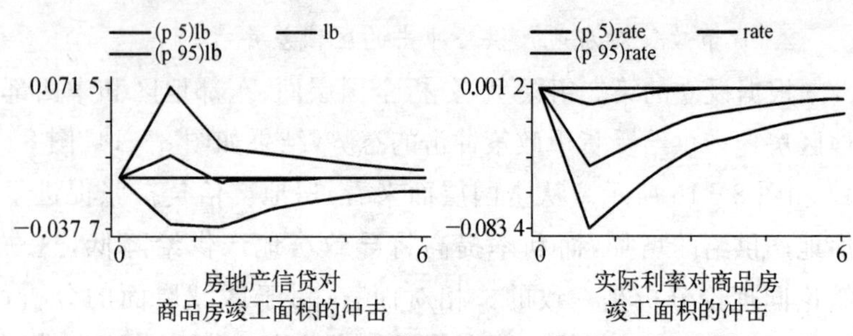

图 8－16　中西部地区货币政策对房地产供给的冲击

3. 货币政策对房地产价格冲击的区域差异

房地产价格是房地产需求和房地产供给相互作用的结果，第三组 VAR 模型正好控制了两者的影响，图 8－17、图 8－18 和图 8－19分别显示全国层面、东部地区和中西部地区货币政策对房地产价格的冲击态势。房地产信贷扩张对全国层面、东部地区和中西部地区房地产价格的影响系数分别是 0.11、0.12 和 0.09。这表明房地产信贷对房地产价格的影响，东部地区大于中西部地区，房地产信贷扩张促使房地产价格呈现快速上涨趋势。就全国而言，房地产信贷扩张 1%，房地产价格将上涨 0.11%，不言而喻，这个数字是相当惊人的。2000 年底，中国商业性房地产贷款余额为 4 904 亿元，2010 年底增加到 9.35 万亿元，增长了 18 倍，年均增长 34.3%。从这个数字不难悟出“信贷扩张过度是房地产泡沫的根源”的道理。

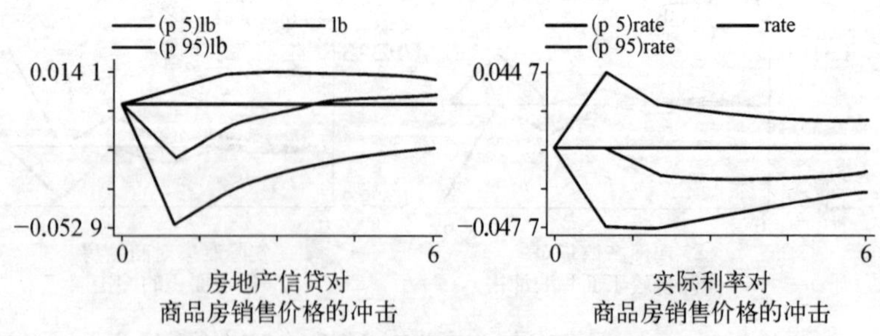

图 8－17　全国层面货币政策对房地产价格的冲击

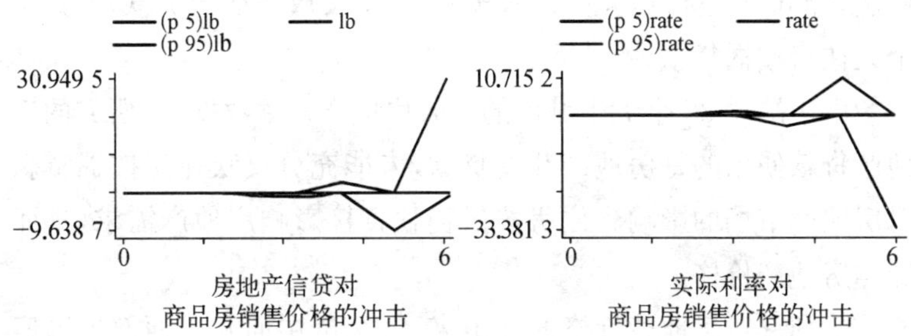

图 8－18　东部地区货币政策对房地产价格的冲击

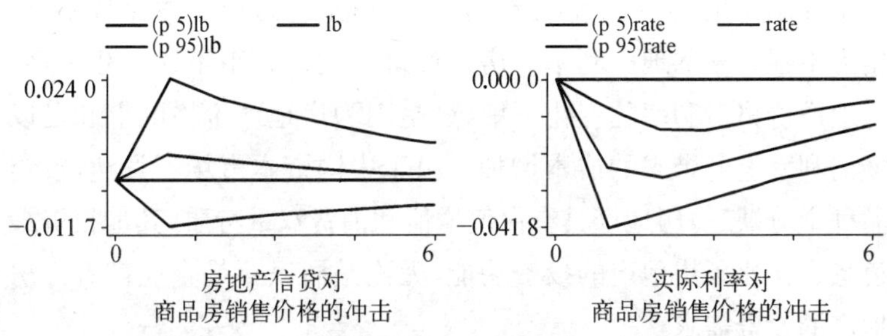

图 8－19　中西部地区货币政策对房地产价格的冲击

在较短时间内，中国房地产商业性贷款的快速增长，说明商业银行非常热衷于房地产贷款，那究竟是什么原因呢？这既有“国际通病”，又有“中国国情”。一般说来，商业银行贷款大量向房地产集中，是因为追求房地产的高预期收益率。赫宁格和瓦赫勒(Herring and Wachler，1999)认为银行以房地产为抵押品的贷款可以降低现有贷款组合的损失风险，提高其收益率。除了房贷资金的高预期收益外，还有较低的房贷违约率、商业银行的灾难近视和市场主体面临的不当激励等都将导致大量信贷“集聚”房地产业。而在中国现行金融体系下，这种现象更为突出。商业银行总部主要负责风险信贷管理和风险定价，而分支机构的绩效与信贷规模挂钩。分支结构无需对信贷风险负责，对信贷扩张的冲动是其争取最好业绩的方式。这样商业银行会采取变通、变相或违规做法，降低贷款标准，减少审查步骤，大量发放房地产贷款，尤其是个人住房按揭贷款。

由于缺少35个大中城市的个人房地产贷款数据，本研究的房地产贷款使用的是房地产开发贷款，未能充分反映住房按揭贷款对房地产市场的影响。住房按揭贷款直接影响房地产需求，进而影响房地产价格。

从利率对房地产价格的冲击来看，全国层面和中西部地区房地产价格和利率之间存在负向关系，利率上升对房地产价格上涨产生抑制作用，利率下降推动房地产价格上涨，但系数比较小，作用力不强。东部地区利率与房地产价格之间几乎不存在相关性。房地产价格对利率的变化不敏感，是因为房地产价格的上涨足以抵消利率上升带来的成本增加。由于中国资本市场不发达，投资品种十分缺乏，房地产具有保值增值和消费双重特质，其他投资渠道匮乏强化了房地产的投资功能，无论是居民还是企业都看好房地产的投资需求。

五、结论与政策建议

本章首先构建了一个理论模型，说明货币政策存在行业效应的可能性，认为行业利率敏感性和资金需求的差异是造成货币政策行业效应的主要原因。同时，通过建立多组面板VAR模型，着重分析货币政策对房地产需求、房地产供给和房地产价格的影响程度及区域差异。

对于货币政策行业效应的研究，主要从实证角度分析货币政策对耐用消费品部门（房地产行业）和非耐用消费品部门的冲击差异。利率对房地产行业冲击存在价格难题。这是因为房地产市场景气繁荣阶段，利率提高不能改变房价上升趋势，而利率调节房地产价格还存在时滞。利率对非耐用消费品冲击在态势上没有表现出驼峰状模式，冲击力度也远远小于利率对耐用消费品的冲击力度。货币供给量对房地产业的冲击有两个明显特征：正向冲击主导和瞬时性强。货币供给量对耐用消费品和对非耐用消费品的冲击在模式以及时间效应上存在明显的差异，而冲击力度不存在显著的差异。

由于房地产市场的区域性和金融市场的统一性，促使全国大量的金融资源向少数地区集聚，从而产生房地产市场的区域差异，因而要对货币政策区域效应进行研究。从货币政策对房地产需求的影响来看，房地产信贷对房地产需求存在正向影响，实际利率与房地产需求之间呈现负向关系。中西部地区房地产需求对信贷扩张较东部地区敏感，而东部地区房地产需求对利率更敏感，这与东部地区房地产投资需求大有关。从货币政策对房地产供给的影响来看，房地产信贷扩张导致房地产供给增加，而利率提高将导致房地产供给减少。房地产信贷和利率对房地产供给的影响，东部地区不明显，中西部地区较明显。从货币政策对房地产价格的影响来看，房地产信贷扩张促使房地产价格呈现快速上涨趋势，且东部地区最为显著。而利率对房地产价格的冲击，全国和中西部地区房地产价格和利率之间存在负向关系，但系数相当小，作用力不强，东部地区不明显。

由于货币政策冲击存在明显的行业特征和区域差异，中央银行应根据不同行业和不同区域对货币政策的反应程度，区别不同行业和不同区域制定和实施差别性的货币政策。对于房地产业来说，利率和信贷等货币政策的制定和实施必须有一定的超前性、灵活性和区域性，尽可能提高货币政策的效率。

第九章　财政政策：税负水平与房价效应

一、引言与文献回顾

财政政策是政府干预房地产经济活动、促进房地产市场均衡的一种重要的经济政策工具，在引导房地产资源合理配置和有效利用以及社会财富公平分配等方面具有独特的功能。财政政策工具，是指国家为实现一定财政政策目标而采取的各种财政手段和措施，主要包括财政收入（主要是税收）、财政支出、国债和政府投资。财政政策工具包括收入政策工具和支出政策工具。从财政收入政策来看，关于中国房地产业的税负水平，存在不同的看法。有的人认为中国房地产业对国民经济做出了重要贡献，但受到了不公正的待遇，房地产业的税负过重，税负过重、收费过多是造成房价过高的主要原因。房地产开发过程中，政府收取税费的环节过多，造成房地产开发成本过高。也有的学者持相反的观点，认为尽管中国房地产开发过程中涉及的税费项目相对较多，绝对数量较大，但从税费比例看，费重税轻。国务院发展研究中心的研究表明，中国房地产税比重偏低，与西方发达国家相比，占全部税收收入的比重和占地方财政收入的比重相距甚远，西方国家的房地产税或财产税是税收的重要组成部分，占地方政府财政收入的比重有的国家甚至达70%以上。因此，必须正确评判中国房地产业的税负水平，推进房地产税制改革，从根本上解决中国房地产税制存在的税费项目繁杂、税率设计不合理、各环节税负不公平等问题。从财政支出政策来看，财政支出对房价产生了什么影响，如何促进公共服务的均等化，都是值得研究的问题。

财政政策效应一直是财政政策理论研究的重点内容之一。已有的研究成果主要集中在财政政策对宏观经济的周期稳定效应和经济增长效应（王立勇，2010），财政政策对资产市场尤其是房地产市场影响的研究文献尚不多见。在有限的几篇文章中，阿方索和苏泽（Afonso & Sousa，2011）采用 Panel VAR 方法分析了财政政策对资产价格的影响。结果发现，财政支出冲击对房价产生正的且持续的影响，财政收入对房价的冲击存在显著的国家差异。针对 2008 年中国应对全球金融危机的 4 万亿元的财政刺激政策，邓永恒等人（Yongheng Deng，2011）的分析表明，中国的财政刺激政策显著提高了房价和地价，政策效应与西方大相径庭，根源在于国有企业进入房地产市场和受命于政府的国有银行信贷扩张。

关于财政政策工具对房地产价格影响的研究，大多集中在财政收入政策工具（税收）对房价的影响上面。学术界通常采用房地产税收是否资本化，讨论税收对房价的影响。奇劳尔（Chinloy，1978）和费雪（W. A. Fischel，2001）没有发现明显的房地产税资本化效应，这表明房地产税是受益税。金（A. T. King，1977）、英格（J. Yinger，1982）等证明了房地产税的部分资本化，这表明房地产税在某种程度上是资本税。奥茨（W. E. Oates，1969，1973）、帕尔蒙和史密斯（O. Palmon and B. A. Smith，1998）等学者验证了房地产税的高度资本化，这表明房地产税是资本税。罗森塔（Rosentha，1999）对英国马其赛特郡（Merseyside）等县市的实证研究发现税收对房价有抑制作用。布拉德伯里、凯斯和迈尔（Bradbury，Case & Mayer，2008）、帕尔蒙和史密斯（Palmon & Smith，2008）研究证明，在同一个住房供给市场内，房屋之间长期的房地产税差异会被完全资本化。克罗等人（Crowe，2011）在一篇对各国应对房地产繁荣的总结性的文章中具体探讨了三项财政工具,分别是交易税、物业税和按揭利息税收抵扣和减免对房价的影响。IMF(2009)研究认为税收工具将对资产价格的变动产生显著影响,但不可能是对付资产泡沫的最好办法。此外,一些学者从投资的角度,研究了房地产税对房价的影响。波特巴等(Poterba, J. M. etl, 1991)从使用者成本、人口统计特征和预期的角度分析了房价的决定因素。他们认为,房地产税仅仅通过使用者成本来影响房价。在国内,对房地产税的支持者如夏杰长(2004)、仇保兴(2010)认为开征房地产税将降低房价;况伟大(2009)研究发现在东部开征房地产税能够有效地抑制房价上涨,但对中西部地区作用效果不明显。而高培勇(2005)、杨斌(2007)、刘尚希(2010)认为房价是由供求决定的,所以房地产税不能从根本上解决高房价和房地产泡沫问题。除财政收入政策工具对房价的影响外,另有一部分文献研究了政府的财政住房补贴或财政支出政策工具对房价的影响(Rosen, 2001; Whitehead 等,2007),国内的研究主要集中在保障房建设对房价的影响(王斌等,2011;陈杰等,2011;王先柱等,2009)。

一些研究认为对土地课税会造成对土地资源利用的扭曲。安德森(J. E. Anderson, 1986)认为土地税、土地改良税和财产税影响土地开发的资本投入密度和土地开发速度,影响的程度取决于资本投入和开发时间之间的互补和替代程度。布鲁科纳(J. K. Brueckner, 1986)建立了一个土地评估课税模型,证明在适当的条件下,减少土地改良税的税负有利于实现土地税收收入的稳步增长。还有一些学者认为使用房地产税收收入进行基础设施投资是造成城市扩张和过度发展的原因之一。布鲁科纳和金(J. K. Brueckner and H. A. Kim, 2003)认为对城市房地产征税会降低人口密度,刺激城市的空间扩张。但较小的居住面积产生的相反效应可能会压倒前者的效应,提高人口密度,进而使城市变小。房地产税产生扭曲效应，导致城市空间非效率扩张。

房地产税收对地方政府有激励效应。布伦南和布坎南（G. Brennan and J. Buchanan, 1978, 1980）关注税制结构对政府行为的影响。他们认为选民通过投票机制可以参与税制设计，制定对政府行为有效的激励机制，进而约束政府的自利行为。他们还将这一理论运用到对美国加利福尼亚州第 13 号决议和一般税制改革研究中去。格拉泽（E. Glaeser, 1995）对当房地产税是地方政府税收收入的主要来源时，房地产税对地方政府行为的影响进行了深入分析，研究结论是房地产税对地方政府行为有强烈的激励效应。当前的房地产的价值反映了对未来市容水平的期望，即使是最短视的地方政府为了追求税收收入最大化目标，也会鼓励投资于未来以提高公共福利水平，促使房地产价格上涨，从而扩大税基。地方房地产税内在地制约地方政府的过度税收需求，在某些情况下提高地方房地产税会导致整体税收水平更大幅度的下降。房地产税对地方政府的激励效应远大于中央政府。奥茨（W. E. Oates, 2001）认为房地产税的公开性和透明性的特点决定了它有助于约束地方政府的预算。费雪（W. A. Fischel, 2001）认为，房地产所有者为了保护自己财产的价值会向地方政府施加压力，要求其更有效地提供公共服务。博尔热和雷叟（L. E. Borge and J. Ratts, 2006）对挪威征房地产税和不征房地产税的地方进行比较研究后发现，课征房地产税的地方公共部门的成本要比不征房地产税的地方低 20%左右，房地产税的激励效应有助于控制公共部门的成本。

地方与地方之间对房地产税收的竞争可能会导致地方公共服务水平下降。布瑞克（G. F. Break, 1967）和奥茨（W. E. Oates, 1973）基于房地产税是资本税的视角，认为地方政府不愿对流动资本征税可能会导致他们将支出控制在没有效率的低水平上，相继提出房地产税竞争可能会导致地方公共服务水平低下的观点。英格(J. Yinger, 1982)发现在中位选民模型中,征收房地产税后产生的公共服务水平大大低于有效水平。布克沃特斯基和威尔逊(S. Bucovetsky and J. D. Wilson, 1991)证明较大的行政区比小行政区所提供的边际服务水平更接近于(但仍然低于)有效水平,因为大行政区的相对高税率可能会使小行政区获得巨大的资本存储量,进而实际上小行政区可能会提供过高的公共服务水平。

房地产税的税负公平性是一个难题。克拉普(Clapp, 1990)、松德曼等(Sunderman etal, 1990)和科尔尼亚、斯拉德(Cornia & Slade, 2005)认为,即使不考虑税收本身的累退或累进性,评估误差即评估价值与市场价值之间的差异本身也会造成纵向和横向的税负不公。阿伦、戴尔和里格尔(Allen, Dare & Riegel, 2010)研究发现在商业地产中确实存在着纵向的税负不公,而且价值低的房地产被高估的比例要大于价值高的房地产被高估的比例。

从OECD组织和欧盟国家来看,在现代市场经济国家房地产税制存在一些共同特征(高波,2010)。(1) 房地产税主要归属于财产税类,其课税对象包括土地、建筑物及土地与建筑物一体的财产(不动产);税种包括保有税、取得税和所得税三大类,但以保有税为主。税收的分布结构,大多数国家对房地产保有环节征税,而在房地产开发流转环节的税收相对较少。(2) 大多数国家的房地产税政策采取"宽税基、简税种、低税率"的原则。(3) 具备完善的房地产税法,明确各级政府对税种的管理权属,保证房地产税收征管的严肃性。房地产税在大多数国家属地方税种,通常是地方本级财政收入的主要来源。在房地产税制设计和征管过程中,地方政府有很大的自主权。一般由中央政府制定税基,地方政府可以根据本地的特殊情况选择税率,并确定一定的减免范围。(4) 大多数国家以评估期房地产市场评估价值或租赁评估价值为税基,具有随着房地产增值而增长的弹性特征。多数发达国家建立了规范而严密的财产登记制度,以有效获取财产信息和征管资料。

(5) 建立完善的房地产价值评估体系，包括政府部门所属的房地产价值评估部门和市场中介房地产价值评估机构及拥有评估资质的个人。

本章的第二部分是关于财政政策房价效应的理论分析；第三部分从行业和区域层面对房地产业税负水平做了比较分析；第四部分对财政支出政策房价效应做了实证分析；最后是本章的结论。

二、财政政策房价效应的理论分析

学者们对房地产财政政策效应已经做了一些有益的探讨。杨绍媛、徐晓波(2007)从住房成本和资产收益的角度分析，认为由于购房者需求弹性小，因此，不论从资产收益的角度还是从住房成本的角度看，税收的提高在短期内都会使房价提高。王海勇(2004)从现代资产定价理论出发，认为征收房地产税将降低对房地产未来收益的预期，从而导致现期房地产价格下降。陈多长、踪家峰(2004)指出，税收对房地产资产价格的影响是双重的，它既改变投机者的价格预期(影响预期增值)，也改变房地产资产的收益流量(影响资产的净现值)，房地产资产的均衡价格将低于税前水平。踪家峰、刘岗、贺妮(2010)重点分析了商品房平均销售价格与财政支出水平之间的变动关系。实证结果表明，中国的地方财政支出与房地产价格呈正相关关系，地方财政支出对房价有明显的促进作用。

(一) 财政政策对房地产价格的冲击—传导机制

财政政策(财政政策工具)的变动对房地产价格的冲击—传导机制，如图 9 - 1 所示。若政府实行扩张性财政政策，财政政策的冲击将导致信贷、利率和产出的变动。在传统的 IS - LM 模型中，扩张性财政政策导致利率上升，从而降低私人投资，政府必须相应地对货币政策做出调整，货币供给量和信贷将随之上升。这两股力量将推动房地产价格上涨。尤其是扩张性财政政策投入城市基础设施时，则促使房地产特征价格(hedonic price)的上升。反之，如果政府实行紧缩性财政政策，将对房地产价格产生负面影响。

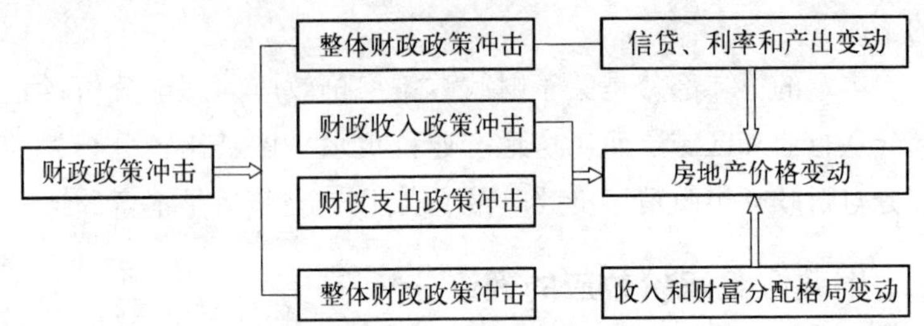

图 9-1 财政政策对房地产价格的冲击—传导机制

不同的财政政策工具(财政收入政策工具和财政支出政策工具)的变动将对房地产价格产生不同的影响。从财政收入政策工具即房地产税收来说，主要包括房地产税和资本增值税以及与房地产有关的遗产税，在一些国家还存在对住房贷款利息的税收抵扣或减免政策等，这些政策的变化将改变住房的持有成本或交易成本，从而影响房地产需求，进而影响房价。从财政支出政策工具来说，主要涉及政府的保障性住房或公共住房(public house)项目的投入政策，通过分流住房需求而影响房价；政府对公共服务设施的投入，影响房地产特征价格。

财政政策的调整还将对收入或财富分配格局产生影响。根据戈利耶(Gollier, 2001)的研究，财富的增长将导致富人对风险资产的需求更快地增长，从而推高资产价格。一国财政政策的变动将影响到该国的收入和财富分配，从而间接影响房地产价格。

(二) 财政收入政策的房价效应

开征、暂停征收或者取消某种涉及房地产的税收(以下简称房地产税)，会对房地产价格有影响。但不同种类的房地产税收及其纳税人、计税依据、税率(或税额标准)、征收方式、减免税规定等的不同，致使房地产价格变动的方向和程度不同。房地产税收分为房地产开发环节、房地产转让环节和房地产持有环节的税收。分析房地产税收对房地产价格的影响，要区分不同的征收环节。

房地产开发环节的税收将直接影响房价。房地产开发环节的税收相当于商品生产环节的税收，如耕地占用税。一般说来，增加房地产开发环节的税收，会增加房地产开发建设成本，从而推动房地产价格上升；而减少房地产开发环节的税收，则使房地产价格下降。在短期内，增加或减少房地产开发环节的税收是否导致房地产价格的升降，还要看房地产市场是处于卖方市场还是买方市场。如果处于卖方房地产市场，增加房地产开发环节的税收可以通过涨价转嫁给房地产购买者，从而使房地产价格上升；而减少房地产开发环节的税收则难以使房地产价格下降，将转化为房地产开发商的"超额利润"。如果处于买方房地产市场，增加房地产开发环节的税收，使房地产开发商通过降低开发利润等而"内部消化"，难以使房地产价格上升；而减少房地产开发环节的税收则使房地产价格下降。

房地产转让环节的税收同样对房价产生影响。房地产转让环节的税收相当于商品流通环节的税收，例如营业税、城市维护建设税、教育费附加（可视同税金）、土地增值税、印花税、所得税、契税等。考察房地产转让环节的税收对房地产价格的影响，需要把它们区分为是向卖方征收还是向买方征收的税。所得税是向卖方征收的，契税是向买方征收的。一般说来，增加卖方的税收，比如开征土地增值税，将使房地产价格上升；反之，减少卖方的税收，比如减免营业税，将使房地产价格下降。增加买方的税收，比如提高契税税率，会抑制房地产需求，从而使房地产价格下降；反之，减免契税，会刺激房地产需求，从而使房地产价格上升。同样，在短期内增加或减少房地产转让环节的税收是否导致房地产价格的升降，还要看房地产市场是处于卖方市场还是买方市场。如果处于卖方房地产市场，增加卖方的税收可以通过涨价转嫁给买方，从而导致房地产价格上升；而减少卖方的税收则会使卖方的收益增加，难以使房地产价格下降。如果处于买方房地产市场，增加卖方的税收将降低卖方的收益，难以导致房地产价格上升；而减少卖方的税收则会使房地产价格下降。

房地产持有环节的税收将影响房地产投资和投机需求。房地产持有环节的税收相当于商品使用环节的税收，例如城镇土地使用税、房产税。直接或者间接地对持有房地产课税，实际上是增加了持有房地产的成本或者说增加了房地产使用成本，使房地产自用需求者倾向于购置较小面积的房地产，并抑制房地产投资和投机需求，从而使房地产需求减少，导致房地产价格下降。对于收益性房地产来说，征收房地产持有环节的税收将减少房地产的净收益，从而导致房地产价格降低。相反，减免房地产持有环节的税收将导致房地产价格上升。

1. 房地产价格决定模型的构建

房地产具有消费品和投资品的双重商品属性，房地产需求实际上是由消费需求和投资需求共同组成的。房地产消费需求具有正常商品的需求函数特征，而房地产投资需求表现为“买涨不买跌”，投资需求函数呈现需求量与价格同向变化的特征。由于房地产建造周期较长，供给量由前期的供给价格决定（这里假定是由上一期的供给价格决定的）。假设 P_{t-1}^D 为 $t-1$ 期需求价格，P_t^D 为 t 期需求价格，θ_t 为 t 期的投资需求，D_t 为 t 期的消费需求，P_t^S 为 t 期供给价格，S_t 为 t 期的供给量，v、α_0、α_1、β_0、β_1 为正的参数，P_t 为均衡价格。建立房地产价格决定模型为：

$$\begin{cases}\theta_t = v(P_t^D - P_{t-1}^D) \\ D_t = \alpha_0 - \alpha_1 P_t^D\end{cases}$$

$$S_t = -\beta_0 + \beta_1 P_{t-1}^S$$

$$S_t = D_t + \theta_t$$

2. 房地产价格决定模型的讨论

(1) 若对房地产征收从价税，则 $P_t^D - P_t^S = rP_t^S$（r 是从价税税

率）。代入模型中可得：

$$\begin{cases}\theta_t = v(P_t^D - P_{t-1}^D) \\ D_t = \alpha_0 - \alpha_1 P_t^D\end{cases}$$

$$S_t = -\beta_0 + \beta_1 P_{t-1}^S = -\beta_0 + \beta_1 \frac{P_{t-1}^D}{1+r}$$

$$S_t = D_t + \theta_t$$

$$\Rightarrow P_t^D - \frac{v(1+r)+\beta_1}{(1+r)(v-\alpha_1)} P_{t-1}^D = -\frac{\alpha_0+\beta_0}{v-\alpha_1}$$

$$\Rightarrow P_t^D = c\left[\frac{v(1+r)+\beta_1}{(1+r)(v-\alpha_1)}\right]^t + \frac{\alpha_0+\beta_0}{\alpha_1+\frac{\beta_1}{1+r}} = P_t,$$

$$\text{其中 } c = P_0 - \frac{\alpha_0-\beta_0}{\alpha_1+\frac{\beta_1}{1+r}}。$$

$$\text{整理得：} P_t = c\left(\frac{v+\frac{\beta_1}{1+r}}{v-\alpha_1}\right)^t + \frac{\alpha_0+\beta_0}{\alpha_1+\frac{\beta_1}{1+r}}$$

① 当 $\alpha > 2v + \frac{\beta_1}{1+r}$ 时，$\left|\frac{v+\frac{\beta_1}{1+r}}{v-\alpha_1}\right| < 1$，若 $t \to \infty$，$P_t \to \frac{\alpha_0+\beta_0}{\alpha_1+\frac{\beta_1}{1+r}}$，价格收敛。此时房地产市场上消费需求占主导地位，$r\uparrow$，$P_t\uparrow$。

② 当 $\alpha_1 < 2v + \frac{\beta_1}{1+r}$ 时，$\left|\frac{v+\frac{\beta_1}{1+r}}{v-\alpha_1}\right| > 1$，价格发散，即 $t\uparrow$，则 $P_t\uparrow$。此时房地产市场上投资需求占主导地位，r 变化对

P_t 的影响不确定。

由于 $r\uparrow$，$\left|\dfrac{v+\dfrac{\beta_1}{1+r}}{v-\alpha_1}\right|\downarrow$，所以 r 提高，可以使 P_t 的波动幅度减弱。

(2) 若征收从量税 T，则 $P_t^D - P_t^S = T$，代入模型可得：

$$\begin{cases}\theta_t = v(P_t^D - P_{t-1}^D)\\ D_t = \alpha_0 - \alpha_1 P_t^D\end{cases}$$

$$S_t = -\beta_0 + \beta_1 P_{t-1}^S = -\beta_0 + \beta_1(P_{t-1}^D - T)$$

$$S_t = D_t + \theta_t$$

$$\Rightarrow P_t^D - \frac{v+\beta_1}{(v-\alpha_1)}P_{t-1}^D = -\frac{\alpha_0+\beta_0+\beta_1 T}{v-\alpha_1}$$

$$\Rightarrow P_t^D = c\left(\frac{v+\beta_1}{v-\alpha_1}\right)^t + \frac{\alpha_0+\beta_0}{\alpha_1+\beta_1} + \frac{\beta_1 T}{\alpha_1+\beta_1} = P_t,$$

$$\text{其中 } c = \frac{\alpha_0+\beta_0+\beta_1 T}{\alpha_1+\beta_1}。$$

① 当 $\alpha_1 > 2v+\beta_1$ 时，$\left|\dfrac{v+\beta_1}{v-\alpha_1}\right| < 1$，则 $t\to\infty$，P_t 收敛于 $\dfrac{\alpha_0+\beta_0+\beta_1 T}{\alpha_1+\beta_1}$。此时房地产市场上消费需求占主导地位。

② 当 $\alpha_1 < 2v+\beta_1$ 时，$\left|\dfrac{v+\beta_1}{v-\alpha_1}\right| > 1$，价格发散，即 $t\uparrow$，则 $P_t\uparrow$。此时房地产市场上投资需求占主导地位。

P_t 对 T 求导得：

$$P_t' = \frac{\beta_1}{\alpha_1+\beta_1}\times\left(\frac{v+\beta_1}{v-\alpha_1}\right)^t + \frac{\beta_1}{\alpha_1+\beta_1} > 0$$

所以征收从量税时，$T\uparrow$，$P_t\uparrow$。

综上所述，对房地产征收从价税，提高税率能起到稳定房价的作用。但当房地产市场上消费需求占主导地位时，提高税率将引起房价上涨；当房地产市场上投资需求占主导地位时，提高税率对房价涨跌的作用效果不确定。对房地产征收从量税，提高税额会进一步推动房价上涨，而对稳定房价失效。当房地产市场上消费需求占主导地位时，市场调节使房地产价格趋于稳定；当房地产市场上投资需求占主导地位时，市场调节使房地产价格发散。

三、房地产业税负水平比较分析

根据《中国税务年鉴》的数据，分析中国房地产业的宏观税负水平。2007 年房地产业纳税额为 3 527 亿元，比 2006 年增长 47.9%，与销售收入增长速度保持一致，高于总税收收入 31.4% 的增长速度。2009 年房地产业的纳税额为 4 826.9 亿元，比 2008 年增长 23%。在整个国民经济体系中，房地产业净产出所占比例并不高。2007 年房地产业增加值占 GDP 比例为 4.9%，2008 年为 4.7%，2009 年上升到 5.47%。对比历年来房地产业增加值占 GDP 比例和房地产业税收占总税收收入比例，可以看到房地产业纳税增长明显快于增加值的增长。2003 年这两者基本保持一致；2006 年纳税占比 6.45%，高出 GDP 占比 1.95 个百分点；2007 年纳税占比提高到 7.1%，高出 GDP 占比 2.2 个百分点；2008 年纳税占比为 6.78%，高出 GDP 占比 2.1 个百分点；2009 年纳税占比 7.65%，高出 GDP 占比 2.12 个百分点（见图 9－2）。可见，中国房地产业整体宏观税负偏高。

从全国总体状况看，三次产业中，第二产业的税负水平最高，第一产业的税负水平最低，第三产业的税负水平适中，大体与全国平均税负水平一致。但第三产业不同行业税负水平差异较大，房地产业与批发和零售业、金融业同属税负较高的行业，这三个行业的行业税负均高于第三产业的平均税负和全国平均税负。近年来

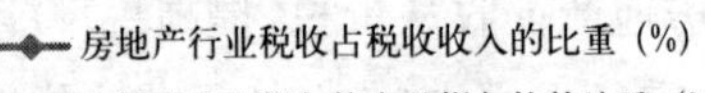
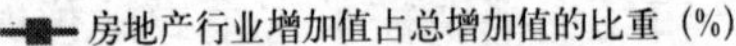
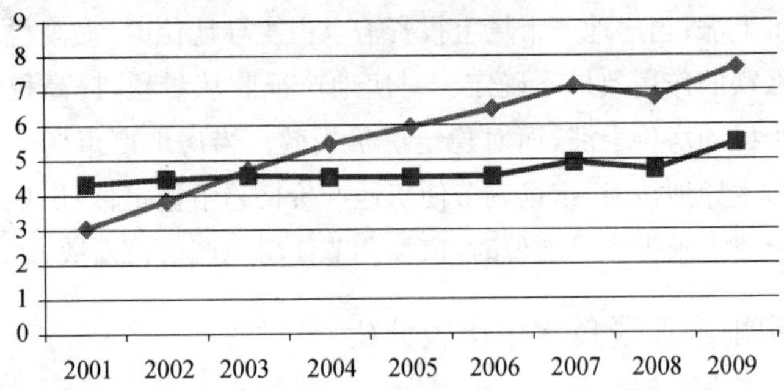

图 9-2　2001—2009 年中国房地产业增加值和纳税情况

数据来源：国家统计局：《中国税务年鉴（2003—2010）》、《中国统计年鉴（2003—2010）》，中国统计出版社。

宏观税负水平、行业税负水平均呈稳步上升态势，而房地产业的税负水平增长最快（见表 9-1）。房地产业的全部税收负担在 2001 年只有 9.53%，但 2007 年最高达 29.76%。而同期宏观税负水平只上升不到 6 个百分点。房地产业的税负越来越高，与平均宏观税负水平差距也越来越大。

表 9-1　2001—2009 年中国不同行业的宏观税负水平(%)

	2001	2002	2003	2004	2005	2006	2007	2008	2009
平均税负	13.60	13.82	14.72	15.75	16.48	17.52	19.47	18.42	18.51
第一产业	0.09	0.04	0.03	0.02	0.03	0.06	0.05	0.38	0.16
第二产业	17.15	18.29	18.97	20.30	20.56	20.64	21.45	20.57	21.20
建筑业	9.39	10.72	11.91	12.80	13.33	13.85	14.40	12.53	13.05
第三产业	14.44	13.56	14.54	15.77	16.80	18.85	22.51	20.63	20.02
交通运输、仓储和邮政业	9.74	10.66	6.18	6.77	7.20	7.67	7.66	9.26	8.62
批发和零售业	22.19	23.75	24.17	27.67	29.88	33.02	34.37	29.55	29.81

续 表

	2001	2002	2003	2004	2005	2006	2007	2008	2009
住宿和餐饮业					7.68	7.66	7.65	7.84	7.72
金融业	17.69	15.70	14.93	15.33	20.63	26.67	35.27	38.80	34.52
房地产业	9.53	11.85	18.77	23.45	21.40	24.05	29.76	26.62	25.87

注：税负水平＝产业(行业)税收收入/产业(行业)增加值。
数据来源：国家统计局：《中国税务年鉴(2003—2010)》、《中国统计年鉴(2003—2010)》,中国统计出版社。

运用上市公司的数据，对房地产业与其他行业的税负水平进行比较分析。对于房地产、建筑、金融等行业来说，当年应缴纳的税金绝大部分体现在损益表“主营业务税金及附加”与“所得税”项目中，我们以上市公司损益表这两项之和作为应纳税金进行研究。而制造业、零售业等缴纳的增值税属于价外税，在年报收入中即已扣除，无法取得应缴数额。为保证数据的可比性，本研究剔除了这些行业，选取与房地产业纳税情况较为一致的行业进行比较分析。如表 9－2 所示，以房地产行业税负水平最高的 2007 年为例，房地产业上市公司税负率为 16.16%，位列各行业之首，大大高于行业平均水平；从贡献比指标来看，房地产行业贡献比为 100.46%，同样大大高于行业平均水平。①

表 9－2　2007 年中国房地产业与其他行业纳税指标比较

(单位：万元)

行　业	营业总收入	净利润	应纳税金总额	净利润率(%)	税负率(%)	贡献比(%)
金融业	149 686 204	36 735 497	20 586 660	24.54	13.75	56.04
采掘业	241 845 031	26 853 686	20 369 550	11.10	8.42	75.85

① 2007 年中国房地产企业纳税情况分析[EB/OL]，新浪房产，http://bj.house.sina.com.cn，2008 年 10 月 10 日。

续 表

行　业	营业总收入	净利润	应纳税金总额	净利润率(%)	税负率(%)	贡献比(%)
房地产业	19 305 472	3 106 127	3 120 533	16.09	16.16	100.46
交通运输、仓储和邮政业	48 487 438	7 050 934	2 959 579	14.54	6.10	41.97
建筑业	49 182 308	1 123 728	1 843 797	2.28	3.75	164.08
信息技术业	30 232 786	1 931 361	922 170	6.39	3.05	47.75
社会服务业	5 624 790	701 551	375 470	12.47	6.68	53.52
传播文化业	84 960	107 006	47 584	12.59	5.60	44.47
合计及均值	545 213 789	77 609 890	50 225 343	14.23	9.21	64.72

数据来源：根据 Wind 中国金融数据库有关数据计算得出。

从区域来看，房地产业的税负水平参差不齐，北京、天津、上海、江苏、海南、江西、重庆、四川、宁夏等的税负水平整体高于全国平均水平，河北、福建、山东、广东、广西、山西、内蒙古、黑龙江、河南、湖北、湖南、西藏、甘肃、青海等 14 个地区房地产业税负水平低于全国房地产业平均税负水平，没有明确的规律可循（见表 9－3）。

表 9－3　2003—2009 年中国各地区房地产业税负水平(%)

地　区	2003	2004	2005	2006	2007	2008	2009
全国宏观税负	14.72	15.75	16.48	17.52	19.47	18.42	18.51
房地产行业税负	18.77	23.45	21.40	24.05	29.49	26.63	25.87
北京	57.64	62.79	38.48	41.73	56.72	59.86	39.71
天津	19.92	20.56	36.79	39.36	47.12	44.44	35.24
河北	7.20	11.30	9.74	13.08	18.17	18.52	17.76

续　表

地　区	2003	2004	2005	2006	2007	2008	2009
辽宁	13.14	17.90	19.24	22.85	27.14	26.74	23.79
上海	38.02	41.43	51.84	52.77	55.96	68.07	46.33
江苏	13.57	20.25	25.46	27.64	33.70	35.48	27.58
浙江	32.14	43.59	21.54	22.28	25.99	25.12	23.92
福建	12.18	18.12	14.87	17.23	19.54	20.09	19.52
山东	5.01	6.56	8.21	9.37	12.32	12.91	12.61
广东	15.91	17.43	12.44	14.52	17.52	20.08	21.45
广西	16.47	20.95	14.60	17.39	19.68	21.58	23.12
海南	29.02	37.02	20.20	28.46	40.73	56.96	37.31
山西	7.76	8.86	4.86	7.08	10.17	12.30	14.31
内蒙古	23.63	28.11	13.23	14.71	21.55	26.14	21.81
吉林	11.44	15.20	11.33	14.63	20.81	22.40	26.34
黑龙江	7.72	7.91	9.26	12.05	14.85	17.11	20.76
安徽	7.87	10.23	14.23	18.23	25.09	29.32	24.83
江西	7.71	10.25	14.41		32.31	34.47	26.75
河南	6.40	9.43	10.35	11.03	20.15	19.42	19.44
湖北	7.49	11.86	14.77		19.56	22.08	20.00
湖南	6.11	11.28	10.42	18.22	17.58	16.59	19.26
重庆	14.03	19.58	18.36	56.09	30.46	42.26	43.81
四川	13.36	17.27	18.54	10.84	37.37	39.60	34.33
贵州	17.16	21.96	15.14	19.73	24.81	23.73	31.02
云南	10.12	13.58	11.36	14.43	20.99	23.10	34.06
西藏	5.70	12.16	7.20	5.65	9.03	4.19	10.07

续 表

地 区	2003	2004	2005	2006	2007	2008	2009
陕西	5.95	7.91	12.30	16.46	23.43	28.73	26.04
甘肃	8.65	10.52	7.64	8.87	12.02	13.82	13.64
青海	12.66	15.93	10.19	11.09	17.76	16.94	20.35
宁夏	29.76	34.67	21.74	25.17	29.93	33.39	30.08
新疆	23.21	28.36	14.72	14.80	18.27	24.99	29.35

注：区域房地产业税负水平＝地区房地产业税收收入/地区房地产业增加值。

数据来源：国家统计局：《中国税务年鉴（2003—2010）》、《中国统计年鉴（2003—2010）》，中国统计出版社。

从行业和区域层面对房地产业的税负水平进行比较分析，结果表明，房地产业税负增长速度快，房地产业税负水平偏高，房地产业税负水平与平均宏观税负水平差距越来越大，房地产业税负水平区域差异显著。

四、财政支出政策房价效应的实证分析

根据理论分析，财政支出政策的变动将通过多种渠道影响房地产价格。本节采用35个大中城市2000—2010年的面板数据进行计量检验，分析财政支出政策的变动对房地产价格的影响。构建如下静态面板数据的回归方程：

$$P_{h,it} = \alpha + \beta_1 inc_{it} + \beta_2 pop_{it} + \beta_3 cz_{it} + \beta_4 cpi_{it} + v_i + \varepsilon_{it} \tag{9.1}$$

其中，i 和 t 分别表示城市和年份；cz 是各城市预算内人均财政支出；inc 是城镇居民人均可支配收入；cpi 是以1999年为基期的城市定基物价指数；P_h 是城市商品房平均销售价格；pop 是城市人口；v_i 是难以观测的个体效应；ε_{it} 是扰动项。以上各变量均来自历年《中国统计年鉴》和各城市统计公报。

在静态面板模型设定下，采用多种回归方法估计了方程(9.1)并将结果列于表9-4。其中，列(1)采用Pool OLS，即混合回归，(2)、(3)采用固定效应估计，(4)、(5)采用随机效应估计。同时，比较了控制时间效应在估计结果上的差异。(6)是对面板异方差问题采取PCSE修正。估计软件为stata12.0。

表9-4　财政支出对房价的影响：静态面板估计结果

	(1) OLS	(2) FE	(3) FE	(4) RE	(5) RE	(6) PCSE
C	1.475*** (0.281)	−0.538 (0.585)	−0.615 (0.571)	1.159*** (0.324)	1.071*** (0.328)	1.465*** (0.281)
inc	0.334*** (0.044)	0.360*** (0.067)	0.367*** (0.066)	0.354*** (0.055)	0.361*** (0.055)	0.333*** (0.051)
pop	0.123*** (0.017)	0.475*** (0.084)	0.487*** (0.083)	0.163*** (0.029)	0.178*** (0.032)	0.130*** (0.009)
cpi	0.838*** (0.191)	0.723*** (0.362)	0.713** (0.355)	0.949*** (0.221)	0.980*** (0.223)	0.838*** (0.220)
cz	0.193*** (0.034)	0.154*** (0.049)	0.147*** (0.048)	0.162*** (0.041)	0.150*** (0.042)	0.193*** (0.048)
时间效应	不控制	控制	不控制	控制	不控制	控制
		$F(34, 301)=5.85$	$F(34, 311)=6.05$			
R^2	0.79	0.741	0.738			0.79

注：*C*为截距项，***、**和*分别表示在1%、5%和10%的水平上显著，( )内为标准差。

估计结果表明，无论是随机效应还是固定效应以及混合回归，财政支出对房价的影响都高度显著为正，即财政支出的增加促使城市房价上升。其他变量的系数也都是显著的，并且符合预期的符号。比较控制时间效应后的固定效应和随机效应的Hausman检验的卡方值为94.75，这表明应该采用固定效应估计方法。进一步采用 Wald 检验组间异方差,卡方值为 2 408.19 且高度显著。由于本研究采用的数据为大 n 小 t 型,没有检验面板序列相关问题,对于检验出来的面板异方差,采用 stata 提供的 PCSE 程序给予相应的修正,结果如列(6)所示。

基于静态面板模型的假设,上述模型解决了地区个体效应问题。但是,财政支出的变动和资产价格的变动都是一个动态的过程,资产价格既决定于当前因素也受到过去因素的影响。因此,有必要构建动态面板模型以重新检验财政支出政策的变动对房价的影响。动态面板数据带来的问题是将滞后因变量作为自变量后,传统的固定效应估计无法解决由此带来的内生性问题。本研究采用阿雷拉诺和邦德(Arellano & Bond, 1991)、阿雷拉诺和波弗(Arellano & Bover, 1995)以及布伦德尔和邦德(Blundell & Bond, 1998)等人提出的广义矩估计(GMM)方法,进一步检验财政支出变动对房价的影响。构建如下动态面板数据的回归方程:

$$P_{h,it} = \alpha + \beta_0 P_{h,i,t-1} + \beta_1 inc_{it} + \beta_2 pop_{it} + \beta_3 cz_{it} + \beta_4 cpi_{it} + v_i + \varepsilon_{it} \tag{9.2}$$

无偏的估计方程(9.2)要求有效地解决因加入滞后因变量导致的内生性问题,并解决不随时间变化的个体效应问题。霍尔茨(Holtz, 1988)、阿雷拉诺和邦德(Arellano & Bond,1991)提出了差分矩估计方法(difference GMM estimator),通过对方程(9.2)取一阶差分消除个体效应,然后利用一阶差分方程中相应变量的滞后项作为工具变量解决内生变量问题。后由阿雷拉诺和波弗(Arellano & Bover, 1995)以及布伦德尔和邦德(Blundell & Bond, 1998)等人指出,一阶差分 GMM 估计容易出现弱工具变量以及严重的有限样本偏差问题,他们提出可以同时采用差分和水平变量来构造工具变量的系统 GMM 估计方法。

对方程(9.2)采用系统 GMM 估计方法的估计结果,如表 9-5

所示。在估计方法中，考虑了人均可支配收入、财政支出的内生性问题。实际上，房价和财政支出是相互影响的，房价不仅通过土地出让收入和各种税收直接影响财政收入，还将通过固定资产投资或财富效应促进消费和通过托宾 q 效应促进投资进而促进经济增长，改变财政收入和人均可支配收入。因此，列(1)将人均可支配收入和财政支出视为内生变量，而列(2)将财政支出视为内生变量。人口和 *cpi* 被视为外生变量。工具变量由外生变量的水平项目和差分项构成。

表 9－5　财政支出对房价的影响：动态面板估计结果

	(1) 稳健性系统 GMM	(2) 稳健性系统 GMM
C	−0.118 (0.698)	−0.110 (0.785)
$l.P_h$	0.373*** (0.067)	0.379*** (0.063)
inc	0.459*** (0.114)	0.422*** (0.098)
pop	0.329** (0.141)	0.264** (0.153)
cz	0.363*** (0.049)	0.339*** (0.047)
cpi	−0.090 (0.561)	0.071 (0.477)
AR(1)	−2.34 [0.02]	−2.07 [0.039]
AR(2)	−1.02 [0.31]	−1.47 [0.14]
Hansen test	26.33 [1.000]	27.79 [1.000]

续 表

	(1) 稳健性系统 GMM	(2) 稳健性系统 GMM
Difference-in-Hansen (*GMM*)	21.71 [1.000]	25.41 [1.000]
Difference-in-Hansen (*IV*)	28.88 [1.000]	31.75 [1.000]

注：C 为截距项，$l.P_h$ 为房价的一阶滞后，*** 、** 和 * 分别表示在 1%、5%和 10%的水平上显著，( )内为标准差，[ ]内为 p 值。

动态面板估计结果表明，模型均不存在显著的二阶序列相关。同时，Hansen 过度识别检验以及衡量 GMM 类和额外工具变量有效性的 Difference-in-Hansen 检验表明模型的各个工具变量是有效的。从估计系数来看，除 cpi 不显著外，其他系数都是显著的，其中财政支出系数和滞后一阶的房价系数以及人均可支配收入系数高度显著且符号符合预期，人口系数通过了 5%的显著水平的检验。所以，即使考虑到财政支出的内生性，财政支出政策冲击也对房价产生显著的正面影响。

五、结论

本章在对财政政策房价效应理论分析的基础上，从行业和区域层面对房地产业税负水平做了比较分析，并对财政支出政策的房价效应做了实证分析。根据理论分析，财政政策的变化将对房价产生影响，扩张性财政政策导致房价上涨，紧缩性财政政策对房价产生负面影响。财政收入政策和财政支出政策都对房价产生影响，但影响的方向和程度是有差异的。房地产业税负水平偏高，房地产业税负水平区域差异显著。根据实证分析，财政支出政策对房价的影响显著为正，财政支出的增加将促使房价上升。

因此，必须推进中国的财政体制改革，改变地方政府过度依赖土地财政的状况，降低房地产业的税负水平。在财政收入政策方面，按照“宽税基、简税种、低税率”的原则，实现从房地产开发流转环节税收为主向房地产保有环节税收为主的房地产税制转型。在财政支出政策方面，确保保障性住房或公共住房的投入，促进公共服务设施投入的均等化。

第十章　房地产周期波动与住房保障

一、引言与文献回顾

住房保障是在商品房市场运行的同时,政府以社会救助的形式直接介入住房分配,满足中低收入群体的基本居住需求。住房保障政策的有效实施,对于中低收入群体应对房地产周期波动,规避房地产风险,满足基本居住需求具有重要作用。

1998 年,中国启动了住房市场化配置、货币化分配、社会化管理与公共住房保障相结合的住房制度的深层改革,10 多年来,房地产市场逐步发育成熟,但保障房建设相对滞后,低收入家庭购房负担明显加重,社会保障体系中的住房保障问题空前突出。消费者行为理论的核心之一是研究价格变化与消费需求之间的关系,即价格变化对消费者的配置效应。价格变化又会影响消费者的福利,这属于福利效应。住房保障政策的选择,不仅关系到社会福利效应,更对人们的消费行为产生影响。如果消费者用于住房的消费过高,则可能挤压一般消费品支出。因此,政府的住房保障政策必然对居民的消费支出产生影响。恰当的住房保障政策有利于促进居民消费支出水平提高、扩大国内市场需求。住房保障政策从大类上可分为货币补贴和实物配租两类,这两类补贴对居民消费行为的选择会产生不同的影响。实施何种住房保障政策、实施的力度有多大、如何实施等,取决于市场环境和社会发展现状。

在我国住房保障政策实施过程中，也存在着采用货币补贴还是实物配租的争论。黄征学(2004)认为对中低收入者的住房保障应以政府提供购房补贴为主，经济适用房建设可能是低效率的。其实，对保障房效率的分析，应充分考虑市场环境和消费者特征。徐虹(2008)认为在房地产价格持续攀升的时候，应优先采用实物配租的住房保障政策；当经济降温、住房供不应求的态势转变时，应适当考虑货币补贴的住房保障政策。这样可以提高补贴效率，也能够适应我国存在庞大低收入阶层的现实。

我国的住房保障对象以城市低收入群体为主。这是因为在农村仍以自建房为主，而城市则已实行了住房货币化分配制度，商品房市场的发育在改善城市居民住房条件的同时，也带来了低收入群体的购房负担加重。

美国政府也很少执行乡村住房保障计划，其原因却不同于中国，美国农村居民中的流浪汉和露宿街头者要远远少于城市。海尔威(Hirway，1987)认为美国联邦政府不对乡村建房进行资金支持，可能是基于以下考虑：补贴性住房应提供给穷人，而在美国，城市里的穷人更多；低成本保障房应由地方资源来建造，尽量少动用国家财政；而且，公众、公司及家庭部门都应该参与住房建设。有人担心经济适用房建设可能人为地使不同层次人群分片居住，形成富人区和穷人区。罗森鲍姆(Rosenbaum，1996)的研究发现，住房对决定美国家庭的社会地位和经济福利具有基础性作用。在新泽西和纽约市，与白人相比，黑人和西班牙裔家庭较难住在高档社区，少数民族家庭很难拥有自己的住房，这就部分地反映了白人与其他族群在居住区位上发生了分离。哥谭(Gotham，2000)认为是联邦政府的住房政策造成了美国大城市居住区的族群隔离和住房所有权的种族不平等。作为1968年住房法案的一项重要内容，第235条款将住房政策的重点由原来的地方政府提供直接补贴给私人部门，变为刺激有色人种和穷人去获取房屋的产权上。研究发现，当提供购房补贴的时候，大量受补贴的白人家庭会在郊区购买新房，而非洲裔家庭则会购买位于城中按种族划分的社区内的旧房。社区对生活其中的家庭有着重要影响，许多研究都假设联邦政策能够帮助一些家庭搬离贫民区，改变他们的生活空间，但克拉克(Clark, 2005)怀疑这些假设的真实性，他通过检验发现，要干预诸如住房选择这样的动态过程，并产生政策效果，是非常困难的。居住性分割(residential segregation)的现象加速了社会的分化，从各国住房市场发展的经验来看，政府都在积极应对居住分割或居住割裂可能带来的社会问题。一般认为，居住分割会造成不同阶层接触减少，降低社会凝聚力，妨碍社会和谐(social cohesion)，是社会稳定的重要威胁。因此，像荷兰等国家的政府一直采取社区混居实验(residential mixing experiment)的积极干预政策，通过财政、法律等手段来力图促进不同收入阶层人群的居住融合机会。相比之下，我们在住房和城市规划的政策层面上对此问题还重视不够(陈钊等，2008)。

本章旨在探讨住房保障政策的实施如何通过影响商品房价格进而影响消费者行为的选择，揭示住房保障对房地产周期波动产生怎样的影响。本章第二部分对部分发达国家住房保障政策做简要评述；第三部分对中国转型期住房保障的实践进行阐述；第四部分论述住房保障的功能；第五部分探讨住房保障对房地产周期波动的影响机理；第六部分对中国的住房保障效应做了实证分析；最后是结论。

二、部分发达国家的住房保障政策评述

保障房是市场经济条件下政府提供的一个“公共产品”，无论是自由市场主导型还是政府主导型的市场经济国家，政府都必须制定和实施住房保障政策，并承担保障房建设的职能。

以美国为代表的自由市场型国家，住房保障政策是运用税收、金融政策对住房消费进行货币补贴，鼓励公众从市场上购买并拥有自己的住房，因而美国的住房自有率相对偏高（见表10-1）。美国的住房保障政策主要由地方政府来实施，美国的地方政府拥有较大的征税（主要是房地产税）权力，它也有责任提供一定的公共服务（丹尼斯·迪帕斯奎尔、威廉·C. 惠顿，2002）。信奉自由市场经济的美国政府认为住房问题可以通过市场解决，住房保障对象针对的只是少数低收入人群。从实践来看，美国在住房保障方面做得并不好，相比欧洲国家，其社会流浪者和无家可归者较多、住房水平较低。从20世纪30年代中期开始，美国政府出台了各种各样的住房保障计划，这些政府计划的直接目的并不是为了减少贫困，它们或是为了改善军人在国内住房条件的战争临时措施，或是为了帮助中产家庭迁往郊区，或是为了保持房地产投资市场的活跃，或是为了改善居住条件、美化城市和乡村环境（Ledbetter, 1967）。后来美国政府也意识到，要消除贫困，一个不可或缺的措施就是建造足够多的住房；而在住房（特别是市中心地带的住房）短缺的背景下，仅靠私人公司无法为低收入家庭提供足够的住房，公共部门必须介入。20世纪80年代，美国联邦政府对低收入家庭住房补贴的实际支出轻微上扬，但其对未来住房支出的预算权力却显著下降，住房保障目标由对建造住房的公司进行补贴转向对居民租赁住房进行货币补贴，这种变化体现了里根政府与国会间的微妙平衡关系。虽然国会没有赢得预算争辩，但它确实在为低收入家庭提供保障住房方面争得了许多资源，其中包括1989年的《财政制度改革、恢复和执行法案（FIRREA）》，为向穷人提供住房服务增加了资金和制度投入。罗斯（Ross, 1990）评估了这些法案对提高穷人住房保障的作用，认为这些法案能否奏效，还取决于对低收入家庭住房分配体系能否把这些法案融合进来。

美国是一个以信用消费为特征的社会，住房问题并没有成为制约美国居民消费支出的障碍，相反，美国一直是世界消费市场的发动机，这与其国民消费理念有关，更与美元是世界货币和美国第一强国的地位有着直接关系。在次贷危机爆发以前，虽然美国若干年房价连续上涨，但美国居民的消费支出没有受到房价上涨的约束，一直保持高速增长。

日本的住房保障制度以国家财政支持为主。20 世纪 50—80 年代，日本住房短缺。以政府为背景的住房公团、公营住宅和金融公库对于解决中低收入家庭的住房保障问题发挥了重要作用。政府提供保障房，主要以租赁形式解决低收入家庭的住房困难。保障房建设以国家财政出资为主，地方政府的职责主要是出地(土地优先供应)及组织建设和管理。对于公营住宅，有严格的准入限制和退出规定，并按家庭不同收入标准详细规定了相应的租金标准，原则上租金不超过家庭收入的 30%。对于收入达到平均水平以上的家庭，则应退出公营住宅，或者相应提高租金标准。为推动住房建设、改善居民的住房水平，日本政府还制定了相当完善的税收调节政策和财政支持政策，如所得税、财产税减免抵扣、财政补贴等，总的原则是少税种、低税率。这些政策经过几十年的发展，不断成熟完善。近 10 多年来，日本大都市的高层公寓发展迅速，特别是政府兴建的保障性租赁住房，因面积较小，不论是房价还是租金都相对较低，主要面向单身者，包括未婚青年、离婚、丧偶人士等，受到市场欢迎。

以德国为代表的社会型住房保障制度，政府全方位介入住房市场，兼顾所有购房困难群体，关注的是社会责任。他们主要是通过提供保障房，以实物配租的形式进行补贴。这些国家不鼓励居民拥有自己的住房，在购房方面的税收较重，造成商品房市场上的房价相对较高，因此，居民住房自有率较低，德国住房自有率只有 40%。德国政府干预住房市场的政策包括：一是保证房源充足、防止住房过剩;二是监控住房质量与环境保护;三是确保房价在居民可承受范围之内;四是保证住房在户型、面积、结构等各方面都能满足社会各阶层的需要。德国实行建房储蓄制度,设有专门的住房储蓄银行,他们不交存款准备金,但必须上存同业系统3%风险基金。其他商业银行则不得承办住房储蓄业务。建房储蓄的系统封闭性,保证了住房价格的稳定。在这个系统内,大量储蓄者参与而形成一个互助集体。只有参加了住房储蓄的人,以后申请买房和建房时才可以得到低息贷款。住房储蓄存款的唯一用途是为建房、购房进行融资,不能为其他消费目的贷款。这种住房储蓄不受资本市场及其利率波动的影响。德国银行商业性的住房抵押贷款利率近几年在8%—11%之间波动,而住房储蓄的存款利率是3%,贷款利率固定在5%。瑞典、荷兰等国家的住房保障政策与德国相似。

英国在撒切尔夫人政府的私有化改革之后,实施了公房优先购买政策,鼓励居民拥有自己的住房。而为了保障中低收入居民的住房需求,仍设有社会公共房屋管理部门。目前,英国居民中有近70%的居民拥有自有住房产权(表10-1),另外30%的居民租赁住房。租赁住房的居民中,20%的居民从当地政府租赁公有住房,10%的居民租住私人房屋。英国这种住房消费格局,是其住房政策特别是公有住房政策实施的结果。政府在财政预算中要对公房建设与维修资金进行分配。英国的社会福利保障部会同一些保险机构,帮助贷款购房的居民在失业之后一定时间内仍能还款,不至于因短期的支付能力问题而失去住房。此外,地方政府还通过规划手段对住房建设进行管理,比如要求私人开发商开发的房子超过14个单位,就必须有三分之一要纳入可负担住房(Affordable Housing,相当于保障房)的体系内。开发商新建保障住房,可以得到公共财政的补贴,但建设过程中要接受当地住房协会(Housing Association)或者地方政府的监督管理。

表 10-1 不同国家或地区的住房保障政策

国家（地区）	住房保障方式	责任者	住房自有率(%)	人均居住面积（平方米/人）
美国	通过税收、金融政策的调节，进行需求方补贴。	地方政府	66.4（2011）	60
日本	政府提供保障房，主要以租赁形式解决低收入家庭的住房困难。通过少税种、低税率的政策，推动私人住房建设。	中央财政负责出资，地方政府负责提供土地和建设管理	60(2006)	31
德国	通过提供保障房，进行供给方补贴。不鼓励居民拥有自己的住房，在购房方面的税收较重。	中央政府	43(2010)	38
英国	鼓励私人购买公房，但仍保留公共房屋管理部门，政府在财政预算中要对公房建设与维修资金进行分配。	中央政府和地方政府	68 (2010)	38
新加坡	通过住房公积金制度，建设公有住宅，并出售给居民。	新加坡政府	88.6（2011）	28
香港	双轨制，即市场住房供应体系和保障房供应体系（公屋制度）。	香港特区政府	53.2（2007）	17

注：自有率后面括号内的数字是统计年份。

新加坡是东南亚地区住房保障制度实施最好的国家。新加坡的住房问题并不完全通过市场来实现，政府强力干预和介入住房市场。住房公积金制度是其住房保障的一大特色：由雇主和雇员共同缴纳住房公积金，分级提供公有住宅补贴，严格按家庭收入情况来确定享受住房保障水平。对公有住宅的出售，起初采用登记配售，即按登记的先后顺序出售。后改为定购制度，即每季度公布一次建房计划，在定购并申请房屋的人中进行抽签，中签者经购房审查交付订金，然后签订购房合同并交付房价的首付款。新加坡的这一办法缩小了各地区、各类型住房的供求差距。

从发达国家和地区的住房保障经验来看，美国主要实行货币补贴，保障房建设比较薄弱；日本的保障房是廉租房性质；而德国的住房保障以向困难群体提供保障房为主，且主要形式是廉租房；英国的住房保障制度既有货币补贴，又有实物配租，是市场型住房保障与社会型住房保障的综合；新加坡则是通过公积金制度向公民提供经济适用房。受英国长期管理的影响，中国香港地区的住房保障制度也是市场型与社会型的综合。中国内地的住房困难群体，除了城市低收入家庭外，还存在着一个既买不起商品房，又不符合住房保障条件的“夹心层”。

一般而言，各国住房保障政策着眼于两个目标：一个是经济目标，即通过住房保障政策的实施促进经济增长；另一个是社会目标，即通过住房保障政策的实施来实现社会稳定。处在不同发展阶段、实行不同发展模式的国家在这两个目标上会有侧重，但更多的是两者兼顾。

三、中国住房保障的实践

中国地方政府推进住房保障的动力不足是一个难题。这是因为在现行的财政体制下，房地产业的发展状况对地方政府的财政影响巨大，地方政府承担住房保障职责既需要相应的财政支出，又可能影响房地产价格的上涨而导致财政收入减少。根据中金公司的报告，2006—2009年间，保障房投资完成额基本上与土地出让收入中用于保障房建设的部分持平。这说明地方政府以往在保障房开发建设上采用了量入为出的方式,土地出让收入几乎是地方政府唯一可以依赖的保障房建设投资来源。尽管如此,随着高房价和普通民众住房问题成为社会各界的关注焦点,特别是来自中央政府的压力,地方政府在承担住房保障职责方面还是进行了有益的探索,有很多值得总结的经验。2009 年房价上涨速度较快的一线城市,深圳市、上海市、北京市、广州市纷纷公开表态支持保障房的建设。深圳市"十一五"期间规划建设的 14 万套保障房已全部进入建设程序,并且放宽了保障房申请条件,以应对"夹心层"的需求;广州市计划在 2011 年前建设 5.6 万套保障房,并将首次推出经济租赁房;北京市提出 2010 年各类政策性住房用地占全市住房供地 50%以上;上海市保障房建设 2010 年下半年在中心城区全面推开,新开工建设经济适用房约 400 万平方米,着力解决部分群众过渡性住房困难,积极推进以廉租房、经适房、动迁安置房和公共租赁房为主要形式的"四位一体、租售并举"的住房保障体系建设。下面选取几个典型城市,总结它们在住房保障方面的实践经验。

(一) 北京:构建公共租赁房制度,完善住房保障体系

1998 年提出停止福利分房后,北京市开始探索制定和实施廉租房、经济适用房、限价房等各种住房保障政策。2009 年 6 月,公共租赁房管理办法经中共北京市委常委会审议并原则通过,2009 年末,北京市首个公共租赁房项目开建,这标志着北京市四级住房保障供给体系基本建立。北京市政府规定,对没有购房支付能力的低收入家庭提供廉租房,对有一定支付能力的低收入住房困难家庭配售经济适用房,对中等收入家庭的自住需求提供限价房,对夹心层和过渡期住房需求提供公共租赁房,"低端有保障,中端有支持,高端有市场"的多层次住房供应体系正逐步成型。北京市公共租赁房制度具有以下特点:

1. 适应人群：夹心层

公共租赁房是北京市解决新就业职工等夹心层群体住房困难的一个"新产品"，用于对其他三种保障房的无缝衔接，产权是由政府或公共机构所有，用低于市场价或者承租者承受得起的价格，向新就业职工出租，包括一些新的大学毕业生，还有一些从外地迁移到城市工作的群体。在这之前，北京的保障房只对北京户籍人口开放，此举意味着保障房市场也为外来人口开了一个口子。公共租赁房是一个过渡性的解决方法，受保障的群体不属于低收入人群，但近期通过市场又确实解决不了自己的住房困难，因而政府给他们一定的帮助，当这部分群体有支付能力了，再退出公共租赁房，进入住房市场购买或承租住房。

《北京市公共租赁房管理办法（试行）》规定，公共租赁房的适用人群是中低收入住房困难家庭，包括已通过廉租房、经济适用房、限价商品房资格审核，尚在轮候的家庭以及其他住房困难家庭，外来务工人员也不例外。与廉租房、经适房、限价房采取公开摇号配租配售一样，未来公共租赁房也将实行公开的轮候配租制度。与其他保障房相同，符合条件的家庭可优先配租。即符合廉租房、经适房和限价房条件，家庭中有60岁（含）以上的老人、患大病人员、残疾人员、复转军人、优抚对象或属重点工程拆迁的，可优先配租。

2. 租金核定：不同地段将有不同标准

对于公租房的租金标准，按保本微利的原则，结合承租家庭负担能力和同类地段类似房屋市场租金，一定比例下浮确定公共租赁房的租金。租金应该是申请家庭能接受的。而且根据不同地段，出台不同的租金标准。同一地段的公共租赁房，租金水平相同。在公租房产权单位和租户确定的租金水平中，可以约定包含物业费，也可以约定分别收取租金和物业费。

3. 申请方法：到街道登记进入轮候

取得廉租房、经适房和限价房资格的家庭，无须再次申请，可直接到户籍所在地的街道乡镇住房保障部门登记，直接进入公租房的轮候范围。

4. 房屋来源：建购并举

对于公租房的房源，北京将采取新建和收购两种方式。一方面，新建一些公租房；另一方面，政府在已开发的商品房中收购一些，作为公租房。政府收购的房源，有一定的针对性。首先要满足公租房的户型面积标准，即小户型；还要考虑区域，特别是交通方便。根据北京市的计划，目前收购的公租房主要布局在大型公交枢纽周边等交通便利的区域，以一、二居室小户型为主。

5. 租赁期限：最长5年

《北京市公共租赁房管理办法(试行)》规定，公租房租赁期限最长5年。但5年不是绝对期限，5年期满后如希望续租，可提前3个月申请，住房保障部门会对其资格复核。符合条件，还可续租；不符合条件，但暂时不能腾退的，可给予2个月过渡期，过渡期内按同类地段类似房屋市场价收取租金。过渡期满后仍不腾退的，按产权单位规定的标准(租赁合同约定)收取租金。租住公租房的家庭，不能同时享受廉租房，但可以申请购买经适房或限价房。一旦购买了经适房或限价房，原租住的公租房就必须退出。

6. 监管：6种违禁行为，房屋将被收回

《北京市公共租赁房管理办法(试行)》规定，公租房禁止转租、转借。北京在制定公租房政策时，总结了经适房和限价房管理中出现的问题，完善了公租房政策。其中规定了6种承租家庭禁止的行为，包括：将承租住房转租、转借；擅自改变承租住房居住用途；连续6个月以上未在承租住房内居住；连续3个月以上未按期交纳租金等。这6种情况只要出现1种，将收回公共租赁房。公租房将来会直接纳入“三房”审核系统管理。近期的出租问题，都是靠“三房”审核系统，审核出租家庭相关信息来查处。公租房采取社会化管理，给予产权单位权力和责任，它要承担管理过程中转租、转借等问题的责任。租住公租房将签订租赁合同，是完全的民事行为。如果租住家庭条件发生变化，住房保障部门发现后，可会同产权单位进行审核，按租赁合同直接处理。即使到法院起诉，也会得到相应支持。

（二）上海："四位一体，租售并举"

上海市房地产市场和住房保障制度对全国具有风向标意义，上海市保障房建设起步相对较晚，但一直稳扎稳打、有序推进。2007年国发〔14〕号文之后，上海市的住房保障体系建设，提出"分层次、多渠道、保基本、全覆盖"的基本思路，建立"四位一体，租售并举"的住房保障体系。

所谓"四位一体"是指廉租房、经济适用房、动迁安置房和公共租赁房四种保障房。其中，廉租房和公共租赁房以租为主，经济适用房和动迁安置房以售为主。总体上，上海加大租的力度，减小售的比重，以保证政府保有足够的存量保障房。四类保障房的准入机制是：(1) 廉租房对家庭人均居住面积低于7平方米，人均可支配收入低于1 600元/月的上海户籍人口提供住房保障。对于人均可支配收入在1 200元/月以下的，实行财政全额补贴；1 200—1 600元/月的实行差额补贴。(2) 经济适用房对家庭人均可支配收入在3 300元/月以下(截至我们2011年11月份调研时，该标准计划进一步放宽)的上海市户籍人口提供住房保障。但是，上海市的经济适用房不同于其他地方，并不仅仅是价格低于同区位商品房的政策性住房，而是对产权做了特殊安排：经济适用房的产权归政府和被保障对象共同持有，使用权归被保障对象。五年后允许上市交易，但政府享有优先回购权，增值部分由政府和被保障对象按产权比例划分。并且在产权配置上向被保障人让渡10%。例如，有一套市场价10 000元/平方米的经济适用房，被保障对象出资6 000元/平方米，得到70%的产权，政府出资以税费、土地溢价形式实现。上海经济适用房建设利润被控制在3%以内。

(3) 动迁安置房主要是针对拆迁改造中被动迁的对象，动迁安置房 3 年内不得上市交易，3 年后可以自由交易，比较而言，动迁安置房更接近于商品房。(4) 公共租赁房面向所有在上海工作的社会群体，租金略低于市场租金水平。公共租赁房只租不售，解决暂时买不起住房、又不符合其他住房保障条件的在沪工作人员的居住问题。

为确保以上准入制度得到较好的落实，上海市充分发挥"上海市民经济状况核对中心"的作用，通过银行、税务、公积金中心、工商、人保、公安、证券等进行层层信息比对。各区、街道有分中心，形成系统，进行两次审核，上海市再进行抽查。努力做到应保尽保，超标不保。

(三) 广州：构建四层次住房保障体系

广州市作为中国改革开放的试验田之一，在住房制度改革领域也是探路者。20 世纪 80 年代，广州市率先推行解困房制度，此后安居房、廉租房相继上马建设，全国第一个限价房项目也在广州市试水，伴随房地产市场的"大跃进"，广州市一直在曲折中探索解决中低收入者住房困难问题的途径。

1994 年以后，广州市的解困房建设开始转变为安居工程，实施国家安居工程所建设的安居房也成为广州早期的经济适用房。2000 年，广州市政府制订了"2000—2003 年经济适用房建设计划"，但计划还未完全落实，在 2002 年广州市就停止了经济适用房的建设。因为建造成本提高导致经济适用房的价格上升，与普通商品房的价格不断接近，逐渐超出了许多中低收入居民家庭的可承受能力。再加上地理位置、配套设施条件较差等原因，居民对购买经济适用房的兴趣也逐渐减弱，因而出现了大批常年空置的经济适用房。尽管房管部门通过打折的方式出售，也经常是有价无市。直到 2006 年，广州市楼价迅速攀升，每平方米单价迅速逼近万元大关，越来越多的市民买不起商品房，住房问题再次成为社会热点。为稳定楼市以及保障中低收入人群的住房权利，重新启动了搁置数年的经济适用房计划，并开发建设限价房。从 2006 年 8 月至 2008 年 1 月，广州市采取“双限双竞”方式公开出让限价房用地 10 宗、用地面积 96.8 万平方米，规划建筑面积 178 万平方米，可供应住宅套数 1.5 万套左右，是全国落实国家限价房政策最早、出让土地规模最大的城市之一。

2007 年 11 月 26 日广州市政府原则通过《广州市城市廉租房保障制度实施办法》和《广州市经济适用房住房制度实施办法》，初步搭建了“广州特色四层次住房保障和消费体系”的基本框架。即第一个层次是廉租房，保障的主要对象是双特困户；第二个层次是经济适用房，其保障对象是有一定经济能力，但在市场上买不起二手房或限价房的低收入家庭；第三个层次是限价商品房，即满足中等收入家庭的首次置业需求，以解决“夹心层”群众的住房问题；第四个层次是经营性商品房，用以满足中高收入阶层的改善型住房需求。

同时，广州市从 2007 年起开始研究经济租赁房政策。该政策目标是解决不属于廉租房保障对象、又没有能力购买经济适用房的“夹心层”住房问题。经济租赁房将根据申请者的家庭人均年收入分为多个档次，收入越高的市民，租金基数越高，每月缴纳的房租也越高。当租住者的收入高到可以进入租赁市场或者商品房市场时，经济租赁房的租金水平也相应提高，促使租住者退出经济租赁房市场。

（四）重庆：大力开发建设公租房

重庆市的目标是建立住房供应“双轨制”，公租房占房地产市场的 30%—40%，商品房占 60%—70%，低端有保障、中端有市场、高端有遏制，形成一个比较完善的住房供应体系。

1. 适用人群和租金

申请人年满 18 周岁，在主城区有稳定工作和收入来源，具有租金支付能力，符合政府规定的收入限制（单身人士月收入不高于2 000元，家庭月收入不高于3 000元）的无住房人员，家庭人均住房建筑面积低于13平方米的困难家庭，大中专院校及职校毕业后就业和进城务工及外地来主城区工作的无住房人员。直系亲属在主城区有住房资助能力的除外。重庆公租房的适用人群是中低收入群体，而最困难的人群租住廉租房。同一个小区的公租房与廉租房，租金差别会很大。目前，廉租房的租金标准是每平方米每月8毛钱，50平方米的房子一个月只要40块钱；而同地段同面积的公租房的租金要达到500元/月；而同类型的商品房市场租金大概是1 000元/月。

2. 产权归属与流转

申请到公租房的人居住满五年后，如果想拥有该房的产权，此时的公租房性质类似于经济适用房，但是政府要控制被购买的公租房不可以像经济适用房一样卖到市场上去，而只能卖给公租房管理局，公租房管理局回收以后还是公租房。这就使得公租房在一个封闭的系统内运行，保证了公租房存量的稳定。一般而言，一个社会的低收入人群占比20%—30%，这是相对固定的比例。所以，公租房的存量应该保持大致的稳定。

3. 公租房面积及资金来源

重庆的公租房以小户型为主，目的是为了激励富裕起来的租住者搬出公租房，到商品房市场上去改善居住条件。公租房的面积主要有30平方米、50平方米，最多到70平方米、80平方米左右。

公租房的房源主要通过新建、收购、改建等多种渠道获得。公租房建设资金主要通过政府注资、商业银行贷款、公积金贷款、发行债券、房屋租售等方式筹集。

4. 公租房的规划

2010年重庆市提出，初步规划开发建设4 000万平方米公租房，近两三年开发建设 2 000 万平方米。重庆有 500 平方公里的新城区，按照规划蓝图，拟形成 21 个人口居住的集聚区，一个集聚区 20 多万人，21 个集聚区满足 400 多万人的居住需求。公租房将分布在这 21 个集聚区里，也就是说，住公租房的人跟住商品房的人可能是居住在不同的小区，但是都居住在一个大的社区，这就形成了混居，不会形成新的城市“贫民窟”。

（五）淮安：推行共有产权

2007 年，淮安市在全国首推共有产权住房保障模式，即以出让土地的共有产权房替代划拨土地的经济适用房。所谓共有产权，就是由购房人和政府按照出资比例购买住房，各自享有相应的产权比例。这是一种既有保障房属性，又带有商品房烙印的新的“政策性商品房”。共有产权房提供了相对完善的政府资金退出机制，若购房人 5 年内购买政府产权部分，按原供应价格结算；若 5 年后购买，则按当时的市场评估价格（不含装修费）结算。共有产权房执行政府指导价，一般低于同期、同区段商品房价格 5%—10%。购房人的出资与房价总额的差价由政府出资，并按出资比例形成共有产权，共有产权住房上市或退出时只要购买政府的产权部分或按比例与政府分成即可。

按照淮安市的规定，家庭月平均收入在 800 元以下，就有申购比市场平均价格低 30%左右的政策性商品房的资格，并可选择“共有产权”模式。可选择的住房不仅限于保障房，还包括商品房，而共有的比例也是有弹性的，可以是个人 7 成，政府 3 成；也可以是双方各半；在回迁安置人群中还尝试了 6∶4 和 8∶2 等比例。更重要的是，对于低收入家庭，淮安市采用的不是全国通行的“轮候制”，而是逐级提高的“门槛制”，即先满足特殊困难群体，然后再根据情况逐渐放宽，“门槛”逐步降低，最新的保障对象，已经开始指向刚就业的大学毕业生等“夹心层”群体。

为避免低收入群体集中居住现象，共有产权房分布在多个小区内，强调“分散建设”。同时，在房地产商开发的小区中，政府回购一部分，再以“共有产权”模式出售，这就避免了低收入群体集中居住，不会出现“贫民窟”。

淮安市对共有产权房的制度安排，在《房屋登记簿》及《房屋所有权证》上记录了明确的比例及权属关系。如果购房人私下倒卖会存在极大风险，因为买卖双方都已构成侵占共有产权人（地方政府）的利益，对此政府可依法制止、纠正、打击。同时，共有产权房的退出机制清晰、可操作，克服了经济适用房的一些缺陷。

（六）杭州：实施六房并举

2010 年，杭州市出台了《关于加强保障房建设，支持自住型和改善型住房消费，促进房地产健康稳定发展的若干意见》，对保障房建设提出了指导意见。

（1）进一步加大保障房建设力度和规模。坚持“租、售、改”三位一体方针和“六房并举”的总体要求，全面推进廉租房、经济适用房、拆迁安置房、经济租赁房、危改房和人才房等保障房的建设，加快实现拆迁安置房“房等人”目标，解决两个“夹心层”的住房困难问题。其中，主城区 2010 年开工建设经济适用房 50 万平方米，竣工面积 50 万平方米；开工建设廉租房 5 万平方米；开工建设拆迁安置房 400 万平方米，竣工面积 300 万平方米；建设经济租赁房（含大学毕业生公寓、外来务工人员公寓 9 万平方米）42 万平方米；开工建设人才专项用房 50 万平方米；完成 180 万平方米危旧房改善扫尾项目；通过收购、定向采购存量房以及普通商品房，增加保障房的房源。进一步加大保障房供地和配套建设力度，确保主城区经济适用房供地 500 亩，经济租赁房供地 200 亩，人才专项用房供地 500 亩，拆迁安置房供地 2 300 亩。

（2）扩大经济适用房和廉租房保障覆盖面。根据实际情况，加大经济适用房保障力度，逐步放宽经济适用房准入条件；研究经济适用房货币补贴政策，鼓励符合经济适用房购置条件的住户直接通过市场购买住房。进一步放宽廉租住房的准入条件，对低保标准 2.5 倍(含)以下的住房困难家庭实现应保尽保。进一步推进经济租赁房配租工作，尽力解决"两个夹心层"住房困难问题。

(3) 加大对保障房建设资金的支持。拓宽保障房建设资金来源，积极争取开展利用住房公积金支持保障房建设试点工作。

四、住房保障的功能

房地产消费、特别是住房消费属于综合性消费，它不仅构成居民消费的一部分，还可带动其他一般性消费支出，包括衣、食、住、行等各个方面都与房地产消费有关，并影响人们的生活方式。比如，人们的服饰风格与其居住的社区和住宅档次有着紧密联系；足够的住房空间，可为人们居家下厨、烹饪提供便利；带有车库的住房增多，会促进私家车的消费等等。总之，住房消费水平提高和居住环境改善，可拉动多个领域的产品销售和劳务交换。发展房地产业，提高居民住房消费水平，可为个人其他方面的发展创造条件，促进居民生活水平全面提高。正因为如此，当人们的住房需求不能得到满足时，其他方面的消费和发展也会受到抑制。住房包括必需品、奢侈品和公共品，作为必需品和奢侈品的住房消费，可通过商品房市场得以解决，作为公共品的住房消费，则属于社会保障范畴。"住房保障—解决居民住房问题—促进居民消费"搭建起一条传导链条，根据这一传导过程和机理，住房保障着眼于解决民生问题，进而将导致居民消费支出扩大，并促进社会和谐发展。

由政府承担的住房保障职责，以满足人们的基本生存需要为目标，通过向困难群体提供住房社会救助，来提高社会总体福利水平，从而扩大社会持续发展的能力。住房保障的社会功能主要表现在如下几个方面：

1. 提供物质保障，提高社会财富水平

物质是第一性的，是支撑人类社会繁衍发展和文明进步的前提条件。住房是人们生活、生产及从事文化、艺术等其他精神活动的基础。住房保障最直接的社会福利效应，就是为那些没有能力、或者暂时没有能力解决住房问题的群体提供从事社会活动的物质基础保障。特别是对中国社会而言，家的概念是以住房为基础的，“安得广厦千万间”是社会福利水平的象征，没有住房便影响消费，消费水平是影响居民效用的直接变量，住房保障政策为那些低收入群体提供了稳定的居所，增加了他们的财富水平和总体社会福利水平。

2. 提供安全保障，促使社会秩序安定

家是一个人避风的港湾，拥有稳定的住所，人们才会有安全感，社会才会有安定团结的局面。在当前的风险社会中，人们随时承受着不可预知风险的压力，包括失业、疾病等各种风险的突然发生，可能会打乱人们的正常生活秩序。特别是对于困难群体而言，他们抵御风险的能力较差，极易陷入危机和困境中。当危机与伤害发生时，人们最想回到家中，在那里休养、疗伤，否则这部分人群极易转化为社会不稳定因素。住房保障为困难群体提供了风险发生时的安全保障，可使他们在有安全感的心理状态下，渡过难关，继而寻求更高的生活质量。

3. 提供精神保障，增强社会群体的归属感

对精神生活的追求是人类区别于一般动物的标志之一，并在一定程度上促进物质生产水平的提高。精神的需要包括友谊、情感、心灵归属等方面，人们在相互交流、接触中获得精神世界的愉悦，在群体互动中获得知识的提高，而所有这些交流都需要一个有形的场所。住房作为人与人交往、合作、互动的场所，不仅提供物质基础，更能带来情感上的支撑，尤其对中低收入群体而言，住房更是为他们提供了精神保障，提高了他们的归属感。居住在高档社区的人，可能更多时间是穿梭于写字楼和会所之间，住宅反而只是个睡觉的地方；而对于一般公众、特别是中低收入群体，他们的住宅承载了更多的内容：教育子女的场所、家人共聚的场所、友人

交流的场所……，现代社会生活节奏加快，竞争压力增强，人们的精神世界越来越需要沟通、倾诉和相互鼓励，由共享感情基础上的互动而产生的亲情、友情、信任、吸引和归属感，可给他们带来极大的心理动力和精神安慰。因此，保障房作为一种值得人们信赖和依靠的物质资源，显示出精神层面的价值，为社会中低收入群体构筑了精神家园，增强了整个社会群体的归属感。

4. 提供尊重保障，体现社会关爱

在社会转型过程中，竞争、流动和分化的加剧，使人们在知识技能、社会地位、生活方式等方面的差距越来越大。个人与个人、群体与群体之间在很多方面存在着观念分歧，相互隔阂、相互误解、彼此偏见严重、社会认同感降低，对于那些无法拥有稳定居所的人群，他们在社会比较、社会舆论中形成失落感、自卑感、挫败感，构成一定的心理压力和阴影，从而限制了他们潜能的发挥，如此恶性循环强化了他们的弱势群体地位。尊重是对个体价值观念或行为方式的接纳、承认，使之认识和确信自己是一个有价值的人。社会成员具有个体差异性，受自身条件、机遇等各方面限制，对资源的占有或获取资源的能力各不相同，但社会必须给予每个成员以尊重。使困难群体能够体面地居住，是对他们的基本尊重，这是社会的关爱，也是社会的责任。无家可归或居无定所的流浪者，难以获得尊重；那些负担不起住房成本，寄人篱下或居住在破旧房屋中的困难群体，也难以获得尊重。住房保障让家庭困难的社会成员也能居有定所，是从社会层面承认了这部分人群的价值，在这个过程中获得社会信任、社会尊重与社会认同感，使他们强化社会身份、增加自信、转变对自身的不利评价，树立积极健康的生活态度，建立对生活的希望和激情，维护他们的自尊，有助于他们进一步赢得社会尊重、实现自身价值。

5. 提供发展保障，实现社会公正

马克思主义世界观把人的自由全面发展作为经济社会发展的

最终目的，人的发展与自然界、社会的发展都必须以物质统一性为基础。人们的居住条件，是其自身发展的重要物质基础。稳定、舒适的居住环境，有利于孩子的健康成长，有利于劳动者安心工作。在人的成长发展过程中，可能机会并不均等，但从社会全局的角度出发，努力弥补这种不平等，尽量给予各社会群体以公正的发展条件，是政府的职责所在。对那些没有能力在商品房市场获得住房、实现居住需求的人群，政府提供住房保障，给他们发展的权利。住房保障不仅为困难群体提供发展保障，更长远的意义是实现社会公正，促进社会不同阶层的融合与互动。对于困难群体，为他们的发展提供基本保障，让他们有一个安心学习、工作和奋斗的环境，他们就可以通过自己的努力，摆脱贫困，走出受救助的行列。只有让所有社会群体都看到发展的希望，社会才能形成良性互动。

五、住房保障对房地产周期波动的影响机理

房地产周期波动与经济基本面密切相关，房地产周期波动与宏观经济周期波动有较强的关联性。住房保障对房地产周期波动的影响主要有两个渠道：一是直接对房地产周期波动产生冲击；二是通过影响宏观经济而间接影响房地产周期波动。

在房地产市场上，由于房地产开发投资的周期较长，较难根据市场需求进行适时调整，供求量的"时差"导致供求关系的周期性变动。房地产市场复苏的期初，需求逐步扩大，导致房价缓慢攀升，各种资源开始向房地产开发领域集聚，房地产开发投资增加，随着增量住房上市，房地产需求得到满足，房地产价格趋向平缓，但仍会有前期开发的楼盘不断入市，房地产供求关系发生变化，供大于求对房价形成压力，房地产开发利润下降，房地产开发投资减少，完成一轮房地产周期。住房保障对房地产周期波动的影响机理是：当供求量的"时差"导致供不应求时，会形成房价上涨的心理预期，买涨不买跌的心态将房价上涨预期转变成预期型房价上

涨。此时，将出现一大批无力负担高房价的困难群体，拥有住房的人持有住房等待继续升值，没有住房的困难群体因担心房价继续上涨而心情焦虑，希望早点拥有自己的住房，这部分人往往被解读为“刚性需求”，“刚性需求”的存在又被认为是房价还会上涨的最充分理由。在这种背景下，住房保障使中低收入人群的住房问题得到解决，从而稳定市场预期，促使那些持有空置住房的人（包括开发商和投资性持有者）将住房投入流通领域，进一步增加供给，平抑房价。与此同时，根据房地产市场的供求状况，政府确定保障房的投放量，直接调节房地产市场供求关系，减轻房地产周期波动的程度。当房地产开发商投资意愿下降时，政府加大保障房的开发投资力度，增加住房储备，在住房供不应求导致房价上涨时，供给住房困难群体；当房地产开发商投资意愿增强时，政府可适当减少保障房的开发投资，降低保障房的储备量。

住房作为一个家庭在全生命周期内最大的一项投资，对家庭消费支出产生重要影响，而消费对宏观经济具有重要影响。因此，我们可以遵循这样一条逻辑来考察住房保障对房地产周期波动的间接影响路径：住房保障→居民消费→宏观经济→房地产周期波动。

改革开放以来，与中国的投资、出口连年攀升相伴随的是国内居民消费信心持续不足，除了 1988 年和 1994 年，由于通货膨胀消费者担心货币贬值大量采购货物而导致消费上升外，多数年份中国消费者都习惯于捂紧钱袋子。2000 年以来，中国面临严重的消费不足，总消费与经济发展之间不能形成良性互动，这种结构失衡直接威胁到经济发展的质量。与其说中国居民不愿消费，不如说是不敢消费，很重要的原因是对未来预期的不确定。基本停止住房实物分配的 2000 年以来，一般城市居民、特别是中低收入者更是将大部分收入存入银行，人们为了住房消费而压缩当期其他消费支出。虽然高收入阶层买房负担较轻，但是他们的消费支出主要是在奢侈品上，甚至以进口商品为主，因而要扩大国内消费需求，减轻中低收入阶层的购房负担是关键。

借鉴消费者均衡模型分析方法，来分析住房保障对居民消费支出及宏观经济波动的影响机理（如图 10－1 所示），进而根据当前中国宏观经济现实，讨论住房保障政策的具体实施对房地产周期波动的影响。

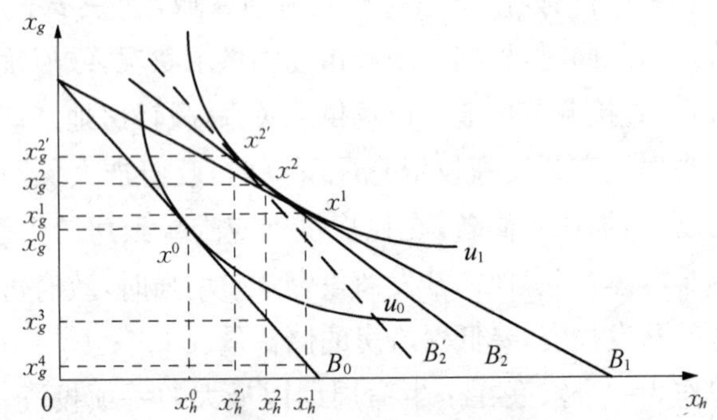

图 10－1　住房需求补贴和供给补贴的福利效应

把消费者的消费划分为住房消费和其他消费两类。图 10－1 中，横轴代表住房消费 x_h，纵轴代表其他消费（以下称为一般消费）x_g。消费者的直接效用函数为 $u(x_h, x_g)$，$u_0 < u_1$。根据最优化条件，对住房的马歇尔需求可表示为 $x_h^* = f(P_h, P_g, y)$，其中，P_h、P_g、y 分别为房价、一般商品价格和居民收入水平。假定初始状态消费者的预算线为 B_0，与效用曲线 u_0 相切于 x^0，此时，住房需求为 x_h^0，一般消费为 x_g^0。

1998 年，我国开始实行停止住房实物分配、推行住房分配货币化的重大住房制度改革。2000 年，我国基本建立了市场化配置、货币化分配、社会化管理与公共住房保障相结合的新型住房制度。由于城市化的快速发展，住房长期供不应求的状况短期内难以改变，2004 年以来出现了房价的快速上涨，导致部分中低收入群体购房负担加重，生活质量受到影响。为改善居民的生活质量，政府在承担住房保障职责过程中，主要采取了货币补贴和实物配租等方式。

如果采用货币补贴的形式，即政府直接向住房保障对象发放货币、减税等，收入效应使得消费者预算线由 B_0变为 B_2'，消费者福利由 u_0 上升为 u_1，住房的马歇尔需求由 x_h^0 上升到 $x_h^{2'}$。因为是对住房消费的货币补贴，住房与一般消费品的相对价格发生了变化，替代效应使预算线的斜率发生逆时针旋转，实际的预算线应为 B_2，此时住房消费量为 x_h^2。与实行货币补贴前相比，对住房的最终需求增加了 $(x_h^{2'}-x_h^0)+(x_h^2-x_h^{2'})=x_h^2-x_h^0$。住房保障的货币补贴方式同样会对一般消费产生影响。从收入效应来看，货币补贴的实施将居民的一般消费水平从 x_g^0 提升到 $x_g^{2'}$；考虑对住房消费进行补贴所带来的替代效应，预算线 B_2'会发生偏移，使得一般消费水平由 $x_g^{2'}$ 下降到 x_g^2，由于采取的是货币补贴形式，一般消费品的实际价格较之以前还是出现了下降，所以 x_g^2 不会在 x_g^0 之下。所以，住房保障的货币补贴方式最终会提高居民一般消费品消费水平。如果不对住房消费进行补贴，要达到与消费 x_h^2 数量住房同样的福利水平，一般消费品必须降为 x_g^3 才能满足预算约束。因此，货币补贴的福利效应可以用 $x_g^2-x_g^3$ 来表示。

住房保障的实物配租方式，是指政府支持开发投资或购买保障房，以经济适用房、公共租赁房和廉租房等形式提供给住房保障对象，也就是通常所说的“砖头补贴”。此类住房的价格明显低于商品房价格，在改善中低收入者住房条件的同时会使商品房价格产生向下压力。此时，要使福利效应达到与货币补贴同样的效果，预算线需要由 B_0变为 B_1，这相当于在收入给定的情况下，房屋价格与一般消费品价格的相对变动，导致消费需求(x_h, x_g)发生了变化。预算线 B_1 与效用曲线 u_1 相切于 x^1，对住房的消费需求为 x_h^1，对一般商品的消费需求为 x_g^1。在没有实施住房保障的实物配租的情况下，要达到同样的效用水平，一般消费品的数量必须减少到 x_g^4 才能满足预算约束。因此，实物配租的福利效应可以用 $x_g^4-x_g^1$ 来表示。

综合来看，住房保障的货币补贴方式引致的住房需求小于住房保障的实物配租方式，而对一般消费支出的带动效应则是前者大于后者。这是因为对住房消费的货币补贴可能会被转移到一般消费上，而实物配租的补贴较难转移①。所以，一般情况下 B_2 会比 B_1 陡峭一些，在达到同等福利效应的情况下，$x_h^1>x_h^2$，$x_g^1<x_g^2$。

基于以上分析，可以根据经济现实和所要达成的经济目标，对住房保障的货币补贴或实物配租方式做出选择。在房地产市场过热的时候，住房保障更多采用货币补贴方式可以以较少的住房需求实现同样的福利效应，避免进一步刺激市场需求导致房地产市场更热。而在房地产市场趋冷的时候，住房保障更多采用实物配租方式，可以在满足中低收入群体居住需求的同时，提高住房需求量，刺激低迷的房地产市场逐步复苏。一般情况下，房地产周期与宏观经济周期具有一致性，在房地产市场偏热的时候，经济也往往处于偏热的状态；而房地产市场趋冷的时候，经济也往往趋冷，在刺激一般消费方面实物配租不如货币补贴。

下文使用一个简单的供求模型，分析保障房建设对商品房价格的影响。

在绝大多数情况下，住房需要购房者融资，且融资额度大（相对于购房者收入），期限比较长。可支配收入、利率和可借贷资金的关系一般符合年金的现值公式。即：

$$B=kY\left(\frac{1-(1+i)^{-t}}{i}\right) \tag{10.1}$$

---

① 如果受保障对象把低价购买的经济适用房通过某种途径转手卖出，则发生了补贴转移，政策效果失效。

上式中，B 表示可贷资金总额；k 表示收入中用于还贷的比例；Y 表示收入；i 表示按揭利率；t 表示还款年限。住房的需求函数可以表述为如下方程：

$$P_h = BD^{-\mu} = kY\left(\frac{1-(1+i)^{-t}}{i}\right)D^{-\mu} \tag{10.2}$$

对式(10.2)取对数，可以转化为近似线性函数，如式(10.3)所示。

$$D = \alpha y - \beta P_h - \mu i \tag{10.3}$$

其中，y 代表可支配收入；P_h 代表住房销售价格；i 代表按揭贷款利率。假设住房市场的总需求来自两部分：一部分是低收入者；另一部分是高收入者。则式(10.3)可以分解为：

$$D_l = \alpha_l y - \beta_l P_h - \mu_l i \text{ 和 } D_h = \alpha_h y - \beta_h P_h - \mu_h i,$$

其中，$\alpha_l + \alpha_h = \alpha$, $\beta_l + \beta_h = \beta$, $\mu_l + \mu_h = \mu$

住房供给函数可以表述为：

$$S = \varphi(P_h - c_c - c_l) \tag{10.4}$$

其中，S 代表住房供给量；c_c 代表建筑成本；c_l 代表税费和土地成本。在住房供求达到均衡时，$S = D$，解方程得到：

$$P_h = \frac{\alpha y + \varphi(c_c + c_l) - \mu i}{\beta + \varphi} \tag{10.5}$$

$$Q^* = \varphi \frac{\alpha y - \beta(c_c + c_l) - \mu i}{\beta + \varphi} \tag{10.6}$$

由上述方程可以看出，从比较静态的角度，均衡价格是收入和成本的增函数，是利率的减函数；成交量是收入的增函数，是成本和利率的减函数。引入保障房建设，由于在市场需求函数中，中低收入者的需求同样是总住房需求的一部分，它必然会影响市场均衡价格。假设从总住房需求中将保障房分离出来,政府采取对开发商减免成本的办法提供保障房,则市场上将存在两种价格和成交量,分别是保障房和商品房的价格和成交量。不失一般性,假设政府对开发商开发保障房减免土地出让金,而对开发商品房不提供减免,则对新的保障房而言,供求方程变为:

$$D_l = \alpha_l y - \beta_l P_h - \mu_l i\text{;}\ S = \varphi(P_h - c_c)\text{。}$$

均衡价格为:$P_h^e = \dfrac{\alpha_l y + \varphi c_c - \mu_l i}{\beta_l + \varphi}$,成交量为:$Q^* = \varphi\dfrac{\alpha_l y - \beta_l c_c - \mu_l i}{\beta_l + \varphi}$。

对原有的商品房价格和成交量而言:

$$P_h^* = \frac{\alpha_h y + \varphi(c_c + c_l) - \mu_h i}{\beta_h + \varphi}\text{;}$$

$$Q^* = \varphi\frac{\alpha_h y - \beta_h(c_c + c_l) - \mu_h i}{\beta_h + \varphi}\text{。}$$

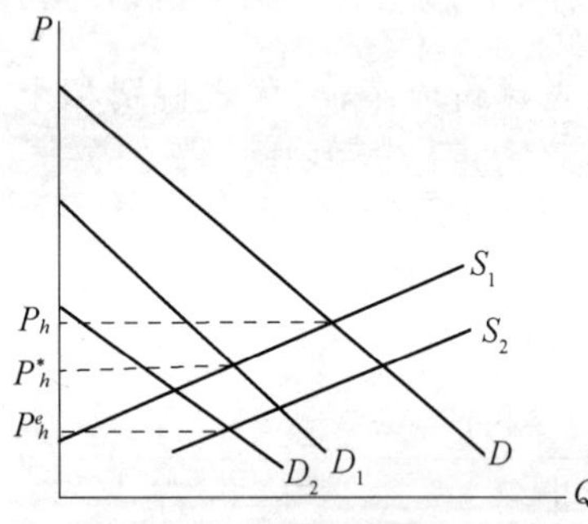

图 10-2　保障房建设对住房市场的影响

由于$\alpha_l y + \varphi c_c - \mu_l i < \alpha_h y + \varphi(c_c + c_l) - \mu_h i$,且$\beta_l > \beta_h$,很容易证明$P_h^e < P_h^*$。而证明$P_h^* < P_h$相对比较烦琐,我们可以通过图示的方法直观地分析这个结果(如图 10-2 所示)。

在图 10-2 中,住房市场的总需求曲线由两条不同的需求曲线横向加总而成,中低收入者和高收入者的需求曲线分别由D_1和D_2表示,供给曲线由S_1表示;市场均衡价格由P_h表示。如果政府提供减税优惠,保障房的供给

曲线由 S_2 表示，此时商品房价格的供给曲线仍是原来的供给曲线，但其需求曲线回落到 D_1，相应的商品房的均衡价格为 P_h^*；对经济适用房而言，供给曲线是 S_2，需求曲线是 D_2，最终的均衡价格是 P_h^e，从图上可以很明显看出 $P_h^e < P_h^* < P_h$。

上述模型推导表明，政府通过给开发商提供优惠的土地和税收减免进行保障房建设，并核定购买资格，实际上分流了对商品房的需求，同时增加了有效供给，在商品房需求减少和有效供给增加的同时，降低了商品房价格。有人认为，由于经济适用房建设规模的扩大，大量的土地用于经济适用房建设，导致商品房建设的土地减少，从而推高地价最终推高商品房价格。这种情况在理论上是可能存在的，但在实践中，用于商品房建设所需的土地短缺并不是由于建设经济适用房造成的，而主要与开发商对未来房价的乐观预期造成的土地需求增加和地方政府采取的非饱和供地政策有关。

六、住房保障效应的实证分析

从实践来看，住房保障的方式日趋多样化，包括中低价商品房、经济适用房、共有产权住房、动迁配套房、公共租赁租住房以及廉租房等多种产品。由于中国疆域广大，城市众多，区域经济发展差异较大，不同城市住房保障产品供给体系的标准和数量也不相同，这就造成市场边界不清。这给我们对住房保障效应进行实证检验，增加了不小的难度。

本研究使用 SVAR 模型，对住房保障与房地产市场的相互影响进行实证分析（王斌、高戈，2011）。SVAR 模型（结构 VAR 模型）由西姆斯（Sims，1980）提出，常用于分析经济波动和货币政策对金融系统的冲击问题。与 VAR 模型的简化式相比，SVAR 模型具有较多好处：一是 VAR 模型涉及待估参数多、只适合考察变量较少模型，而 SVAR 模型通过对参数空间添加约束条件从而达到减少待估参数的目的；二是 VAR 模型不能分析变量之间的同期相关关系，这种同期相关关系往往包含在随机扰动项中，而 SVAR 模型通过增加同期变量，可以得到估计变量之间的同期影响关系；三是 SVAR 模型可以脉冲效应反映长期影响过程，因而常用于分析一个变量对其他变量的动态冲击。

（一）模型构建

根据本研究的目的和以往的研究经验，我们构建包括房价、保障房、货币供应和收入在内的四元 SVAR 模型：

$$P_{h,t}=c+\sum_{i=1}^{p}b_{11}^{i}P_{h,t-i}+\sum_{i=0}^{p}b_{12}^{i}bzf_{t-i}+\sum_{i=0}^{p}b_{13}^{i}ms_{t-i}+\sum_{i=0}^{p}b_{14}^{i}inc_{t-i}+\varepsilon_{t}^{P_h}$$

$$bzf_{t}=c+\sum_{i=0}^{p}b_{21}^{i}P_{h,t-i}+\sum_{i=1}^{p}b_{22}^{i}bzf_{t-i}+\sum_{i=0}^{p}b_{23}^{i}ms_{t-i}+\sum_{i=0}^{p}b_{24}^{i}inc_{t-i}+\varepsilon_{t}^{bzf}$$

$$ms_{t}=c+\sum_{i=0}^{p}b_{31}^{i}P_{h,t-i}+\sum_{i=0}^{p}b_{32}^{i}bzf_{t-i}+\sum_{i=1}^{p}b_{33}^{i}ms_{t-i}+\sum_{i=0}^{p}b_{34}^{i}inc_{t-i}+\varepsilon_{t}^{ms}$$

$$inc_{t}=c+\sum_{i=0}^{p}b_{41}^{i}P_{h,t-i}+\sum_{i=0}^{p}b_{42}^{i}bzf_{t-i}+\sum_{i=0}^{p}b_{43}^{i}ms_{t-i}+\sum_{i=1}^{p}b_{44}^{i}inc_{t-i}+\varepsilon_{t}^{inc}$$

其中，$P_{h,t}$、bzf_{t}、ms_{t} 和 inc_{t} 分别为房价、保障房、货币供应量和居民可支配收入等对数序列。ε_{t}^{i} 表示结构式冲击，即结构式残差，残差向量为单位矩阵的白噪声向量。

上述模型用矩阵表示就是：

$$BY_t = \Gamma_1 Y_{t-1} + \Gamma_2 Y_{t-2} + \cdots + \Gamma_p Y_{t-p} + u_t$$

其中：

$$B_0 = \begin{bmatrix} 1 & b_{12} & b_{13} & b_{14} \\ b_{21} & 1 & b_{23} & b_{24} \\ b_{31} & b_{32} & 1 & b_{34} \\ b_{41} & b_{42} & b_{43} & 1 \end{bmatrix},\ Y_t = \begin{pmatrix} \ln bzf_t \\ \ln P_{h,t} \\ \ln ms_t \\ \ln inc_t \end{pmatrix},\ \Gamma_0 = \begin{pmatrix} b_{10} \\ b_{20} \\ b_{30} \\ b_{40} \end{pmatrix}$$

$$\Gamma_i = \begin{bmatrix} \alpha_{11}^i & \alpha_{12}^i & \alpha_{13}^i & \alpha_{14}^i \\ \alpha_{21}^i & \alpha_{22}^i & \alpha_{23}^i & \alpha_{24}^i \\ \alpha_{31}^i & \alpha_{32}^i & \alpha_{33}^i & \alpha_{34}^i \\ \alpha_{41}^i & \alpha_{42}^i & \alpha_{43}^i & \alpha_{44}^i \end{bmatrix},\ i = 1, 2, \cdots, p,\ u_t = \begin{pmatrix} \varepsilon_{1t} \\ \varepsilon_{2t} \\ \varepsilon_{3t} \\ \varepsilon_{4t} \end{pmatrix}$$

在以上假设的基础上，我们可以推导出一个变量对一个结构的累积冲击反应函数[①]。在分析各内生变量的动态冲击效应之前，我们需对矩阵 B 的各参数进行识别与估计。

（二）模型识别

要想得到结构式模型矩阵 B 唯一的参数估计，必须对其参数进行约束。对于 k 元 p 阶的 SVAR 模型，需对 B 矩阵施加 $k(k-1)/2$ 个约束条件，才能估计出结构式模型的参数。这个模型 $k=4$，因而需要设定 6 个以上的约束条件。常用的施加约束条件的方法是零约束法，即假定各内生变量同期之间是否存在累计的冲击效应，如果不存在累计的冲击效应，就设其参数为零。

结合相关经济理论，我们提出以下假设：(1) 同期保障房建设对房价有影响，但房价对保障房建设量的影响具有滞后性，即同时期没有影响($b_{12}=0$)；(2) 保障房建设量对同时期的货币供应量、居民可支配收入没有显著影响($b_{31}=b_{41}=0$)；(3) 房价对当期收入

---

① 详细过程见高铁梅，2006：《计量经济分析方法与建模：EVviews 应用及实例》，清华大学出版社，第 271—287 页。

无影响($b_{42}=0$);(4) 居民可支配收入对当期保障房建设、货币供应量没有影响($b_{14}=b_{34}=0$)。根据上述假设,可以得到矩阵 B 如下,模型恰好可识别。

$$B=\begin{bmatrix}1 & 0 & b_{13} & 0\\ b_{21} & 1 & b_{23} & b_{24}\\ 0 & b_{32} & 1 & 0\\ 0 & 0 & b_{43} & 1\end{bmatrix}$$

(三) 数据来源与检验

为增加样本容量,本研究使用的是 1997—2010 年全国年度数据。其中,房价变量用全国商品房成交价格表示,保障房包括种类很多,但由于廉租房建设等数据缺乏,公租房建设步伐刚开始,我们使用经济适用房投资额来衡量保障房建设力度。我们用 M1 衡量货币供应量,用城镇家庭人均可支配收入表示居民收入水平。

用时间序列做回归分析,一般要求序列是平稳的,或者存在同阶协整关系,否则将出现虚假回归。我们使用 ADF-fisher 法对房价、经济适用房投资、居民收入、货币供应等序列进行平稳性检验(结果如表 10-2),发现各序列的原序列不平稳,经过一阶差分之后序列平稳,因而序列均为一阶差分序列平稳。

表 10-2 ADF-fisher 法对各序列单位根检验结果

变　量	原序列		一阶差分序列		结　论
	统计量	概率值	统计量	概率值	
房价	2.75	0.999	−7.55	0.000	一阶平稳序列
经济适用房投资	0.1	0.951	−4.19	0.011	一阶平稳序列
居民收入	3.43	0.999	3.42	0.039	一阶平稳序列
*M*1	7.37	0.999	−6.47	0.000	一阶平稳序列

对变量进行协整检验,结果如表 10-3 所示,特征根值和迹检

验都表明变量之间至少存在一个协整向量，因而模型存在稳定的均衡关系。

表 10－3 序列协整检验的结果

原假设	特征根	迹检验
0 个协整向量	0.98	65.6(0.000)
至少 1 个协整向量	0.27	4.84(0.028)

(四) 实证结果

经过上述分析工作，我们使用完全信息极大似然方法(FLML)对矩阵 B 的各参数进行估计，结果如表 10－4 所示。矩阵各参数符合经济意义，能通过显著性检验，其中 b_{21} 等于－0.25，表明经济适用房建设对房价的影响为负。极大似然估计值为 63，卡方检验值为 309，整体估计良好。

表 10－4 B 矩阵参数估计

矩阵参数	估计值	标准差	Z 统计量	显著程度
b_{21}	－0.25	0.007	－35.65	0.000 0
b_{32}	0.79	0.004	160.2	0.000 0
b_{13}	0.77	0.294	2.615	0.008 9
b_{23}	0.82	0.169	4.853	0.000 0
b_{43}	1.09	0.311	3.512	0.000 4
b_{24}	0.51	0.006	78.04	0.000 0

由此我们可以得到各内生变量的动态累计冲击模型如下：

$$\begin{bmatrix} u_t^{bzf} \\ u_t^{P_h} \\ u_t^{ms} \\ u_t^{inc} \end{bmatrix} = \begin{bmatrix} 1 & 0 & 0.77 & 0 \\ -0.25 & 1 & 0.82 & 0.51 \\ 0 & 0.79 & 1 & 0 \\ 0 & 0 & 1.09 & 1 \end{bmatrix} \begin{bmatrix} \varepsilon_t^{bzf} \\ \varepsilon_t^{P_h} \\ \varepsilon_t^{ms} \\ \varepsilon_t^{inc} \end{bmatrix}$$

根据上述结果,对模型进行脉冲响应分析(结果如图 10－3 所示)。图 10－3 上半部分依次表示经济适用房建设对货币供应、房价、收入的累积冲击响应过程。从图中我们可以清晰地发现,房价对经济适用房建设的冲击响应为正,即房价上涨将导致经济适用房投资增加。收入对经济适用房建设的冲击效应为负,说明随着居民收入增加,住房支付能力提高,政府会减少经济适用房投资。图 10－3 下半部分依次表示房价对货币供应、经济适用房建设、收入的累积冲击响应过程。结果表明,货币供应、收入对房价的冲击是正向的,即来自货币供应、收入的一个标准差的冲击,将导致房价上涨。但经济适用房建设对房价的冲击效应为负,即经济适用房建设对房价有抑制作用。

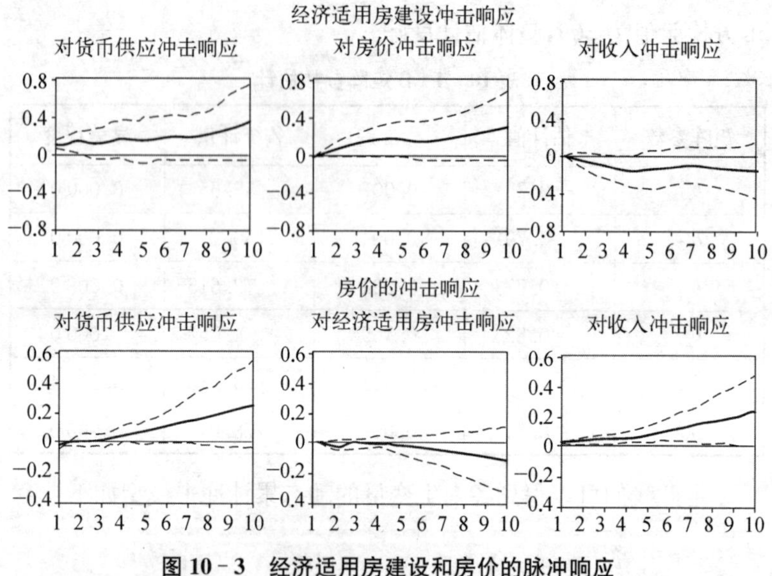

图 10－3　经济适用房建设和房价的脉冲响应

(五) 对住房保障问题的进一步分析

上述理论分析和实证研究表明,经济适用房等保障房供应确实能有效降低商品房价格。保障房的供应不仅对低收入者提供了较低价格的房源，因而提高了低收入者的福利；而且通过分流需求降低了商品房价格，从而提高中高收入者的福利。既然如此，地方政府为什么没有采取更大的力度推进保障房建设，以抑制商品房价格，从而提高各阶层居民的福利呢？这背后的深意，值得探究。

早在1994年12月，建设部、财政部、国务院住房制度改革领导小组发布《城镇经济适用房建设管理办法》，文中提出要开发建设以城镇中低收入家庭为保障对象的保障房。在1998年下半年住房市场化改革正式启动后，建设部于1999年4月发布了旨在解决城市最低收入家庭住房问题的城镇廉租住房管理办法。但在住房市场快速发展的背景下，保障房的建设没有得到足够的重视，而且逐渐被边缘化。无论是地方政府还是开发商，都没有开发建设保障房的热情。甚至在房价快速上涨、居民购房压力普遍加大的情况下，政策焦点也只是在抑制房价上，主要思路集中在土地供应、货币供应、贷款条件、利率调节等方面。直到2007年8月《国务院关于解决城市低收入家庭住房困难的若干意见》发布，才再次把住房保障问题提升到政策的核心位置上。

在住房市场快速成长的同时，住房保障问题日益突出。图10-4和图10-5分别表示1998年以来经济适用房投资和销售的变动情况，表明住房保障严重滞后。从图10-4可以看出，1998—2010年，尽管经济适用房投资总额从270亿元增加到1 067亿元，增长了295%，但是占城市住房投资的比例却从13%下降到3%。1999年是经济适用房投资比例最高的年份，超过16%，其后一路下滑。如图10-5所示，1998—2010年，经济适用房销售面积虽然从1 700万平方米增加到2 749万平方米，但从2001年开始，经济适用房的销售面积绝对额甚至是下降的，在住宅销售面积迅速增长的背景下，这必然导致经济适用房销售所占比例急速下滑，从超过20%降低到2.94%。

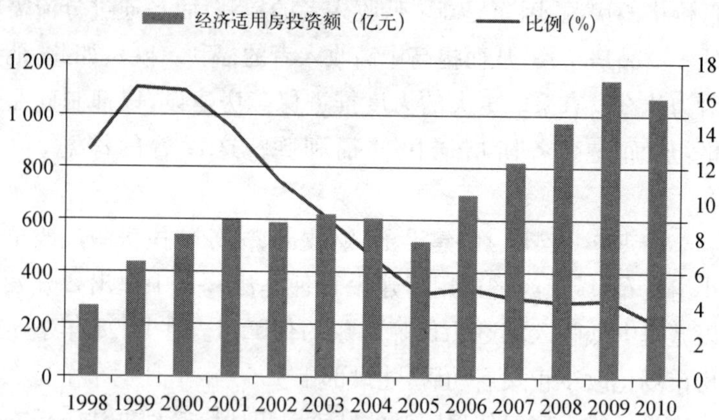

图 10－4　1998—2010 年中国经济适用房投资额变动及其占住宅投资比例

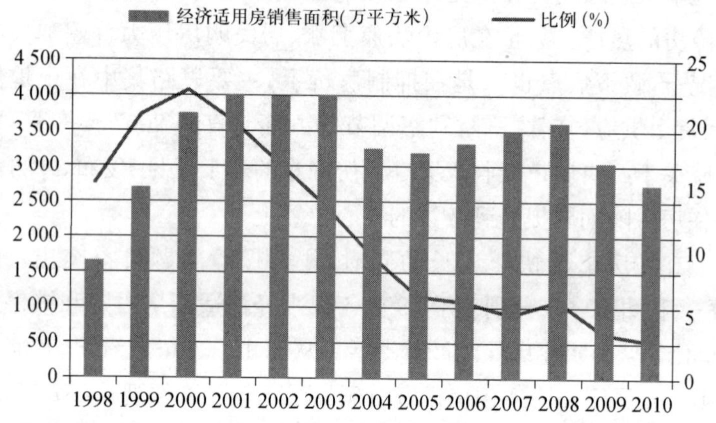

图 10－5　1998—2010 年中国经济适用房销售面积变动及其占住宅销售面积比例

与此同时，廉租房的供应也不尽人意，而公共租赁房则是刚刚起步。实际上，直到 2009 年，公共租赁房概念才出现在政府的视野中，当年的政府工作报告中首次提到了公共租赁房，随后住房和城乡建设部副部长齐骥在十一届全国人大二次会议的答记者问中对公共租赁房做了专门解释。

住房保障困境的根源是缺乏地方政府承担住房保障职责的激励和约束机制。在地方政府能全部获得商品房土地出让收入的背景下，保障房建设导致用于出让的商品房建设用地减少从而直接减少地方财政收入。另一方面，保障房的建设会通过降低商品房价格从而降低土地出让价格，间接减少地方政府的财政收入。因此，对地方政府而言，保障房建设存在相当大的机会成本。这最终导致了地方政府在保障房建设上缺乏热情。与此同时，当劳动力在全国范围内流动时，任何一个地方政府如果真正承担住房保障职责，反而会吸引更多的劳动力流入。这就是住房保障的外溢效应。对于这种具有外溢性的产品，地方政府之间一般会存在协调失灵。这就像国家教育部屡次要求地方政府解决民工子女入学问题，但却是长期无解一样。很简单的道理是，如果某个地方政府在解决民工子女入学问题上做得很好，将会吸引民工流入，增加地方政府的财政负担。因此，如果不构建地方政府承担住房保障职责的激励和约束机制，单靠各种强制性文件是解决不了问题的。

由于对地方政府承担住房保障职责缺乏激励和约束，导致保障房短缺，迫使更多的人涌向商品房市场，这自然会推高住房价格。这就使中央政府不得不充当“守夜人”的角色。2010 年 12 月召开的中央经济工作会议首次提出：逐步形成符合国情的保障房体系和商品房体系。2011 年全国两会期间，国务院决定地方政府 2011 年开工建设保障房、棚户区改造住房共 1 000 万套，十二五期间城镇保障性安居工程建设 3 600 万套，这已作为约束性指标写入“十二五”规划纲要中。当前，必须加快推进政治体制改革和创新，着力构建地方政府承担住房保障职责的激励和约束机制，真正建立住房保障的长效机制。

七、结论与政策建议

住房问题十分复杂，涉及经济、社会、政治等各个方面，世界上任何一个国家在发展过程中都遇到过，任何一个政府都不敢掉以轻心。本章阐述了美国、日本、德国、英国、新加坡等发达国家的住房保障政策、经验及其效果；介绍了中国住房保障的实践；论述了住房保障将为中低收入居民提供物质保障、安全保障、精神保障、尊重保障和发展保障，住房保障具有提高社会财富水平、稳定社会秩序、增进低收入群体的社会归属感、体现社会关爱及实现社会公正与和谐等功能；借助于理论模型，揭示了住房保障对房地产周期波动的影响机理；采用 SVAR 模型，对中国的住房保障效应进行实证分析，结果表明经济适用房建设对房价有抑制作用。所以，无论是理论分析还是实证研究都得到了相同的结论，适当加大经济适用房等保障房供应，将有效抑制住房价格上涨。

但是，中国的住房保障制度还很不完善，住房保障对于降低房地产周期波动程度的效果还不明显，相关问题亟待得到有效解决。

(1) 保障对象问题。保障房除了保障城市中低收入群体外，必须把城市外来务工人员纳入住房保障对象，并适当覆盖刚刚工作的年轻人。城市外来务工人员对城市的发展做出了重要贡献。如果这些进城的民工和民工二代的住房问题得不到解决，则这些进城的民工仍然是农民，而不能完成向市民的彻底转化，这无疑将影响中国的经济增长和社会稳定。民工事实上已成为当代中国工人阶级主力，这个庞大的群体的住房主要由集体宿舍、工棚、城中村等解决，城市的商品房买不起，农村又不愿回去。我们不能寄希望于他们永远保持这种住房状况。住房保障制度和公积金制度，都没有针对这个群体的住房问题做出相应制度安排。因此，必须明确要求地方政府对城市外来务工人员承担住房保障职责。刚刚工作的年轻人是未来商品房市场的需求主体，由于没有积蓄暂时无力购买商品房，对他们的保障方式以提供公共租赁房为主，等他们有一定经济能力的时候，再到商品房市场完成购房计划。这样既对年轻人工作初期的住房问题做出了过渡性制度安排，又缓解了当前拆迁、城市化和年轻人成家所带来购房需求的拥堵效应。

(2) 营运管理问题。住房保障的职责主体是地方政府,但基于公共部门在营运管理过程中的效率往往低于私人部门的事实,可以引进企业参与保障房的建设和管理。为了房地产业和地区经济的持续发展,地方政府要从政策上调动开发商参与保障房建设和管理的积极性。政府必须统一规划管理,统一工程招标,统一资金管理,限定建设工期,加强成本控制。保障房建设容易,管好并不容易,要不断完善相关的配套措施,建立健全住房保障制度,提高保障房的营运管理效率。

(3) 资金筹集问题。住房保障的资金来源按照财政预算安排为主、多渠道筹措的原则,从土地出让净收益中提取一定比例和从住房公积金中适当安排一部分用于保障房建设,对具有一定投资回报的经济适用房和公共租赁房可以发行住房债券,从而建立稳定的住房保障资金渠道。

(4) 分配机制问题。确保保障房公平、公正地分配到住房困难群体手中,是一个必须从制度上加以解决的问题。目前我国还缺乏完善的个人信用体系和住房情况的相关记录,而账面工资往往又不能真实反映居民的收入水平。所以,根据消费者的收入水平和当前住房情况来判断是否具有享受保障房的资格,存在制度上的困难。地方政府可以设立非盈利组织充当审核的第三方机构,对辖区内居民住房情况进行摸底调查,建立网上监督平台,并进一步加强社会信用体系的建立。

(5) 定价方式问题。保障房的定价以保本微利为基本原则。经济适用房和公共租赁房的供应不以盈利为目的,微利是为了确保保障房的正常运营,经济适用房和公共租赁房的价格,根据成本定价,微利幅度在3%以内。廉租房由政府财政补贴,廉租房的价格根据保障对象的收入状况确定,确保保障对象住有所居。

(6) 产权归属问题。保障房的土地使用权由政府行政划拨,低价供应，政府给予低息贷款、税收减免等优惠政策，补贴建房成本。因此，必须根据上述情况，对保障房的产权归属做出规定。廉租房的所有者是政府，租住户拥有使用权。公共租赁房的所有者一般是政府或企业，租住户拥有使用权。对于经济适用房的产权界定相对复杂，是一种不完全产权，规定购房者一定时间内不能转让、出租或者抵押。在保障期内，经济适用房的使用权属于购房者，所有权由购房者和政府共有，若居住者出售经济适用房，通常由住房保障机构按照"以息抵租、原款回购"的方式回购，若进入市场交易，增值收益由购房者和政府按拥有所有权的比例分配。

住房保障作为房地产市场的一个补充，对于提高社会福利和平抑房地产周期波动，具有不可替代的功能。因此，地方政府要根据本地实际，构建完善的保障房供应体系，确定合理的保障房供应量，不断建立健全住房保障制度。

参考文献

Afonso, A., and Sousa, R. M., 2011, "What are the Effects of Fiscal Policy on Asset Markets", *Economic Modelling*, 28(4), 1871-1890.

Allen, M. T., Dare, W. H. and Riegel, C., 2010, "Vertical Inequity in the Tax Assessment of Lodging Properties", *International Journal of Hospitality Management*, 29(3), 363-367.

Anderson, J. E., 1986, "Property Taxes and the Timing of Urban Land Development", *Regional Science and Urban Economics*, 16(4), 483-492.

Anselin, L., and Griffith, D. A., 1988, "Do Spatial Effects Really Matter in Regression Analysis", *Papers, Regional Science Association*, 65, 11-34.

Anselinl, L., and Getis A., 1992, "Spatial Statistical Analysis and Geographic Information Systems", *The Annals of Regional Science*, (2), 19-33.

Arellano, M., and Bond, S., 1991, "Some Tests of Specification for Panel Data: Monte Carlo Evidence and an Application to Employment Equations", *Review of Economic Studies*, 58, 277-297.

Arellano, M., and Bover, O., 1995, "Another Look at the

Instrumental Variable Estimation of Error-Components Models", *Journal of Econometrics*, 68, 29-51.

Backus, D. K., and Kehoe, P. J., 1992, "International Evidence on the Historical Properties of Business Cycles", *American Economics Review*, Vol. 82, No. 4, 864-888.

Ball, M., and Wood, A. 1999, "Housing Investment: Long-Run International Trends and Volatility," *Housing Studies*, Vol. 14, 185-209.

Ball, M., Morrison T., and Wood, A., 1996, "Structures Investment and Economic Growth", *Urban Studies*, 33 (9), 1687-1706.

Barot, B., and Yang Z., 2002, "House Prices and Housing Investment in Sweden and the United Kingdom", *Review of Urban and Regional Development Studies*, 14(2), 189-216.

Baxter, M. R., and King, G., 1999, "Measuring Business Cycles: Approximate Bnad-Pass Filters for Economic Time Series", *The Review of Economics and Statistics*, vol. 81(4), 575-593.

Berkovec, J., and Goodman, J., 1996, "Turnover as a Measure of Demand for Existing Homes", *Real Estate Economics*, 24, 421-440.

Bernanke, B., and Gertler, M., 1995, "Inside the Black Box: the Credit Channel of Monetary Policy Transmission", *Journal of Economic Perspectives*, 9, 27-48.

Bernanke, B., and Gertler, M., 1999, "Monetary Policy and Asset Price Volatility", *Federal Reserve Bank of Kansas City Economy Review*, 4th Quarter.

Bernanke, B., and Lown, C. S., 1991, "The Credit

Crunch", *Brooking Papers on Economic Activity*, 22 (2), 205 - 247.

Blundell, R., and Bond, S., 1998, "Initial Conditions and Moment Restrictions in Dynamic Panel Data Models", *Journal of Econometrics*, 87, 115 - 143.

Borge, L. E., and Ratts, J., 2006, "Property Taxation as Incentive for Cost Control: Empirical Evidence for Utility Services in Norway", *Working paper series*. www.svt.ntnu.no/iso/wp/wp.htm.

Box and Jenkins, 1994, "Time Series Analysis: Forecasting and Control", Prentice-Hall, Inc..

Bradbury, K., Caseand, K. E., and Mayer, C. J., 1998, "School Quality and Massachusetts Enrollment Shifts in the Context of Tax Limitations", *New England Economic Review*, 3 - 18.

Break, G. F., 1967, "Intergovemmental Fiscal Relations in the United States", Washington D. C.: Brookings Institution.

Brennan, G., and Buchanan, J., 1978, "Tax Instruments as Constraints on the Disposition of Public Revenues", *Journal of Public Economics*, 9, 301 - 318.

Brennan, G., and Buchanan, J., 1980, "The Power to Tax", Cambridge: Cambridge University Press.

Brueckner, J. K., and Kim, H. A., 2003, "Urban Sprawl and the Property Tax", *International Tax and Public Finance*, 10, 5 - 23.

Brueckner, J. K., 1986, "A Modern Analysis of the Effects of Site Value Taxation", *National Tax Journal*, 39 (1), 49 - 58.

Bucovetsky, S., and Wilson, J. D., 1991, "Tax Competition with Two Tax Instruments", *Regional Science and Urban Economics*, 21(3), 333-350.

Burns, A. F., and Mitchell, W. C., 1946, *Measuring Business Cycles*, NBER, New York.

Burns, A. F., 1935, *Long Cycles in Residential Construction*, *Economic Essays in Honor of Wesley Clair Mitchell*, Columbia University Press, NY.

Burns, L., and Grebler, 1977, *The Housing of Nations: Analysis and Policy in A Comparative Framework*, Macmillan.

Cardarelli, Roberto, Deniz Igan, and Alessandro Rebucci, 2008, *World Economic Outlook*, IMF, April.

Carrison, C. B., Hui S. Chang, 1979, "The Effects of Monetary Forces in Regional Economic Activity", *Journal of Regional Science*, 19, 15-29.

Case K. E., Quigley J., and Shiller R. J., 2005, "Comparing Wealth Effects: The Stock Market Versus the Housing Market", *Advances in Economics*, 5, 1-321.

Case, K. E., and Shiller, R. J., 1990, "Forcasting Prices and Excess Returns in the Housing Market", *AREUFA*, Vol. 18, 253-273.

Case, K. E., and Shiller, R. J., 1989, "The Efficiency of the Market for Single Family Homes", *American Economic Review*, 79(1), 125-137.

Chenery, G., 1952, "Overcapacity and the Acceleration Principle", *Econometrica*, Vol. 20, 1-28.

Chinloy, P. T., 1978, "Effective Property Taxes and Tax Capitalization", *Canadian Journal of Economics*, 11, 740-750.

Christopher Crowe, Giovanni Dell Ariccia, Deniz Igan, Pau Rabanal, 2011, "Policies for Macrofinancial Stability: Options to Deal with Real Estate Booms", IMF, www. imf. org/external/pubs/ft/sdn/2011/sdn1102. pdf.

Clapham, D., 1996, "Housing and the Economy: Broadening Comparative Housing research", *Urban studies*, 33, 631－647.

Clapp, J. M., 1990, "A New Test for Equitable Real Estate Tax Assessment", *The Journal of Real Estate Finance and Economics*, 3(3), 233－249.

Clark, W. V., 2005, "Intervening in the Residential Mobility Process: Neighborhood Outcomes for Low-Income Populations", *Proceedings of the National Academy of Sciences of the United States of America*, Vol. 102, No. 43, Residential Mobility of Low-Income Populations (Oct. 25), 15307－15312.

Clayton, J., 1996, "Market Fundamentals, Risk and the Canadian Property Cycle: Implications for Property Valuation and Investment Decisions", *Journal of Real Estate Research*, 12(3), 347－367.

Clements, M. P., and Krolzig, H. M., 2003, "Business Cycle Asymmetries: Characterization and Testing Based on Markov Switching Autoregressions", *Journal of Business and Economic Statistics*, 21, 196－211.

Cornia, G., and Barrett S., 2005, "Property Taxation of Multifamily Housing: An Empirical Analysis of Vertical and Horizontal Equity", *Journal of Real Estate Research*, 27(1), 17－46.

Dedola, L., and Lippi, F., 2000, "The Monetary

Transmission Mechanism: Evidence from the Industry Data of Five OECD Countries", *Forthcoming European Economic Review*.

Deng Yongheng, Randall Morck, Wu Jing , Bernard Yeung, 2011, "Monetary and Fiscal Stimuli, Ownership Structure, and China's Housing Market", NBER, *Workingpaper*, No. 16871.

Deniz Igan, Alain Kabundi, Francisco Nadal De Simone, Marcelo Pinheiro, and Natalia Tamirisa, 2010, "Three Cycles: Housing, Credit and Real Activity", http://www.econrsa.org/papers/w_papers/wp160.pdf.

Dichey, D. A., and Fuller, W. A., 1981, "Likelihood Ratio Statistiv for Autoregressive Time Series with a Unit Root", *Econometrica*, (49), 1057-1072.

Donnison, D., and Ungerson, C., 1982, *Housing Policy*, Penguin Books.

Downs, A., 1993, "Real Estate and Long-Wave Cycles", *National Real Estate Investor*, 5.

Edward, E. L., 2007, "Housing is the Business Cycle", NBER, *WorkingPapers*, NO. 13428, http://www.nber.org/papers/w13428.

Edward, L., and Glaeser, 1995, "The Incentive Effects of Property Taxes on Local Governments", NBER, *Working Paper*, NO. 4987.

Eichenbaum, M., 1994, "Comment in Monetary Policy", In: Mankiw, N. G. (Ed.), *Studies in Business Cycles*, Vol. 29. University of Chicago Press, Chicago, 256-261.

Erceg Christopher and Levin Andew, 2006, "Optimal

Monetary Policy with Durable Consumption Goods", *Journal of Monetary Economics*, 53, 1341 - 1359.

Filardo, 2000, "Monetary Policy and Asset Prices", Federal Reserve Bank of Kansas City, *Economy Review*, 3rd quarter, 11 - 37.

Filardo, 2001, "Should Monetary Policy Respond to Asset Price Bubbles", *Federal Reserve Bank of Kansas City*, 01.

Fischel, W. A., 2001, "Homevoters, Municipal Corporate Governance, and the Benefit View of the Property Tax", *National Tax Journal*, 54, 157 - 174.

Fischer and Stanley, 1977, "Long-Term Contracts, Rational Expectations, and the Optimal Money Supply Rule", *Journal of Political Economy*, 85(February), 867 - 877.

Follain, J. R., and Velz, O. T., 1995, "Incorporating the Number of Existing Home Sales into a Structural Model of the Market for Owner-Occupied Housing", *Journal of Housing Economics*, 4, 93 - 117.

Fratantoni, M., and Schuh, S., 2003, "Monetary Policy, Housing, and Heterogeneous Regional Markets", *Journal of Money, Credit, and Banking*, (35), 557 - 589.

Friedman, M., and Schwartz, A. J., 1963, *A Monetary History of the United States, 1867 - 1960*, Princeton, NJ: Princeton University Press.

Ganley, J., and Salmon, C., 1997, "The Industrial Impact of Monetary Policy Shocks: Some Stylized Facts", *Bank of England Working Paper Series*, 68.

Georgopoulos George and Hejazi Walid, 2009, "Financial Structure and the Heterogeneous Impact of Monetary Policy

Across Industries", *Journal of Economics and Business*, 61, 1-33.

Gertler, M., and Gilchrist, S., 1994, "Monetary Policy, Business Cycles, and the Behavior of Small Manufacturing and Firms", *Quarterly Journal of Economics*, 59, 309-340.

Ghent, A. C., and Owyang, M. T., 2010, "Is Housing the Business Cycle? Evidence from U. S. Cities", *Working Paper* , 2009-007B, http://research.stlouisfed.org/wp/2009/2009-007.pdf.

Gollier, C., 2001, *The Economics of Risk and Time*, MIT Press, Cambridge.

Goodhart, C., and Hofmann, B., 2007, *Housing Prices and Macroeconomy: Implications for Banking and Price Stability*, Oxford University Press.

Goodhart, C., 2000, "Asset Prices and the Conduct of Monetary Policy", *Working paper*, London School of Economics.

Goodman, A., and Kawai, M., 1986, "Functional Form, Sample Selection, and Housing Demand", *Journal of Urban Economics*, 20, 155-167.

Gotham, K. F., 2000, "Separate and Unequal: The Housing Act of 1968 and the Section 235 Program", *Sociological Forum*, Vol. 15, No. 1, 13-37.

Gottlieb, M., 1976, "Long Swings in Urban Development", NBER, http://www.nber.org/books/gott76-1.

Granger, C. W., and Newbold, P., 1974, "Spurious Regressions in Econometrics", *Journal of Econometrics*, (n2), 111-120.

Grebler, L., and Burns, L. S., 1982, "Construction Cycles in the United States since World War II", *Journal of the American Real Estate & Urban Economics Association*, 10 (2), 123 - 151.

Green, R. K., 1997, "Follow the Leader: How Changes in Residential and Non-residential Investment Predict Changes in GDP", *Real Estate Economics*, 25(2), 253 - 270.

Hamilton, J. D., 1989, "A New Approach to the Economic Analysis of Nonstationary Time Series and the Business Cycle", *Econometrica*, 57(2), 357 - 384.

Harsman, B., and Quigley, J., 1991, "Housing Markets and Housing Institution in Comparative Context", In Harsman and Quigley(eds), "Housing Markets and Housing Institutions: An International Comparison", Kluwer.

Hayo, B., and Uhlenbrock, B., 2000, "Industry Effects of Monetary Policy in Germany", in J. Von Hagen and C. Waller ede., *Regional Aspects of Monetary Policy in European*, Boston, Kluwer, 127 - 158.

Hekman, J. S., 1985, "Rental Price Adjustment and Investment in the Office Market", *Journal of the American Real Estate and Urban Economics Association*, 13(1), 32 - 47.

Hendershott, P., 1994, "Rental Adjustment and Valuation of Real Estate in Over Built Markets: Fundamental Versus Reported Office Market Values in Sydney Australia", NBER, *working paper*, No. 4775.

Henderson and Ioannides, 1983, "A Model of Housing Tenure Choice", *The American Economic Review*, 73 (1), 98 - 113.

Herring, R. J., and Wachler S., 1999, "Real Estate Booms and Banking Busts: An International Perspective", Center for Financial Institutions Working Papers with number 99-27.

Higgins, M., and Osler, C., 1997, "Asset Market Hangovers and Economic Growth: The OECD during 1984-93", *Oxford Review of Economic Policy*, 13(3), 110-134.

Hirway, I., 1987, "Housing for the Rural Poor", *Economic and Political Weekly*, Vol. 22, No. 34 (Aug. 22), 1455-1460.

Hodrick, R. J., and Prescott, E. C., 1981, "Post-war U.S. Business Cycles: An Empirical Investigation", *Discussion paper*, 451, Carnegie-Mellon University.

Holtz-Eakin, D., Newey, W., and Rosen, H. S., 1988, "Estimating Vector Autoregressions with Panel Data", *Econometrica*, 56, 1371-1395.

Hoyt, H., 1933, *One Hundred Years of Land Values in Chicago*, Chicago: University of Chicago Press.

Iacoviello, M., 2005, "House Prices, Borrowing Constraints, and Monetary Policy in the Business Cycle", *American Economic Review*, vol. 95(3), 739-764.

IMF, 2009, *World Economic Outlook: Sustaining the Recovery* (Chapter 3. Lessons for Monetary Policy from Asset Price Fluctuations), International Monetary Fund, Washington, D. C..

Jan Tinbergen, 1952, *On the Theory of Economic Policy*, Amsterdam: North-Holland Pub. Co..

Juglar, C., 1862, *Des Crises Commerciales et de Leur Retour Périodique en France, en. Angleterre et aux Etats-Unis*, Paris: Guillaumin et Cie.

Kaiser, R. W., 1997, "The Long Cycle in Real Estate", *Journal of Real Estate Research*, 14(3), 233-257.

Kaldor, N., 1940, "A Model of the Trade Cycle", *Economic Journal*, 50(March), 78-92.

Kaldor, N., 1934, "A Classificatory Note on the Determination of Equilibrium", *Review of Economic Studies*, 1, 122-36.

Kashyap, A., and Stein, J., 1994, "Monetary Policy and Bank Lending", In: Mankiw, G. N. (Ed.), *Monetary Policy, Studies in Business Cycles*, Vol. 29, University of Chicago Press, Chicago, 221-256.

Kim, K. H., 2003, "Housing and the Korean Economy", *Journal of Housing Economics*, 13, 321-341.

King, A. T., 1977, "Estimating Property Tax Capitalization: A Critical Comment", *Journal of Political Economy*, 85, 425-431.

Kishor, N. K., 2007, "Does Consumption Respond More to Housing Wealth Than to Financial Market Wealth? If So, Why", *Journal of Real Estate Financial Economics*, 35, 427-4481.

Kitchin, J., 1923, "Cycles and Trends in Economic Factors", *Review of Economics and Statistics*, 5 (1): 10-16. http://www.jstor.org/stable/1927031.

Koyck, L. M., 1954, *Distributed Lags and Investment Analysis*, Amsterdam: North-Holland Publishing.

Kuznets, S., 1930, *Secular Movements in Production and Prices*, Bostonian. New York: Houghton Mifflin Company.

Kyaland, F. E., and Prescott, E. C., 1982, "Time to

Build and Aggregate Fluctuations", *Econometrica*, 50 (November), 1345 - 70.

Leamer, E., 2007, "Housing Is the Business Cycle", NBER, *Working Paper*, NO. 13428, http://www.nber.org/papers/w13428.

Ledbetter, W. H., 1967, "Public Housing: A Social Experiment Seeks Acceptance. Law and Contemporary Problems", Vol. 32, No. 3, (Summer), 490 - 527.

Leeper, E. M., Sims, C. A., and Zha. T., 1996, "What Does Monetary Policy Do", *Brooking Paper on Economics Activity*, 2, 1 - 63.

Long, J., and Plosser, C. L., 1983, "Real Business Cycles", *Journal of Political Economy*, 91, 39 - 69.

Luc Laeven and Fabian Valencis, 2008, "Systemic Banking Crises: A New Database", *International Monetary Fund Working Paper*, WP/08/224, Washington, D. C..

Lucas, R. F., 1977, "Understanding Business Cycles", in Brunner, K., and Meltzer, A. H., eds, The Philips Curve and Labor Markets, Carnegie-Rochester Conference Series on Public Policy, Volume 1, Amsterdam: North Holland.

MacFarlane, J., 1998, "An Examination of Property Cycle in the Office Markets of Selected Australian Capital Cities", Paper Presented to the 4th Pacifier Real Estate Society Conference.

Mankiw, N. G., and Weil, D. K., 1989, "The baby Boom, the Baby Bust and the Housing Market", *Regional Science and Urban Economics*, Vol. 19, 235 - 258.

Mintz, I., 1969, "Dating Postwar Business Cycles, Method

and Their Application to Western Germany, 1950 - 1967", NBER, *Occasional Paper*, 107, New York.

Mishkin, F. S., 2007, "Housing and the Monetary Transmission Mechanism, Finance and Economics Discussion Series", Federal Reserve Board, Washington, D. C., 1 - 53.

Moore, G. H., and Shiskin, J., 1967, "Indicators of Business Expansions and Contractions", NBER, New York.

Muellbauer, J., and Murphy, A., 1997, "Booms and Busts in the UK Housing Market", *Economic Journal*, 107, 1701 - 1727.

Mueller, G. R., 1995, "Understanding Real Estate's Physical and Financial Market Cycles", *Real Estate Finance*, 12(3), 47 - 52.

Mundell, R. A., 1961, "A Theory of Optimum Currency Areas", *The American Economic Review*, Vol. 51, No. 4, 657 - 665.

Muth, R., 1960, "The Demand for Non-Farm Housing", in Arnold Harberger (Ed), *The Demand for Durable Goods*, Chicago: University of Chicago Press.

Neftci, S., 1984, "Are Economic Time Series Asymmetric over the Business Cycle", *Journal of Political Economy*, 92 (2), 307 - 328.

Negro, D. M., and Otrok C., 2007, "Luftballons: Monetary Policy and the House Price Boom Across U. S. States", *Journal of Monetary Economics*, (54), 1962 - 1985.

Oates, W. E., 1973, "The Effects of Property Taxes and Local Public Spending on Property Values: A Reply and Yet Further Results", *Journal of Political Economy*, 81(4), 1004 - 1008.

Oates, W. E., 1969, "The Effects of Property Taxes and Local Public Spending on Property Values: An Empirical Study of Tax Capitalization and the Tiebout Hypothesis", *Journal of Political Economy*, 77(6), 957 - 971.

Oates, W. E., 2001, "Fiscal Competition and European Union: Contrasting Perspectivnes", *Regional Science and Urban Economies*, 33, 133 - 145.

Olsen, 1969, "A Competitive Theory of the Housing Market", *American Economic Review*, vol. 59.

Owang, M. T., and Howard, J., 2004, "Structural Breaks and Regional Disparities in the Transmission of Monetary Policy", *Working Papers*, Federal Reserve Bank of St. Louis.

Owang, M. T., and Howard, J., 2006, "Regional VARs and the Channels of Monetary Policy", *Working Papers*, Federal Reserve Bank of St. Louis.

Palmon, O., and Smith, B. A., 1998, "New Evidence on Property Tax Capitalization", *Journal of Political Economy*, 106(5), 1099 - 1111.

Peersman, G., and Smets, F., 2005, "The Industry Effect of Monetary Policy in the Eruo Area", *The Economic Journal*, No. 115(4), 319 - 342.

Phelps, E. S., and Talor, J. B., 1977, "Stabilizing Powers of Monetary Policy Under Rational Expectations", *Journal of Political Economy*, 85, (February), 163 - 190.

Phillips, P. C., 1986, " Understanding Spurious Regressions in Econometrics", *Journal of Econometrics*, (33), 311 - 340.

Poterba, J. M., 1991, "Explaining International Variation

in Housing Prices, Rents and Land Prices", *Real Estate Economic*, Vol. 24, 219 - 245.

Poterba, J. M., Weil, D. N., and Shiller, R., 1991, "House Price Dynamics: The Role of Tax Policy and Demography", *Brookings Papers on Economic Activity*, 2, 143 - 203.

Pyhrr, S., Roulac, S., and Born, W., 1999, "Real Estate Cycles and Their Strategic Implications for Investors and Portfolio Managers in the Global Economy", *Journal of Real Estate Research*, 18(1), 7 - 68.

Quigley, J. M., 1999, "Real Estate Prices and Economic Cycle", *International Real Estate Review*, Vol. 2, 1 - 20.

Quigley, J. M., 1999, "Why Should the Government Play Role in Housing", *Housing, Theory and Society*, 16(4), 201 - 203.

Raddatz, C., and Rigobon, R., 2003, "Monetary Policy and Sectoral Shocks: Did the FED React Properly to the High-Tech Crisis", www. mit. edu/rigobon/pdfa/mpht. pdf.

Ramsey, G., and Ramsey, V. A., 1995, "Cross country Evidence on the Link between Volatility and Growth", *American Economic Review*, 85(5), 1138 - 1151.

Renaud, B., 1980, "Resource Allocation to Housing Investment", *Economic Development and Cultural Change*, 28(2), 189 - 199.

Rosen, 1974, "Hedonic Price and Implicit Market: Product Differentiation in Pure Competition", *Journal of Political Economics*, vol. 82.

Rosen, 1979, "Owner Occupied Housing and the Federal

Income Tax: Estimates and Simulations", *Journal of Urban Economics*, 6, 247-266.

Rosen, H. S., 1985, "Housing Subsidies Effects on Housing Decisions, Efficiency, and Equity", *Handbook of Public Economics*, vol. 1, edited by A. J. Auerbach and M. Feldstein, Elsevier Science Publishers B. V. (North-Holland).

Rosenbaum, E., 1991, "Racial/Ethnic Differences in Home Ownership and Housing Quality", *Social Problems*, Vol. 43, No. 4 (Nov., 1996), 403-426.

Rosenthal, L., 1999, "House Prices and Local Taxes in the UK", *Fiscal Studies*, 20(1): 61-76.

Ross, J. P., 1990, "The FIRRE Act and Housing for Low-Income Families", *Publius*, Vol. 20, No. 3, 117-130.

Samuelson, P. A., 1939, "Interactions between the Multiplier Analysis and the Principle of Acceleration", *The Review of Economic Statistics*, 21(2), 75-78.

Schnure, C., 1998, "Who Holds Cash? And Why", Federal Reserve Board, *Working Paper*, 98-113.

Schumpeter, J. A., 1939, *Business Cycles: A Theoretical Historical, and Statistical Analysis of the Capitalist Process*, New York: McGraw-Hill. Book Company, Inc.

Sichel, D. E., 1993, "Business Cycle Asymmetry: A Deeper Look", *Economic Inquiry*, 31, 224-236.

Sims, C. A., 1972, "Money, Income and Causality", *American Economic Review*, 62, No. 4: 540-542.

Sims, C. A., 1980, "Comparison of Interwar and Postwar Business Cycles", *American Economic Review*, 70, No. 2, 250-257.

Sims, C. A., 1992, "Interpreting the Macroeconomic Time Series Facts: The Effects of Monetary Policy", *European Economic Review*, 36, No. 5, 975-1000.

Slutzky, F., 1937, "The Summation of Random Causes as the Source of Cycle Processes", *Econometrica*, 5, 105-146.

Smis, C. A., 1980, "Macroeconomics and Reality", *Econometrica*, Vol. 48, No. 1, 1-48.

Sotiris Tsolacos, 1999, "Rational Expectations, Uncertainty and Cyclical Activity in the British Office Market", *Urban Studies*, Vol. 36, No. 7, 1137-1149.

Stein, J. C., 1995, "Prices and Trading Volume in the Housing Market: A Model with Down-Payment Effects", *Quarterly Journal of Economics*, 110(2), 379-406.

Stock, J. H., and Watson, M. W., 1998, "Business Cycle Fluctuations in U. S Macroeconomic Time Series", NBER, *Working Papers*, No. 6528.

Sunderman, M. A., Birch, J. W., Cannaday, R. E., and Hamilton, T. W., 1990, "Testing for Vertical Inequity in Property Tax Systems", *Journal of Real Estate Research*, 5(3), 319-334.

Terasvirta, T., and Anderson, H. M., 1992, "Characterizing Nonlinearities in Business Cycles Using Smooth Transition Autoregressive Models", *Journal of Applied Econometrics*, vol. 7, 119-136.

Terasvirta, T., 1994, "Specification, Estimation and Evaluation of Smooth Transition Autoregressive Models", *Journal of the American Statistical Association*, 89, 208-218.

Topel, Rosen S., 1988, "Housing Investments in the

United States", *Journal of Political Economy*, 96 (4), 718 - 740.

Waston, S. J., 1989, "A Simple MLE of Cointegrating Vectors in Higher Order Integrated Systems", NBER, *working paper*.

Wei Shang-jin and Zhang Xiaobo, 2009, "The Competitive Saving Motive: Evidence from Rising Sex Ratios and Savings Rates in China", http://www. nber. org/papers/w15093. pdf.

Wenzlick, A., 1972, "The Wenzlick 18. 3 - Year Cycle", *Real Estate Analyst*.

Wheaton, W. C., and Rosoff, L., 1998, "The Cyclic Behavior of the U. S. Lodging Industry", *Real Estate Economics*, 26(1), 67 - 82.

Wheaton, W. C., 1999, "Real Estate Cycles: Some Fundamentals", *Real Estate Economics*, 27 (2), 209 - 230.

Whitehead, C., and Scanlon, K., 2007, "Social Housing in Europe", http://vbn. aau. dk/files/13671493/SocialHousingInEurope. pdf.

Witkiewicz, W., 2002, "The Use of the HP-filter in Constructing Real Estate Cycle Indicators", *Journal of Real Estate Research*, Vol. 23, No. 1, 65 - 87.

World Bank, 1993, "Housing: Enabling the Markets to Work", World Bank, Washington D. C., 100 - 104.

Yinger, J., 1982, "Capitalization and the Theory of Local Public Finance", *Journal of Political Economy*, 90 (5), 917 - 943.

Zhu H., 2003, "The Importance of Property Markets for Monetary Policy and Financial Stability", presented at the IMF/

BIS Conference on Real Estate Indicators and Financial Stability, 27 - 28, October, Washington D. C..

勃兰特、罗斯基，2009：《伟大的中国经济转型》，上海人民出版社。

常海滨、徐成贤，2007：《我国货币政策传导机制区域差异的实证分析》，《经济科学》第5期。

陈多长、踪家峰，2004：《房地产税收与住宅资产价格：理论分析与政策评价》，《财贸研究》第1期。

陈杰、王文宁，2001：《经济适用房供应对商品住房价格的影响效应》，《广东社会科学》第2期。

陈钊等，2008：《安得广厦千万间：中国城镇住房体制市场化改革的回顾与展望》，《世界经济文汇》第1期。

崔光灿，2006：《资产价格、金融加速器与经济稳定》，《世界经济》第11期。

丹尼斯·迪帕斯奎尔、威廉·C.惠顿，2002：《城市经济学与房地产市场》，经济科学出版社。

丁成日，2006：《土地政策改革时期的城市空间发展：北京的实证分析》，《中国土地科学》第2期。

高波，2010：《现代房地产经济学》，南京大学出版社。

高波、洪涛，2008：《中国住宅市场羊群行为研究——基于1999—2005动态面板模型的实证分析》，《管理世界》第2期。

高波、毛中根，2006：《汇率冲击与房地产泡沫演化：国际经验及中国的政策取向》，《经济理论与经济管理》第7期。

高波、王斌，2008：《中国大中城市房地产需求弹性地区差异的实证分析》，《当代经济科学》第1期。

高波等，2009：《转型期中国房地产市场成长：1978—2008》，经济科学出版社。

高培勇，2006：《给开征物业税一个基本理由》，《经济》第

7 期。

格里特·克拉普(Gerrit J. Knaap)编,国土资源部信息中心译,2003:《土地市场监控与城市理性发展》,中国大地出版社。

韩冬梅、屠梅曾、曹坤,2007:《房地产价格泡沫与货币政策调控》,《中国软科学》第 6 期。

何国钊、曹振良、李晟,1996:《中国房地产业周期研究》,《经济研究》第 12 期。

胡彬,2001:《制度变迁中的中国房地产业:理论分析与政策评价》,上海财经大学出版社。

胡永刚,2001:《当代西方经济周期理论》,上海财经大学出版社。

黄征学,2004:《经济适用房的政策效应分析》,《经济科学》第 3 期。

加比希、洛伦兹,1993:《经济周期理论——方法和概念通论》,三联书店上海分店。

凯恩斯,1963:《就业、利息和货币通论》,商务印书馆。

康德拉季耶夫,1986:《经济生活中的长期波动》,《现代国外经济学论文选》第 10 辑,商务印书馆。

况伟大,2009:《住房特性、物业税与房价》,《经济研究》第 3 期。

拉斯·特维德,2008:《逃不开的经济周期》,中信出版社。

李剑阁,2007:《中国房改现状与前景》,中国发展出版社。

梁桂,1996:《中国不动产经济波动与周期的实证研究》,《经济研究》第 7 期。

梁云芳、高铁梅,2007:《中国房地产价格波动区域差异的实证分析》,《经济研究》第 8 期。

刘崇仪,2006:《经济周期论》,人民出版社。

刘金全、刘志刚,2004:《中国 GDP 增长序列中趋势成分与周期成分的分析》,《数量经济技术经济研究》,第5期。

刘尚希,2010:《希物业税抑制房价不现实——关于物业税的种种误解》,《人民论坛》第13期。

刘树成,2004:《我国五次宏观调控比较分析》,《经济学动态》第9期。

刘树成、张晓晶、张平,2005:《实现经济周期波动在适度高位的平滑化》,《经济研究》第11期。

刘易斯,1988:《发展计划:经济政策的本质》,北京经济学院出版社。

卢为民,2008:《土地政策促进产业结构调整的路径分析》,《上海经济研究》第3期。

卢为民,2010:《宏观调控中的土地政策传导机制》,《浙江学刊》第3期。

罗龙昌,1999:《房地产经营与管理》,暨南大学出版社。

罗森,2005:《住房补贴对住房对策、效率和公平的影响》,载奥尔巴克等主编《公共经济学手册》,经济科学出版社。

曼昆,1999:《经济学原理》(下册),三联书店、北京大学出版社。

米切尔,1962:《商业循环问题及其调整》,商务印书馆。

尼米拉、克莱因,1998:《金融与经济周期预测》,中国统计出版社。

仇保兴,2010:《对地方政府"土地财政"的理性分析及兴利除弊之策》,《城市发展研究》第4期。

任若恩,2008:《经济增长与房地产业》,《首席财务官》第9期。

宋春华,2000:《建立有效的房地产宏观调控体系》,《城乡建设》第3期。

宋旺、钟正生,2006:《我国货币政策区域效应的存在性及原因——基于最优货币区理论的分析》,《经济研究》第3期。

谭刚,2001:《房地产业周期波动——理论、实证与政策分析》,经济管理出版社。

唐在富,2007:《中央政府与地方政府在土地调控中的博弈分析——诠释宏观调控中政府间关系协调的一种新尝试》,《当代财经》第8期。

汪丽娜,2008:《货币政策在房地产调控中的不确定性》,《财经科学》第5期。

王斌、高戈,2011:《中国住房保障对房价动态冲击效应——基于SVAR的实证分析》,《中央财经大学学报》第8期。

王飞、黄满盈,2005:《房地产业对经济发展促进作用的实证分析》,《经济学动态》第7期。

王海勇,2004:《房地产税收的一般经济分析》,《税务研究》第6期。

王家庭、张换兆,2008:《土地政策参与宏观调控的理论分析及政策含义》,《山西财经大学学报》第9期。

王立勇、韩丽娜,2010:《国际金融危机启示与我国宏观调控效率提升对策研究》,《社会科学辑刊》第4期。

王先柱、赵奉军,2009:《保障性住房对商品房价格的影响——基于1999—2007年面板数据的考察》,《经济体制改革》第5期。

王要武、金海燕,2008:《我国房地产宏观调控政策效果的实证分析》,《土木工程学报》第8期。

吴纪先,1991:《战后美国加拿大经济周期与危机》,社会科学出版社。

吴晓灵,2008:《对十年房地产调控政策的思考》,《中国金融》第22期。

西蒙·库兹涅茨,1990:《各国的经济增长》,商务印书馆。

夏杰长，2004：《我国开征物业税的效应与时机分析》，《税务研究》第9期。

项卫星、李宏瑾，2007：《市场供求与房地产市场宏观调控效应——个理论分析框架及经验分析》，《经济评论》第3期。

小罗伯特·E. 卢卡斯，2003：《经济发展讲座》，江苏人民出版社。

小罗伯特·E. 卢卡斯，2000：《经济周期理论研究》，商务印书馆。

熊彼特，1990：《经济发展理论》，商务印书馆。

徐虹，2008：《保障房政策的选择运用》，《中央财经大学学报》第6期。

徐涛，2007：《中国货币政策的行业效应分析》，《世界经济》第2期。

杨斌，2007：《关于房地产税费改革方向和地方财政收入模式的论辩》，《税务研究》第3期。

杨绍媛、徐晓波，2007：《我国房地产税对房价的影响及改革探索》，《经济体制改革》第2期。

野口悠纪雄，2005：《泡沫经济学》，生活·读书·新知三联书店。

袁科、冯邦彦，2007：《货币政策传导对区域房地产市场非对称性效力研究》，《南方金融》第9期。

张洪，2007：《我国城市土地供应政策的经济分析》，《财贸经济》第6期。

张清勇，2008：《中国住宅投资波动的长期趋势与区域差异》，《建筑经济》第10期。

张文新、蒋立红，2004：《国外地价与房价关系及其启示》，《中国土地科学》第3期。

张亚明、张文长，2008：《房地产宏观调控效果研究——地方政府行为视角》,《国家行政学院学报》第 2 期。

赵奉军、高波,2010:《全球金融危机:收入分配视角的解读》,《世界经济研究》第 1 期。

郑娟尔,2009:《基于 Panel Data 模型的土地供应量对房价的影响研究》,《中国土地科学》第 4 期。

中国社会科学院财贸经济研究所"房地产业周期波动研究"课题组,2002:《中国房地产业周期波动:解释转移与相机决策》,《财贸经济》第 7 期。

周明生,2007:《房价何以对政府调控"免疫"》,《中国改革》第 1 期。

踪家峰、刘岗、贺妮,2010:《中国财政支出资本化与房地产价格》,《财经科学》第 11 期。

邹至庄、牛霖琳,2010:《中国城镇居民住房的需求与供给》,《金融研究》第 1 期。

附　　录

国家社会科学基金项目(06BJY084)研究成果

1. 高波等,2009:《转型期中国房地产市场成长:1978—2008》,经济科学出版社。

2. 高波,2009:《全球金融风暴下中国房地产业的周期性调整及政策选择》,《现代经济探讨》第5期。

3. 高波、王先柱,2009:《中国房地产市场货币政策传导机制的有效性分析:2000—2007》,《财贸经济》第3期。

4. 高波、王先柱,2009:《中国货币政策房地产行业效应的实证分析》,《广东社会科学》第5期。

5. 高波、赵奉军,2009:《中国商业地产业发展的实证分析》,《产业经济研究》第4期。

6. 高波、赵奉军,2009:《中国住宅投资的周期波动与测度(1952—2007)》,《经济前沿》第8期。

7. 高波,2008:《房地产开发商策略性定价行为的经济学分析》,《产业经济研究》第2期。

8. 高波、洪涛,2008:《中国住宅市场羊群行为研究——基于1999—2005动态面板模型的实证分析》,《管理世界》第2期。

9. 高波、王斌,2008:《中国大中城市房地产需求弹性地区差异的实证分析》,《当代经济科学》第1期。

10. 洪涛、高波,2007:《中国股价与房价关系分析:2001—2006》,《价格理论与实践》第1期。

11. 洪涛、西宝、高波,2007:《房地产价格区域间联动与泡沫的空间扩散——基于2000—2005年中国35个大中城市面板数据的实证检验》,《统计研究》第8期。

12. 孔煜,2009:《市场预期与房地产价格波动》,《中央财经大学学报》第2期。

13. 孔煜,2009:《调整转型期的中国房地产市场——波动特征、原因及调控走向》,《城市发展研究》第4期。

14. 孔煜,2010:《地价与房价的关系研究述评》,《重庆大学学报》(社会科学版)第2期。

15. 厉伟,2007:《非营利组织建设与住房供给》,《城市问题》第12期。

16. 厉伟,2007:《中国房地产价格"稳定"实现机制分析》,《未来与发展》第10期。

17. 宋勃、高波,2007:《房价与地价关系的因果检验:1998—2006》,《当代经济科学》第1期。

18. 宋勃、高波,2007:《房价与地价关系的国际比较及其引申》,《改革》第2期。

19. 宋勃、高波,2007:《房价与地价关系的国际比较研究》,《亚太经济》第3期。

20. 宋勃、高波,2007:《利率冲击与房地产价格波动的理论与实证分析1998—2006》,《经济评论》第4期。

21. 宋勃,2007:《房地产市场财富效应的理论分析和中国经验的实证检验:1998—2006》,《经济科学》第5期。

22. 王斌、高波,2008:《房价上涨与我国居民福利效应的实证分析》,《当代财经》第1期。

23. 王辉龙,2009:《房地产价格构成及空间差异的理论解释》,《价格理论与实践》第1期。

24. 王辉龙,2009:《房地产价值构成与价格分解——对房地产价格泡沫的政治经济学考察》,《社会科学辑刊》第 3 期。

25. 王辉龙,2009:《房地产泡沫:理论分析与长三角实证检验》,《南京师大学报》(社会科学版)第 3 期。

26. 王辉龙,2009:《房价波动、家庭财富配置与居民生活水平——来自长江、珠江三角洲地区的经验证据》,《南方经济》第 12 期。

27. 王辉龙,2009:《集群、租与产业转移:一个理论分析框架》,《华东经济管理》第 10 期。

28. 王辉龙、王先柱,2010:《住房保障、房地产市场秩序与民生改善》,《中共南京市委党校学报》第 2 期。全文转载于中国人民大学报刊复印资料《区域与城市经济》2010 年第 7 期。

29. 王先柱,2007:《VAR 模型框架下房地产业与经济增长关系的实证检验》,《经济问题》第 7 期。

30. 邹琳华,2009:《管制和垄断对房地产成本的影响估计——基于 SFA 模型及 30 个城市面板数据的分析》,《统计研究》第 2 期。

31. 邹琳华、吕艳红,2009:《次贷危机成因的马克思经济理论分析》,《华东经济管理》第 1 期。

32. Song Bo, Gao Bo, 2007, "Impact of international capital flows on real estate market: The empirical test in China from 1998 to 2006", *Frontiers of Economics in China*, Volume 2, Number 4.

后　记

本书是我主持的国家社会科学基金项目《中国房地产业：周期波动、宏观调控与健康发展》（06BJY084）的最终研究成果，也是我主持的教育部哲学社会科学研究重大课题攻关项目《我国城市住房制度改革研究》（10JZD0025）的阶段性成果。

中国经济增长的现实和房地产市场的运行，呈现出显著的周期波动特征，而经济周期和房地产周期波动，制约了宏观经济和房地产业的持续、稳定发展。因此，揭示引发中国房地产周期波动的内生因素和外部因素，解释中国房地产周期波动现象，阐述中国房地产周期波动的基本特征，探讨房地产周期与经济周期的关系，评判中国房地产市场宏观调控的政策效应，寻求适度熨平房地产周期波动、避免房地产市场大起大落的对策，具有重大的理论创新价值和实践应用价值。这正是本课题研究的宗旨和意义。

在课题研究过程中，作为阶段性成果，课题组已经出版了《转型期中国房地产市场成长：1978—2008》（经济科学出版社 2009 年版）一书，在《管理世界》、《财贸经济》、《经济科学》、《产业经济研究》、《统计研究》、《经济评论》、《当代经济科学》、《改革》、《Frontiers of Economics in China》等学术刊物上公开发表了 30 多篇学术论文。

铁打的营盘流水的兵。在课题研究过程中，先后有 5 位博士研究生围绕这一课题，撰写学位论文，顺利通过了论文答辩并获得博士学位。邹琳华博士的博士论文《中国房地产周期波动区域差异的实证分析》、王辉龙博士的博士论文《中国房地产价格波动与居民消费行为关系研究》、王先柱博士的博士论文《中国房地产市场货币政策效应研究》、程瑶博士的博士论文《中国房地产税收经济效应研究》和赵奉军博士的博士论文《中国住宅投资的经验研究：1952—2008》，都获得了好评，大大推进了课题研究。目前，这些博士都在各自的工作岗位上发挥着重要作用。

本课题的研究人员主要有：邹琳华博士、赵奉军博士、孙建波博士、王先柱博士、王辉龙博士、张志鹏博士、孔煜博士、程瑶博士。本书由我策划并设计写作提纲。全书的分工如下：高波，第一章、第二章、第五章、第六章、第八章；赵奉军，第二章、第三章、第四章、第五章、第九章；王辉龙，第七章、第十章；王先柱，第八章；程瑶，第九章；邹琳华，第十章。初稿提交后，我对全书做了大量的修改、统稿和定稿工作。在本书的撰写过程中，博士研究生陈健、王文莉、李祥、李勇刚、李伟军和周航等做了大量查找文献和绘制图表的具体工作。

在课题的研究过程中，我们先后在北京、上海、天津、杭州、重庆、成都、南宁、南京等地进行房地产市场实地调研，很多单位和个人对我们提供了非常热情和慷慨的帮助。南京大学商学院和南京大学经济学院的领导、同事和学生为本书的写作给予了长期的支持，特别是大家创造的良好学术氛围，对我既是一种激励也是一种鞭策。南京大学洪银兴教授、刘志彪教授和范从来教授对本书的出版给予了极大的关心和支持。在此，我要对给予本课题研究和对我本人长期帮助和鼓励的人们致以深深的谢意。

尽管我们做了不少努力，但由于水平和时间的限制，课题研究还存在很多不完善的地方，欢迎学术界和相关部门的同志批评指正。

高　波

二〇一二年元旦于南京大学商学院